# Disfrute gratuitamente **DURANTE UN AÑO** del eBook y audiolibro de esta obra

*Nuda propiedad y usufructo.*
*Paso a paso*

⊛ Acceda a la página web de la editorial **www.colex.es**

⊛ Identifíquese con su usuario y contraseña. En caso de no disponer de una cuenta regístrese.

⊛ Acceda en el menú de usuario a la pestaña «Mis códigos» e introduzca el que aparece a continuación:

RASCAR PARA VISUALIZAR EL CÓDIGO

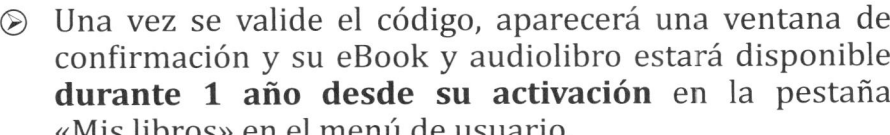

⊛ Una vez se valide el código, aparecerá una ventana de confirmación y su eBook y audiolibro estará disponible **durante 1 año desde su activación** en la pestaña «Mis libros» en el menú de usuario.

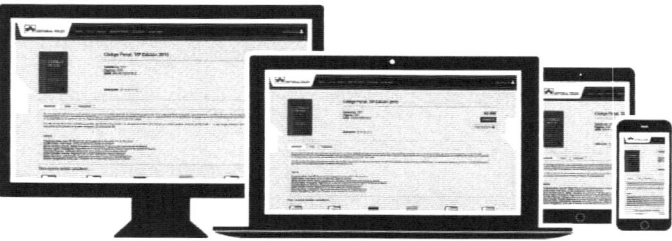

## ¡Gracias por confiar en Colex!

La obra que acaba de adquirir incluye de forma gratuita la versión electrónica. Acceda a nuestra página web para aprovechar todas las funcionalidades de las que dispone en nuestro lector.

# Funcionalidades eBook

**Acceso desde cualquier dispositivo**

**Idéntica visualización a la edición de papel**

**Navegación intuitiva**

**Tamaño del texto adaptable**

Síguenos en:

# NUDA PROPIEDAD Y USUFRUCTO

Especial referencia a la hipoteca inversa
y a la venta de la nuda propiedad

# NUDA PROPIEDAD Y USUFRUCTO

Especial referencia a la hipoteca inversa
y a la venta de la nuda propiedad

## EDICIÓN 2024

**Obra realizada por el Departamento de
Documentación de Iberley**

**COLEX 2024**

© Editorial Colex, S.L.
Calle Sol, número 20, bajo
A Coruña, C.P. 15003
info@colex.es
www.colex.es

I.S.B.N.: 978-84-1194-616-2
Depósito legal: C 1205-2024

# SUMARIO

# ANEXO I.
## CASOS PRÁCTICOS

# ANEXO II.
## FORMULARIOS

# 1.
# INTRODUCCIÓN

## Pleno dominio, nuda propiedad y derecho de usufructo

El **pleno dominio o plena propiedad** es el derecho real que otorga a su titular el control total de un bien, de tal forma que tiene su titularidad y además ostenta el goce y disfrute del mismo. Estamos ante la figura que establece el art. 348 del CC «La propiedad es el derecho de gozar y disponer de una cosa o de un animal, sin más limitaciones que las establecidas en las leyes (...)».

Con la titularidad del pleno dominio se tienen todas las facultades de libre disposición —enajenar, gravar, transformar, o incluso destruir el bien— y de libre aprovechamiento —facultad de aprovechar la cosa para satisfacción del interés del propietario—. En ocasiones este derecho de propiedad se ve limitado por la existencia de un derecho real como es el caso del usufructo. El **derecho de usufructo** otorga a su titular —usufructuario— el uso y disfrute de la cosa mientras que el propietario del bien ostenta la nuda propiedad.

Por tanto, diferenciamos tres figuras:

- El **pleno dominio**: constituye la titularidad del derecho de propiedad sin limitación alguna.
- El **usufructo**: es el derecho de goce y disfrute sobre cosa ajena.
- La **nuda propiedad**: es el derecho de propiedad con limitación en el goce y disfrute.

### ‖ Nuda propiedad

El **derecho que ostenta el nudo propietario es el derecho de propiedad**, aunque el mismo se encuentra limitado ya que no puede tiene el goce y disfrute de la cosa. Pero la condición de propietario del bien le otorga los siguientes **derechos**:

- Podrá constituir una **hipoteca** sobre el bien que en el momento de la extinción del usufructo afectará también al goce y disfrute de la cosa.
- Siempre que no perjudique al usufructuario, podrá **enajenar** los bienes.
- Realizar **obras y mejoras** en la finca que no perjudiquen el derecho del usufructuario.

- En caso de que el bien haya sufrido deterioros que puedan imputarse al usufructuario tendrá derecho a una **indemnización**.

La existencia de un derecho de usufructo conlleva una serie de **obligaciones** para el propietario:

- En primer lugar, debe **respetar el derecho** del usufructuario.
- Deberá **abstenerse** de realizar cualquier acto que pueda **alterar la forma y sustancia** de la cosa y por ello perjudicar al titular del derecho de usufructo.
- Serán de su cargo las **contribuciones** que se impongan directamente sobre el capital.
- Ha de hacer frente a las **reparaciones extraordinarias**.
- En cuanto a **gastos** le corresponde al propietario abonar las cuotas de la hipoteca y el pago de los gastos de la comunidad.

## || Usufructo

El Diccionario del Español Jurídico de la RAE define el usufructo como el «Derecho real que confiere al usufructuario el derecho a disfrutar los bienes ajenos con la obligación de conservar su forma y sustancia, a no ser que el título de su constitución o la ley autoricen otra cosa».

Se puede establecer una **clasificación** de los usufructos atendiendo a los siguientes elementos:

- Según la **forma de constituirlo** se hace referencia al usufructo legal —en la actualidad el usufructo que establece la ley es el usufructo viudal—, usufructo voluntario —se constituye por la voluntad de las partes— y el usufructo por usucapión.
- En función de su **objeto** se habla del usufructo de bienes y el usufructo de derechos.
- Atendiendo a la **duración** el usufructo puede ser por tiempo determinado o vitalicio.
- Por el **número de usufructuarios** se distingue entre el usufructo simple y el múltiple.

Los modos de constitución del usufructo aparecen regulados en el art. 468 de Código Civil, que establece que: «El usufructo se constituye por la ley, por la voluntad de los particulares manifestada en actos entre vivos o en última voluntad, y por prescripción».

Los **sujetos** del usufructo son el nudo propietario y el usufructuario.

El **usufructuario** dispone de los siguientes derechos y obligaciones:

- Derechos del usufructuario: percepción de los frutos, facultad de disposición inherente al derecho de usufructo y realización de mejoras.
- Obligaciones del usufructuario: obligación de inventario y fianza, deber de diligencia en la conservación de las cosas usufructuadas, reparación de los gastos derivados de las reparaciones ordinarias de la

cosa usufructuada, advertir al propietario sobre la necesidad de reparaciones extraordinarias, comunicar sobre cualquier perturbación del derecho de propiedad, gastos de los pleitos sobre el usufructo y deber de entregar la cosa objeto del usufructo al nudo propietario.

La extinción del usufructo se produce por las causas que establece el art. 513 del CC, el cual señala:

«El usufructo se extingue:
1.º Por muerte del usufructuario.
2.º Por expirar el plazo por el que se constituyó, o cumplirse la condición resolutoria consignada en el título constitutivo.
3.º Por la reunión del usufructo y la propiedad en una misma persona.
4.º Por la renuncia del usufructuario.
5.º Por la pérdida total de la cosa objeto del usufructo.
6.º Por la resolución del derecho del constituyente.
7.º Por prescripción».

Los efectos que produce la extinción del usufructo vienen consignados en el art. 522 del Código Civil: «Terminado el usufructo, se entregará al propietario la cosa usufructuada, salvo el derecho de retención que compete al usufructuario o a sus herederos por los desembolsos de que deban ser reintegrados. Verificada la entrega, se cancelará la fianza o hipoteca».

## Distinción del usufructo de otras figuras similares

En el ámbito jurídico se dan determinadas figuras similares al usufructo, pero cuyos efectos son diferentes por lo que se debe establecer con claridad sus diferencias, estas figuras son el derecho de uso y habitación y la sustitución fideicomisaria.

### || Derecho de uso y habitación

Los derechos de uso y habitación, al igual que el usufructo, son derechos reales de uso sobre cosa ajena. El art. 524 del CC se encarga de delimitar cada uno de estos derechos, de tal forma que podemos señalar:

- El **derecho de uso** faculta a su titular a percibir los frutos de una cosa ajena que basten para cubrir las necesidades del usuario y de su familia.

- El derecho **de habitación** concede al titular la facultad de ocupar en una casa ajena las piezas necesarias para sí y para las personas de su familia.

En estos derechos es clave para diferenciarlos del derecho de usufructo que éstos dan respuesta a una necesidad del titular y de su familia. Pero además podemos señalar las siguientes diferencias:

- En el caso de los derechos de uso y habitación no es posible que su titular pueda arrendar el bien ni traspasar su derecho a otra persona, sin embargo, estas posibilidades sí están presentes en el usufructo ya que la única limitación que se le establece al usufructuario es la de respetar la forma y esencia de la cosa objeto de usufructo.

- El derecho de habitación solo puede establecerse a favor de una persona física y solo puede ser su objeto un bien inmueble.

- Además, estos derechos se extinguirán por el abuso grave de la cosa y de la habitación, mientras que el derecho de usufructo no se extingue por el mal uso de la cosa.

## ‖ Sustitución fideicomisaria

La sustitución fideicomisaria supone que el causante encarga al heredero que conserve y transmita a un tercero todo o parte de la herencia, mientras esta entrega no se produce el fiduciario puede hacer uso de las cosas objeto del fideicomiso. La principal diferencia que podemos señalar respecto al usufructo es que por la sustitución fideicomisaria el **fiduciario adquiere la propiedad del bien**, aunque, con unas limitaciones en su facultad de disponer.

Cuando lo que se constituye en la disposición testamentaria es un **fideicomiso de residuo** su interpretación puede dificultarse ante la distinción frente al usufructo con facultad de disposición, ya que en ambas figuras el titular puede disponer de los bienes. Para poder delimitar el ámbito de cada una de ellas puede establecerse lo siguiente:

- **Fideicomiso de residuo:** en el proceso hereditario se establecen varios herederos sucesivos, de tal forma que el fiduciario adquiere los bienes y puede disponer de los mismos debiendo entregar al fideicomisario los bienes que resten en el momento que deba realizar la entrega conforme a lo dispuesto en la disposición testamentaria.

- **Usufructo con facultad de disposición:** únicamente existe un heredero que adquiere la nuda propiedad del bien por estar gravada la cosa con un derecho real, pero en el momento en que finalice el usufructo se produce la consolidación de la plena propiedad.

# 2.
# NUDA PROPIEDAD

## Definición del derecho a la propiedad privada

Encontramos una conceptualización de lo que podemos entender por propiedad privada a través de lo dispuesto en el artículo 348 del Código Civil, al indicarnos el párrafo primero de dicho precepto que «La propiedad es el derecho de gozar y disponer de una cosa o de un animal, sin más limitaciones que las establecidas en las leyes». De lo expuesto, puede inferirse que la propiedad se configura como un derecho real que posiciona al propietario en una situación de «señorío absoluto» poseyendo todas las facultades posibles sobre el bien, lo cual diferencia este derecho de cualquier otro derecho real. (Entiéndase el goce como el disfrute de todas las potencialidades de la cosa y la disposición como la potestad para decidir el destino del bien).

> **A TENER EN CUENTA.** El contenido del **artículo 348 del Código Civil** ha sido modificado en los términos arriba expuestos con ocasión de la publicación en fecha 16 de diciembre de 2021, de la Ley 17/2021, de 15 de diciembre, de modificación del Código Civil, la Ley Hipotecaria y la Ley de Enjuiciamiento Civil, sobre el régimen jurídico de los animales, en vigor a partir del 5 de enero de 2021.

### CUESTIÓN

**A la hora de defender sus derechos, ¿quién tiene prioridad?, ¿el poseedor de un bien o su propietario?**

En el caso de que el poseedor no tenga derecho alguno que justifique su derecho de posesión, más allá de una posesión efectiva del bien, tendría preferencia quien tenga el derecho de propiedad. En este sentido podemos citar, por ejemplo, la **sentencia de la Audiencia Provincial de Barcelona n.º 363/2023, de 14 de julio, ECLI:ES:APB:2023:7397**, que establece: «(...) en el procedimiento de autos se debate el derecho a la posesión de la vivienda de quien es su titular dominical frente a quien se ha irrogado de facto la posesión sin ostentar derecho alguno, y en este marco jurídico la ley otorga prevalencia a quien ostenta el derecho de propiedad, sin que corresponda ni pueda exigirse al titular de este derecho que asuma a su costa la protección de quienes al no disponer de vivienda propia han decidido ocupar la de la parte demandante».

## El reconocimiento del derecho a la propiedad privada en la Constitución Española

Ya hemos adelantado que el artículo 348 del Código Civil recoge una conceptualización del derecho de propiedad. Sin embargo, también encontramos que, junto con la herencia, el artículo 33.1 de la Constitución Española reconoce de forma expresa el citado derecho:

«1. Se reconoce el derecho a la propiedad privada y a la herencia.

2. La función social de estos derechos delimitará su contenido, de acuerdo con las leyes.

3. Nadie podrá ser privado de sus bienes y derechos sino por causa justificada de utilidad pública o interés social, mediante la correspondiente indemnización y de conformidad con lo dispuesto por las leyes».

Conforme a lo expuesto, y de conformidad con lo establecido por nuestro Tribunal Constitucional —entre otras en la **STC n.º 7/2024, de 16 de enero, ECLI:ES:TC:2024:7**—, «(...) En lo que concierne al derecho de propiedad: (i) "la Constitución reconoce este derecho como un 'haz de facultades individuales sobre las cosas', pero también y al mismo tiempo como un conjunto de deberes y obligaciones establecidos, de acuerdo con las leyes, en atención a valores e intereses de la comunidad (STC 37/1987, de 26 de marzo, FJ 2). De ello se sigue que 'la fijación del contenido esencial de la propiedad privada no puede hacerse desde la exclusiva consideración subjetiva del derecho o de los intereses individuales que a este subyacen, sino que debe incluir igualmente la necesaria referencia a la función social, entendida no como mero límite externo a su definición o ejercicio, sino como parte integrante del derecho mismo' (STC 204/2004, FJ 5)"».

En este sentido, y toda vez que, el **artículo 53 de la CE** establece que «Los derechos y libertades reconocidos en el Capítulo segundo del presente Título vinculan a todos los poderes públicos. Solo por ley, que en todo caso deberá respetar su contenido esencial, podrá regularse el ejercicio de tales derechos y libertades, que se tutelarán de acuerdo con lo previsto en el artículo 161, 1, a)», **resulta que el contenido esencial del derecho de propiedad** únicamente **ha de poder desarrollarse por medio de una norma con rango de ley**.

## Pleno dominio, nuda propiedad y usufructo

Cuando nos referimos al derecho de propiedad es importante tener en cuenta las diferencias existentes entre la nuda propiedad y el pleno dominio.

La nuda propiedad aparece definida en el *DEJ RAE* como la: «Titularidad de un bien o derecho con limitación de las facultades inherentes al derecho de propiedad por corresponder la posesión a un tercero, el usufructuario».

Es decir, el nudo propietario es aquel que tiene el dominio de un bien, pero no puede disfrutar del mismo, ya que existe un usufructuario que tiene su derecho de uso y disfrute.

En contraposición, el pleno dominio implica contar no solo con el derecho de propiedad sino también con el de usufructo, es decir, poder usar y disfrutar del bien de su propiedad.

Por tanto, la principal diferencia entre el pleno dominio y la nuda propiedad la encontramos en la facultad de usar y disfrutar del bien:

- El pleno dominio incluye la propiedad y el uso y disfrute del bien.
- La nuda propiedad: incluye la propiedad del bien, pero no el uso y disfrute.
- El usufructo: No incluye la propiedad del bien, pero sí su uso y disfrute.

Sobre estas tres figuras se ha pronunciado la **sentencia de la Audiencia Provincial de Madrid n.º 169/2022, de 21 de abril, ECLI:ES:APM:2022:5681,** en la que se recoge que:

> «El usufructo confiere al usufructuario el derecho de usar y disfrutar el bien usufructuado, tal y como se desprende del artículo 467 del Código civil. Es decir, el usufructuario pasa a ser titular de las facultades más características del derecho de propiedad, tal y como queda definido en el artículo 348 del Código civil. De ahí que el titular dominical pase a ser denominado "nudo propietario", ya que su derecho de propiedad queda despojado prácticamente de todo contenido, siendo su principal derecho el de hacer suya la plena propiedad cuando concluya el usufructo, tal y como dispone el artículo 522 del Código civil».

# 2.1. Concepto y características

## ¿Cuáles son las características del derecho de propiedad?

El derecho de propiedad se encuentra definido en el artículo 348 del Código Civil, y expresa que:

> «La propiedad es el derecho de gozar y disponer de una cosa o de un animal, sin más limitaciones que las establecidas en las leyes.
> El propietario tiene acción contra el tenedor y el poseedor de la cosa o del animal para reivindicarlo».

No podemos olvidarnos de que se trata de un derecho real, es decir, tal y como recoge el *DEJ RAE* se trata de un «Derecho que atribuye a su titular poder inmediato y directo sobre una cosa».

A la hora de hablar del derecho de propiedad podemos diferenciar tres elementos que componen el mismo:

- **El elemento personal o subjetivo**: la persona sobre la que recae el derecho o propietario.
- **El elemento objetivo**: la cosa o derecho sobre la que se tiene el derecho.

- **El elemento relacional:** el vínculo entre el propietario y el objeto que implica el conjunto de derechos y obligaciones propios del derecho de propiedad.

**CUESTIONES**

**1. ¿Qué clases de propiedad podemos distinguir atendiendo a su titular?**

En función de quién es el titular del derecho de propiedad podemos hablar de propiedad pública o propiedad privada. La primera de ellas —pública— se refiere a aquella propiedad que corresponde al Estado, a alguna Administración o a corporaciones de derecho público, mientras que la segunda —privada— incluiría aquella propiedad cuya titularidad recae sobre personas privadas, ya sean individuales o jurídicas. Además, también podemos diferenciar la propiedad de un solo sujeto, es decir, cuando existe un solo propietario, de la copropiedad, en la que la titularidad del derecho es compartida entre varios sujetos.

**2. ¿Cómo define el Código Civil la copropiedad o comunidad de bienes?**

La comunidad de bienes se regula en los arts. 392 a 406 de Código Civil, disponiéndose en ellos que «Hay comunidad cuando la propiedad de una cosa o un derecho pertenece pro indiviso a varias personas».

El derecho de propiedad tiene las siguientes características:

- **Generalidad:** se trata de un derecho que recae, a diferencia de otros derechos reales, sobre la generalidad o totalidad de usos, servicios, y utilidades de la cosa; con las excepciones establecidas en las leyes o las limitaciones del derecho que vengan derivadas de otros derechos reales existentes a favor de terceros.

- **Abstracción:** el derecho de propiedad no es referido a una o varias facultades concretas del bien, pudiendo existir la propiedad, aunque carezca de algunas de las facultades; pero esta abstracción no puede ser total, es decir, no puede significar el vaciamiento total de todas las facultades del propietario sobre el bien.

- **Elasticidad:** supone que el propietario adquiere para sí las facultades actuales y las potenciales del bien.

- **Carácter unitario del derecho de propiedad:** el derecho de propiedad es siempre uno e idéntico, con independencia de las características del objeto sobre el que recae y la utilidad que tenga.

- **Exclusividad:** no permite que personas ajenas intervengan en el derecho de propiedad, salvo excepciones establecidas en las leyes o las limitaciones del derecho que vengan derivadas de otros derechos reales existentes a favor de terceros.

- **Perpetuidad:** el derecho de propiedad no se encuentra limitado en el tiempo.

**CUESTIÓN**

**¿Cómo se puede probar el derecho de propiedad?**

El derecho de propiedad puede probarse a través de cualquier medio de prueba válido en derecho, y en ese sentido se pronuncia la **Audiencia Provincial de Almería, en su sentencia n.º 1161/2023, de 21 de noviembre, ECLI:ES:APAL:2023:1679:**

«*Que el accionante justifique su derecho de propiedad respecto de los bienes a que la acción se refiere, esto es, la existencia de un título que acredite la propiedad de la cosa, debiendo significarse que el "título" debemos conceptuarlo en el sentido natural de causa adquisitiva del derecho, independientemente del eventual instrumento en que se materialice (título formal), por ello no es imprescindible que consista en un instrumento público o en un documento privado, pudiendo acreditarse la propiedad por cualquier medio de prueba*».

# 2.2. Contenido y facultades del derecho de propiedad

## Contenido del derecho de propiedad

El derecho de propiedad está integrado por todas aquellas facultades que el propietario tiene, o potencialmente pueda tener, sobre el bien, incluso ceder alguna de esas facultades propias a otro, ya que una de sus características básicas es la abstracción, no es un derecho referido a una propiedad o varias del bien; pero con la limitación de que esa cesión de facultades no suponga el vaciamiento de contenido del derecho del propietario, ya que siempre ha de conservar alguna facultad sobre el bien.

Con relación al contenido del derecho de propiedad conviene destacar que el mismo presenta dos vertientes:

- Una **positiva** en la que se engloban todas aquellas facultades que permiten al propietario gozar y disponer del bien.

- Una **negativa** que incluye el derecho del propietario a impedir que terceros impidan o dificulten su derecho.

**CUESTIÓN**

**El art. 1291 del Código Civil establece, en su apartado 5.º, que son rescindibles los contratos que se refieran a cosas litigiosas. Cuando se discute judicialmente alguna de las facultades que integran el contenido del derecho de propiedad, ¿se considera que estamos ante una cosa litigiosa?**

Sí, es uno de los supuestos que se han recogido jurisprudencialmente para entender que estamos ante un crédito litigioso, y en este sentido podemos citar, por ejemplo, la **STS n.º 192/2006, de 28 de febrero, ECLI:ES:TS:2006:1005**, en la que se señala que: «(...) esta caracterización de un bien o derecho como "litigioso" está haciendo referencia a la existencia de un procedimiento contencioso del que sea objeto el bien vendido, es decir, un proceso contencioso en el que exista controversia entre partes sobre la titularidad del bien, sobre la existencia o inexistencia sobre el mismo de cualquier derecho real o sobre alguna de las facultades

> que integran el contenido del derecho de propiedad; no tiene por tanto el carácter de bien litigioso el que ha sido objeto de embargo con la finalidad de atender con el producto de su venta a la extinción, total o parcial de un crédito ya declarado por sentencia firme».

Las facultades que ostenta, generalmente, el propietario son:

- **Facultad de libre disposición:** el propietario tiene la facultad de enajenar, gravar, transformar o incluso destruir el bien objeto de propiedad, salvo excepciones propias del objeto de propiedad.

    - Facultad de enajenar: el propietario puede transmitir su derecho a título oneroso o gratuito, por actos *inter vivos* o *mortis causa*, aunque hay determinadas propiedades que tienen como característica básica la inalienabilidad.

    - Gravar o limitar: se trata de la constitución por el propietario de derechos sobre el bien a favor de terceros limitando su derecho. Con relación a la posibilidad de gravar el derecho de propiedad se pronuncia la **sentencia de la Audiencia Provincial de Madrid n.° 352/2023, de 27 de septiembre, ECLI:ES:APM:2023:14654,** y en relación a la posibilidad de establecer una servidumbre señala que:

        > «Dispone en este sentido el artículo 594 que "todo propietario de una finca puede establecer en ella las servidumbres que tenga por conveniente y en el modo y forma que bien le pareciere, siempre que no contravenga las leyes ni el orden público".
        > Este precepto es derivación del artículo 348, que recoge las facultades que integran el contenido del derecho de propiedad, una de las cuales es la de gravamen. Con él se consagra el principio de libertad y, por ende, la constatación del principio de atipicidad de este tipo de servidumbres, pues, como dice GONZALEZ PORRAS, en el Derecho moderno, a diferencia del romano, cualquier utilidad puede servir de fundamento para la constitución de las servidumbres».

    - Transformar: el propietario puede cambiar la naturaleza, forma y destino de la cosa, con previsión de las excepciones previstas en la ley especial que regule la propiedad del determinado bien.

    - Destruir: el propietario entendido como dueño absoluto del bien puede inutilizar o hacer incluso que deje de existir, pero respecto de esta facultad ha habido una evolución hacia su limitación, sobre todo desde que se entiende el derecho de propiedad con una función social, orientándose no solo al interés del propietario sino también a la satisfacción de intereses generales.

- **Facultad de libre aprovechamiento:** facultad de emplear la cosa para satisfacción del interés del propietario.

- **Facultad de accesión:** esta facultad aparece recogida en el **artículo 353 del Código Civil** en el que se dispone: «La propiedad de los bienes da derecho por accesión a todo lo que ellos producen, o se les une o incorpora, natural o artificialmente».

**CUESTIONES**

**1. ¿La propiedad de un bien implica la propiedad de sus frutos?**

Sí, y así lo recoge el **art. 354 del CC** según el cual pertenecen al propietario los frutos naturales, industriales y civiles.

**2. Si un tercero edifica o planta en un terreno de mi propiedad, ¿a quién corresponden las edificaciones o plantas?**

Según lo dispuesto en el **art. 358 del CC**: «Lo edificado, plantado o sembrado en predios ajenos, y las mejoras o reparaciones hechas en ellos, pertenecen al dueño de los mismos con sujeción a lo que se dispone en los artículos siguientes». Especificando los **arts. 361 y 362 del CC** que en función de la buena o mala fe del que realizare la plantación, o edificación en propiedad ajena podría haber o no derecho a una indemnización.

- **Facultades de exclusión:** facultad o derecho del propietario de goce y disfrute del objeto de propiedad sin intromisión o perturbación por parte de tercero.

- **Facultad de reivindicación: artículo 348 del Código Civil**, párrafo 2: «El propietario tiene acción contra el tenedor y el poseedor de la cosa o del animal para reivindicarlo». Se refiere a la facultad que tiene el propietario de recuperar o reclamar su derecho.

# 2.3. Extensión y límites del derecho de propiedad

## ¿Cuáles son los límites del derecho de propiedad?

El derecho de propiedad se puede perfilar desde el punto de vista negativo, en función de sus límites, puesto que, a pesar de ser un derecho real pleno, no es absoluto. Las principales limitaciones que tiene este derecho son las establecidas por la ley y aquellas que emanan de la no intromisión o respeto del derecho de tercero.

A la hora de analizar esta cuestión conviene diferenciar entre límites y limitaciones.

- Por **límites** podemos entender aquellas restricciones que afectan al contenido normal del derecho, es decir, no son excepcionales, y por tanto no es necesario que se pruebe su existencia. Se trata de límites intrínsecos al derecho de propiedad. Dentro de los límites podemos diferenciar dos clases:

  – **Límites en interés público.** En estos casos el derecho de propiedad se limita en beneficio de la comunidad. A modo de ejemplo podemos citar las limitaciones legales establecidas para los terrenos situados al lado de los aeropuertos, o las limitaciones impuestas por la legislación urbanística.

– **Límites en interés privado.** Implican una limitación en beneficio de un tercero. Con relación a estas el **art. 551 del Código Civil** establece que las servidumbres impuestas en la ley en interés de los particulares podrán modificarse por acuerdo de los interesados siempre y cuando no lo prohíba la ley ni resulte perjuicio a un tercero. Un ejemplo de este tipo de límites podemos encontrarlo en las relaciones de medianería, o en las comunidades de propietarios en régimen de propiedad horizontal, o incluso en el derecho de adquisición preferente a favor de determinadas personas.

---

**CUESTIÓN**

**¿El derecho de propiedad se encuentra limitado con relación al aprovechamiento de las aguas?**

Sí, entre los límites en interés público que tiene el derecho de propiedad se encuentran las limitaciones establecidas para el aprovechamiento y utilización de las aguas. En este sentido podemos citar la **sentencia de la Audiencia Provincial de Jaén n.º 388/2023, de 20 de abril, ECLI:ES:APJ:2023:445**, que se refiere a este límite en los siguientes términos:

*«El aprovechamiento y utilización de las aguas puede dar lugar a limitaciones en el dominio que impone la ley en interés de los particulares. Entre tales limitaciones se encuentran las servidumbres, que según el artículo 530 del Código civil constituyen un gravamen que se impone sobre un inmueble en beneficio de otro que pertenece distinto dueño. Dentro de las servidumbres legales se encuentran las servidumbres en materia de aguas que recogen los artículos 552 y siguientes del Código civil y entre ellas la servidumbre de acueducto a la que se refiere el artículo 557 del Código civil establece que "todo el que quiera servirse del agua de que puede disponer para una finca suya, tiene derecho a hacerla pasar por los predios intermedios, con obligación de indemnizar a sus dueños, como también a los de los predios inferiores sobre los que se filtren o caigan las aguas", siendo esta servidumbre continua y aparente según el artículo 561. La misma puede constituirse por ley si se cumplen los requisitos previstos en el artículo 558 del Código civil, o por negocio jurídico mediante acuerdo entre los titulares de los predios dominantes y sirviente. En el caso de constitución por ley debe de justificarse el que pretenda usar de dicho derecho que puede responder del agua y que ésta es suficiente para el uso al que se la destina, que el paso que solicita por el lugar más conveniente y menos oneroso para el tercero y asimismo debe indemnizar al dueño del predio sirviente en la forma en la que se determine por las leyes y reglamentos».*

---

• Por **limitaciones** entendemos aquellas restricciones que limitan el contenido del derecho en supuestos concretos. En este caso se trata de limitaciones extraordinarias, y en consecuencia sí que necesitan prueba. Estaríamos hablando, por ejemplo, de un derecho real a favor de un tercero sobre el bien concreto del que se tiene el derecho de propiedad siempre y cuando el mismo no aparezca regulado en una ley, ya que en este caso estaríamos hablando de un límite, servidumbres administrativas a favor de la comunidad...

**RESOLUCIÓN RELEVANTE**

**Sentencia de la Audiencia Provincial de Gipuzkoa n.º 699/2022, de 11 de octubre, ECLI:ES:APSS:2022:1047**

**Asunto: Límite al derecho de propiedad a favor de servidumbres legales**

*«El legislador, teniendo en cuenta el principio de accesibilidad universal, ha reformado la legislación de cara a favorecer la eliminación de barreras arquitectónicas y para favorecer la plena integración, en condiciones de igualdad, de la personas con minusvalías físicas, a las que en cuanto a obstáculos arquitectónicos, se ha venido asimilando a las personas de mayor edad, 70 años o más. Y en este sentido, se ha legislado en relación con la instalación de ascensores en el ámbito de las propiedades en régimen en propiedad horizontal, y con respecto a los espacios privados de comuneros, que tienen que soportar la constitución den una servidumbre.*

*El artículo 348 del Código define el derecho de propiedad: "La propiedad es el derecho de gozar y disponer de una cosa o de un animal, sin más limitaciones que las establecidas en las leyes".*

*El artículo 33 de la Constitución reconoce el derecho a la propiedad privada y dispone que nadie podrá ser privado de sus bienes y derechos sino por causa justificada de utilidad pública o interés social, mediante la correspondiente indemnización y de conformidad con lo dispuesto en las leyes".*

*Y el artículo 349 del Código Civil prevé: "Nadie podrá ser privado de su propiedad sino por Autoridad competente y por causa justificada de utilidad pública, previa siempre la correspondiente indemnización. Si no precediere este requisito, los Jueces ampararán y, en su caso, reintegrarán en la posesión al expropiado".*

> *La servidumbre es una limitación del dominio y del derecho de propiedad.*
> *Lo cual conlleva que solo puedan ser impuestas en casos de verdadera necesi-*
> *dad, y que la interpretación en la materia ha de ser restrictiva en el sentido de*
> *que, en caso de duda, debe prevalecer la presunción de libertad del derecho de*
> *propiedad».*

# 2.4. Derechos y obligaciones del nudo propietario en el usufructo

## ¿Qué derechos y obligaciones tiene el nudo propietario?

En primer lugar, hay que conceptualizar la nuda propiedad como aquella en la que el propietario ostenta el derecho de propiedad, pero tiene limitado su uso y disfrute, es decir, es dueño de algo, pero no puede usarlo.

Tal y como define el *DEJ RAE* la nuda propiedad consiste en la: «Titularidad de un bien o derecho con limitación de las facultades inherentes al derecho de propiedad por corresponder la posesión a un tercero, el usufructuario».

Es importante, entonces, que distingamos entre las siguientes figuras:

- Usufructo: como derecho de goce y disfrute sobre un bien siendo el titular usufructuario y no propietario.

- La nuda propiedad, como ya hemos visto, es el derecho de propiedad sobre ese bien, limitado al no poder ejecutar su uso y disfrute.

- El pleno dominio o plena propiedad puede definirse como la nuda propiedad sin limitaciones pues el derecho de usufructo y la nuda propiedad se encuentran bajo el mismo sujeto. Esto es, la propiedad tal y como la conocemos.

### CUESTIÓN

#### ¿Qué ocurre con la nuda propiedad cuando se extingue el usufructo?

Cuando se extinga el usufructo, el nudo propietario pasará a ostentar la plena propiedad, lo que se conoce como consolidación de la nuda propiedad.

Para conocer debidamente la extensión del derecho de nuda propiedad es importante analizar los derechos y obligaciones que conlleva.

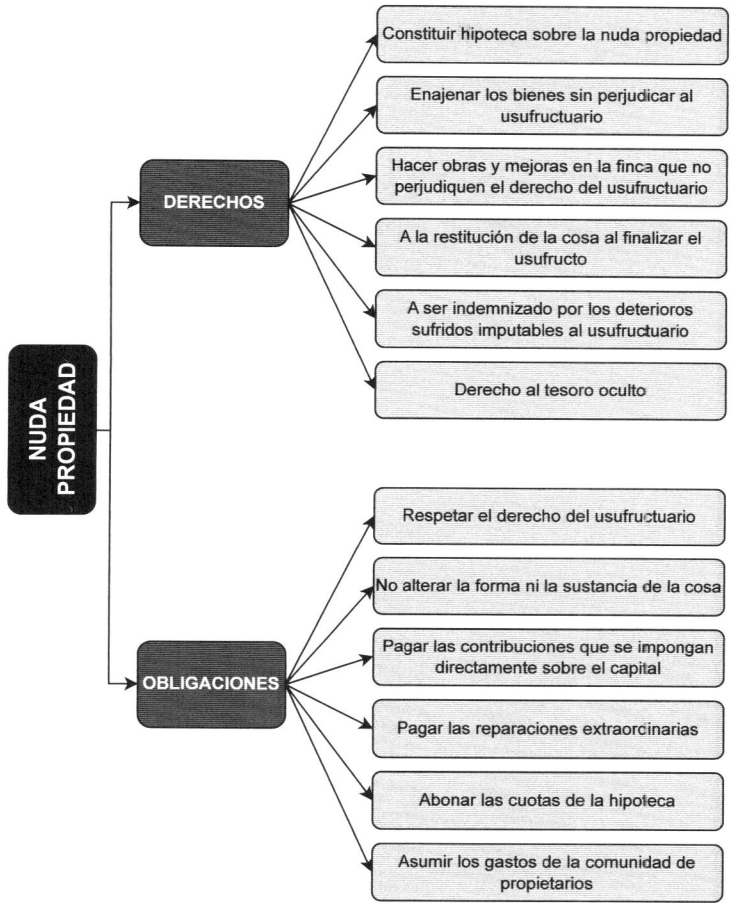

## || Los derechos del nudo propietario

Como punto de partida, debemos resaltar que el objeto principal del derecho de nuda propiedad es precisamente la propiedad del bien, ya que, si bien se encuentra limitado, la titularidad del derecho es del nudo propietario.

A raíz de dicha propiedad podemos afirmar que el nudo propietario dispondrá de los siguientes **derechos** con respecto al usufructo:

- **Constituir hipoteca sobre su derecho de nuda propiedad (art. 107 de Ley Hipotecaria, apartado 2.º).** En estos casos, cuando se extinga el usufructo, y, por tanto, se consolida la plena propiedad, la hipoteca no solo subsiste, sino que se extiende al mismo usufructo salvo que se hubiese pactado lo contario.

**CUESTIÓN**

**¿Puede ejecutarse al nudo propietario que ha hipotecado su propiedad? ¿Cómo afecta esto al usufructuario?**

Sí que cabría ejecutar al nudo propietario, pero deben de respetarse los derechos del usufructuario. En este sentido el **auto de la Audiencia Provincial de Valencia n.º 135/2020, de 5 de junio, ECLI:ES:APV:2020:2279A**, al analizar el contenido del art. 107 de la LH establece que:

*«El contenido de dicho precepto lo hemos de poner en relación con las obligaciones de todo usufructuario, contenidas en los artículos 491 y ss del Código Civil. Sentado cuanto antecede y examinada la demanda iniciadora del procedimiento, observamos que se está ejercitando la garantía hipotecaria constituida exclusivamente sobre la propiedad del bien inmueble, y no sobre el usufructo que ostenta la Sra. Luz, quien ninguna facultad de disposición tiene sobre el mismo en tanto el usufructo no se estableció en tal condición.*

*Consecuencia de lo anterior es que la ejecución hipotecaria debe continuar en los términos despachados, sin perjuicio de que el derecho de usufructo pueda ser respetado en la fase final de la ejecución si sigue vigente, pero que en ningún caso puede obstaculizar, como ya hemos razonado, la tramitación de los presentes autos».*

- **Enajenar los bienes sujetos a usufructo**, siempre que no perjudique al usufructuario. Este derecho aparece recogido en el **art. 489 del Código Civil** en los siguientes términos:

  «El propietario de bienes en que otro tenga el usufructo podrá enajenarlos, pero no alterar su forma ni sustancia, ni hacer en ellos nada que perjudique al usufructuario».

- **Realizar obras y mejoras en la finca que no perjudiquen el derecho del usufructuario. En este sentido el art. 503 de Código Civil** establece que el propietario, siempre que no disminuya el valor del usufructo, ni se perjudique el derecho del usufructuario podrá:

  – Hacer las obras y mejoras de que sea susceptible la finca usufructuaria.

  – Llevar a cabo nuevas plantaciones si se tratara de una finca rústica.

- Derecho a que se le **restituya la cosa usufructuada cuando finalice el usufructo**. El **art. 522 de Código Civil** regula este derecho sin perjuicio del derecho de retención que compete al usufructuario o a sus herederos por los desembolsos que deban ser reintegrados.

**CUESTIONES**

**1. ¿Quién tiene derecho a los frutos que estuviesen pendientes al momento de extinguirse el usufructo? ¿El propietario o el usufructuario?**

El **art. 472 del Código Civil** dispone que los frutos pendientes cuando comienza el usufructo ya sean naturales o industriales, le pertenecen al usufructuario, y por el contrario, los pendientes cuando se extingue el usufructo pertenecen al propietario.

**2. ¿Tiene el propietario derecho a indemnización por los frutos pendientes al comenzar el usufructo? ¿Y el usufructuario con relación a los frutos pendientes cuando finaliza dicho usufructo?**

El art. 472 en su tercer párrafo da respuesta a estas cuestiones al señalar que: «(...) el usufructuario, al comenzar el usufructo, no tiene obligación de abonar al propietario ninguno de los gastos hechos; pero el propietario está obligado a abonar al fin del usufructo, con el producto de los frutos pendientes, los gastos ordinarios de cultivo, simientes y otros semejantes, hechos por el usufructuario».

**3. En el caso de un usufructo dinerario, ¿pueden los usufructuarios disponer de ese dinero o es un derecho exclusivo del propietario?**

Tal y como se explica en la **sentencia de la Audiencia Provincial de Madrid n.º 268/2022, de 24 de junio, ECLI:ES:APM:2022:10748**: «(...) tratándose de usufructo dinerario, lo que adquiere el cónyuge sobreviviente como usufructuario es el derecho a los frutos, pero **no la propiedad del dinero que corresponde a los herederos**. El usufructuario puede disponer de los frutos del dinero, es decir los intereses por aplicación del art. 472 CC, **pero no puede disponer del dinero en sí mismo**, cuya titularidad pertenece a los herederos nudos propietarios».

- **Derecho a indemnización en el caso de que la cosa haya sufrido deterioros imputables al usufructuario.** Este derecho se encuentra relacionado con la obligación del usufructuario de asumir los gastos derivados del uso ordinario y del mantenimiento de la cosa, y en este sentido podemos traer a colación la **sentencia de la Audiencia Provincial de Barcelona n.º 610/2022, de 24 de noviembre, ECLI:ES:APB:2022:14286**, en la que se dice que: «De esta manera los gastos ordinarios serán aquellos derivados del uso ordinario y del mantenimiento de la cosa, así fijos, periódicos o no, mientras que los extraordinarios se conceptúan por el art. 500 CC, en forma residual, como todos los que no tengan la naturaleza ordinaria en cuanto devienen de los deterioros o desperfectos que procedan del uso natural de las cosas y sean indispensables para su conservación. La Sentencia 250/2018 del Tribunal Supremo, de 25 de abril, concluye: "... la obligación legal del usufructuario de realizar las reparaciones ordinarias, impuesta por el art. 500 CC, es configurada en nuestro ordenamiento como una auténtica obligación exigible durante toda la vida del usufructo, porque el nudo propietario tiene interés en que la cosa objeto de usufructo no se deteriore. Es una obligación que nace con el inicio del derecho del usufructo y no con la entrada en posesión de la cosa, y su fundamento es el propio deber de conservar y cuidar diligentemente los bienes usufructuados (art. 497 CC) ...". Finalmente, el art. 522 del CC determina como terminado el usufructo, "... se entregará al propietario la cosa usufructuada, salvo el derecho de retención que compete al usufructuario o a sus herederos por los desembolsos de que deban ser reintegrados. Verificada la entrega, se cancelará la fianza o hipoteca..."».

- **Derecho al tesoro oculto.** El art. 471 del Código Civil establece que con relación a los tesoros que se hallaren en la finca el usufructuario será considerado como un extraño. Esto implica que en el caso de que el usufructuario encuentre un tesoro haya que acudir a los dispuesto en el **art. 351 del CC**, en el que se establece que el tesoro oculto pertenece al dueño del terreno en el que se encuentre, y que el descubridor tendrá derecho a la mitad.

**RESOLUCIÓN RELEVANTE**

Sentencia de la Audiencia Provincial de Las Palmas de Gran Canaria n.º 551/2020, de 25 de noviembre, ECLI:ES:APGC:2020:2736

Asunto: posibilidad de los copropietarios de solicitar la división de la cosa común aun existiendo algún usufructuario

*«Como dice la STS 02-04-2008, nº 258/2008, rec. 9/2001 en relación a un supuesto similar en el que se pretendía la división de una finca que estaba gravada con usufructo sobre una cuota indivisa,*

*"La división de la cosa común afecta a los copropietarios, como dice el artículo 400 del Código Civil (ningún copropietario estará obligado a permanecer en la comunidad) y no alcanza a quien no lo sea, como puede ser el titular de un derecho real, como dispone el artículo 405 (la división de una cosa común no perjudicará a tercero, el cual conservará los derechos...reales que le pertenecieran....). En definitiva, la división de la cosa común afecta a los comuneros, no a los terceros y la titular de un derecho de usufructo no forma parte de la comunidad y es ajena a la división; en la actio communi dividundo carece de legitimación pasiva. En consecuencia, débese estimar su recurso de casación y asumiendo la instancia (art. 1715.1.3º LEC) desestimar la demanda en lo referente a ella".*

*Sin embargo es de tener en consideración que aunque el usufructuario carece de legitimación pasiva para soportar el ejercicio de la acción, si embargo, como quiera que su derecho puede verse comprometido por el ejercicio de la acción goza de la facultad de actuar (libremente) como parte demandada en el procedimiento (...)».*

## || Las obligaciones del nudo propietario

El nudo propietario tendrá las siguientes obligaciones:

- **Respetar el derecho del usufructuario**. El nudo propietario no podrá disfrutar del bien hasta que se extinga el usufructo. En este sentido el **art. 467 del Código Civil** establece que «El usufructo da derecho a disfrutar los bienes ajenos (...)», lo que necesariamente conlleva la obligación del nudo propietario de respetarlo. Cabe citar aquí la **sentencia de la Audiencia Provincial de Burgos n.º 27/2015, de 5 de febrero, ECLI:ES:APBU:2015:84**, en la que se destaca que el nudo propietario carece de título que justifique su posesión más allá de la mera tolerancia del usufructuario:

  «El usufructo da derecho al usufructuario a disfrutar los bienes ajenos con la obligación de conservar su forma y sustancia (artículo 467 CC), a percibir todos los frutos naturales, industriales y civiles de los bienes usufructuados (artículo 471 CC).

  Por tanto y conforme al citado título es claro que la parte actora, en cuanto propietaria de la mitad indivisa y como usufructuaria de la otra mitad, ostenta el pleno uso y disfrute del inmueble, **careciendo el demandado de título que ampare su posesión más allá de la mera tolerancia (artículo 444 CC) de la usufructuaria**».

**CUESTIÓN**

**El legatario que adquiere la nuda propiedad de un bien, ¿está obligado a respetar los derechos del usufructuario?**

Sí, el legatario de la nuda propiedad tendrá la misma obligación que el propietario inicial de respetar el derecho de usufructo. Así lo recoge, entre otras, la **sentencia de la Audiencia Provincial de Segovia n.° 131/2013, de 30 de septiembre, ECLI:ES:APSG:2013:303**, en la que se establece que: «(...) el Art. 868 Cc establece que si la cosa legada estuviere sujeta a usufructo, uso o habitación, el legatario (en este caso la actora) deberá respetar estos derechos hasta que legalmente se extingan (STS 24 de Mayo de 1.905 en un supuesto esencialmente igual). Si la parte actora, legataria de la nuda propiedad de los bienes usufructuados está obligada por disposición legal a respetar el derecho de usufructo de Dña. Angustia es evidente que no puede reclamarle los frutos que legítimamente hubiera aquella percibido como efecto del usufructo constituido (...)».

- **No alterar la forma ni la sustancia de la cosa (art. 489 del CC)**, y por supuesto abstenerse de cualquier acto que pueda llegar a perjudicar el ejercicio por el usufructuario de su derecho, debiendo indemnizar a este si se causan perjuicios.

**CUESTIÓN**

**X tiene un usufructo sobre una parte de una parcela declarada indivisible. El nudo propietario realiza una pequeña construcción en una parte de la misma, a lo que el usufructuario se opone por entender que perjudica su derecho a pesar de que en la actualidad no se encontraba haciendo uso del mismo, ya que al tratarse de una finca indivisible el derecho de usufructo grava indiferenciadamente todas las cuotas de la citada finca. ¿Hay que entender que en este caso entra en juego la obligación del propietario de no alterar la forma ni sustancia del bien, ni hacer en él nada que perjudique al usufructuario?**

No, tal y como se recoge en la **sentencia de la Audiencia Provincial de Salamanca n.° 106/2020, de 24 de febrero, ECLI:ES:APSA:2020:58**, podría llegar incluso a considerarse un abuso de derecho por parte del usufructuario, que a pesar de no utilizar su derecho, y de que el mismo no afecta a la totalidad de la finca, pretende impedir que el nudo propietario realice una pequeña obra:

*«Establece el art. 489 CC que: "El propietario de bienes en que otro tenga el usufructo podrá enajenarlos, pero no alterar su forma ni sustancia, ni hacer en ellos nada que perjudique al usufructuario".*

*15. Así pues, el propietario no podrá alterar la forma ni la sustancia de la finca sobre la que recae el usufructuario, lo cual se habría producido al construir una vivienda en una pequeña superficie de 80 m2 sobre un total de 2.000 m2; pero la norma somete esa prohibición a una condición final: el propietario no puede alterar la forma ni la sustancia ni hacer nada en la finca nada que perjudique al usufructuario.*

*16. Por lo tanto, el Juzgador o el Tribunal deben valorar la situación de hecho atendiendo a las circunstancias concurrentes en el caso concreto para esclarecer si las actuaciones del propietario sobre la finca en que recae el usufructo son susceptibles o no de perjudicar de manera efectiva al usufructuario.*

*17. Habiéndose acreditado en la instancia que el usufructuario no ha venido haciendo nunca un uso efectivo de su derecho de usufructo sobre la finca (probable-*

*mente ante lo indeterminado del mismo, por limitarse a una vigésima parte de una finca declarada indivisible), conocida la extensión de la misma (aproximadamente 2.000 m2) y la reducida ocupación de la vivienda construida respecto del conjunto (en torno a 80 m2), además de la precisa delimitación de dicha vivienda respecto al respeto de la finca mediante paredes medianeras y el hecho de que se puede acceder perfectamente al resto del predio desde la vía pública, esta Sala concluye que, en el caso concreto, la construcción de la vivienda por parte del propietario demandado no puede perjudicar los derechos e intereses del usufructuario, ratificando así el criterio de la Juzgadora "a quo".*

*18. Más aún, el simple hecho de ejercitar una demanda reclamando la lesión del derecho de usufructo por quien nunca lo ha ejercitado ni parece que tenga intención real de hacerlo, puede, en según qué circunstancias, interpretarse como un ejercicio abusivo del derecho proscrito por la Ley (cfr. art. 8 CC) (…)».*

- **Pagar las contribuciones que se impongan directamente sobre el capital**, es decir, en virtud del **art. 505 del Código Civil**, será el nudo propietario el obligado a asumir el pago de los impuestos que recaigan directamente sobre el bien, como, por ejemplo, el Impuesto sobre el Patrimonio regulado en la Ley 19/1991, de 6 de junio, y que tal y como se recoge en la **sentencia de la Audiencia Provincial de Valencia n.º 237/2015, de 28 de abril, ECLI:ES:APV:2015:1695**, estamos ante un impuesto que grava la titularidad del patrimonio, no las rentas.

> **CUESTIÓN**
>
> **¿A quién le corresponde pagar el IBI? ¿Al propietario o al usufructuario?**
>
> Con relación al pago del IBI se establece una excepción a la anterior obligación ya que el deber de abonar este impuesto le corresponde al **usufructuario**, tal y como se establece en el **art. 61 del Real Decreto Legislativo 2/2004, de 5 de marzo**, por el que se aprueba el texto refundido de la Ley Reguladora de las Haciendas Locales.

- **Pagar las reparaciones extraordinarias**, entendidas como aquellas reparaciones no ordinarias que corresponden al usufructuario. Esta obligación, que aparece reculada en el **art. 501 de Código Civil**, tiene una obligación correlativa por parte del usufructuario que estará obligado a darle aviso cuando fuera necesario realizar las mismas.

> **CUESTIÓN**
>
> **¿Cuáles son los gastos que podemos considerar como ordinarios y cuáles extraordinarios?**
>
> Para responder esta cuestión podemos citar la **sentencia de la Audiencia Provincial de Barcelona n.º 610/2022, de 24 de diciembre, ECLI:ES:APB:2022:14286**, en la que se señala que: «(...) los gastos ordinarios serán aquellos derivados del uso ordinario y del mantenimiento de la cosa, así fijos, periódicos o no, mientras que los extraordinarios se conceptúan por el art. 500 CC, en forma residual, como todos las que no tengan la naturaleza ordinaria en cuanto devienen de los deterioros o desperfectos que procedan del uso natural de las cosas y sean indispensables para su conservación (...)».

El **art. 502 del CC** establece que en estos casos el nudo propietario podrá exigir al usufructuario el interés legal de lo invertido en las reparaciones, mientras dure el usufructo. Además, en el caso de que el nudo propietario no realizase las reparaciones extraordinarias cuando estas fuesen indispensables para la subsistencia de la cosa, el usufructuario podrá realizarlas el mismo y, una vez finalice el usufructo, tendrá derecho a exigir el aumento de valor que tuviese la finca como consecuencia de dichas obras, pudiendo incluso retener la cosa hasta su reintegración si el propietario se negara a satisfacer dicho importe.

Cabe citar aquí la **sentencia del Tribunal Superior de Justicia de la Comunidad Valenciana n.º 880/2015, de 20 de octubre, ECLI:ES:TSJCV:2015:5455**, en la que se aclara que: «(...) compete al nudo propietario reclamar por la totalidad de los daños y perjuicios que se hayan causado en el bien de su propiedad, que dan lugar a las reparaciones extraordinarias que deba hacer por su cuenta, siendo cuestión distinta, que los usufructuarios, en caso de no mantener el nudo propietario el uso y disfrute de la cosa usufructuada en las condiciones pactadas, o en su defecto conforme las previstas en el Código Civil, puedan ejercitar acción frente al mismo».

- **Abonar las cuotas de la hipoteca.** El Código Civil en su art. 509 establece que el usufructuario de una finca hipotecada no tiene obligación de pagar las deudas para cuya seguridad se estableció la hipoteca, es decir, es el propietario el que tiene el deber de abonar las cuotas de la hipoteca. Tal y como se recoge en la **sentencia de la Audiencia Provincial de Valencia n.º 536/2021, de 15 de diciembre, ECLI:ES:APV:2021:4954**:

  «(...) El art. 509 CC lo único que expresa es la inexistencia de obligación del usufructuario de satisfacer el importe de la deuda garantizada con hipoteca recayente sobre el pleno dominio de la cosa objeto de usufructo y por ello, a renglón seguido, puntualiza que *"si la finca se embargare o vendiere judicialmente para el pago de la deuda, el propietario responderá al usufructuario de lo que pierda por este motivo"*, precisamente porque en tal caso se produce la extinción del usufructo ex art. 513.6º CC; ello sin perjuicio de que el usufructuario pueda pagar por el deudor para detener la acción hipotecaria del acreedor, correspondiéndole en tal caso el derecho al reembolso del dueño y nudo propietario (véanse los artículos 659 y 662.2 y 3 LEC)(...)».

- **Asumir los gastos de la comunidad.** El **artículo 9 de la Ley de Propiedad Horizontal** incluye entre las obligaciones del propietario la de contribuir a los gastos generales para el adecuado sostenimiento del inmueble, sus servicios, cargas y responsabilidades que no sean susceptibles de individualización, además de contribuir también a la dotación del fondo de reserva. Por lo tanto, la comunidad a la hora de reclamar las cuotas impagadas deberá de dirigirse contra el propietario.

En este sentido podemos citar también la **sentencia de la Audiencia Provincial de Zaragoza n.º 360/2015, de 10 de noviembre, ECLI:ES:APZ:2015:2210**, en la que se recuerda que:

«(...) ya expresamos "la obligación que establece el artículo 9.1 e) LPH de contribuir a los gastos generales es de "cada propietario". La garantía para el pago de los gastos comunes no individualizables viene determinada por la especial afección del piso o local al pago de los mismos, estándose en presencia de una titularidad "ob rem", dado que quien responde directa e inmediatamente de los gastos generales es el piso o local y sólo a través de él su propietario. **Frente a la comunidad de propietarios, el obligado es el propietario, aunque haya cedido su usufructo** o haya transmitido el uso del piso o local en arrendamiento, con independencia de que en las relaciones internas entre nudo propietario y usufructuario. En este sentido citamos la Sentencia de esta Sala de 6 junio 2014; y de las AAPP de Granada, Sección 5 ª, 23 marzo 2007; o Salamanca, 18 septiembre de 2014 . Por lo tanto, los demandados, aun cuando únicamente ostentan la nuda propiedad ya que su madre tiene asignado el usufructo, no obstante ello, vienen obligados al pago de las cuotas o gastos que se generen en frente a la comunidad"».

## CUESTIÓN

**¿Puede el propietario repetir contra el usufructuario y reclamarle las cuotas ordinarias de la comunidad que ha abonado?**

Sí, esta posibilidad podemos verla reflejada en la **sentencia de la Audiencia Provincial de Almería n.º 219/2023, de 1 de marzo, ECLI:ES:APAL:2023:358**, en la que se señala lo siguiente:

*«2- Que conforme al art 9 de la LPH la nuda propietaria como comunera y miembro de la comunidad es responsable frente a esta de las cuotas ordinarias y extraordinarias de la Comunidad, resulta insdiscutible, pero es que en el presente caso, no se trata de una reclamación de la comunidad de propietarios, sino de una acción de reembolso o recobro de cantidades que abonadas por la nuda propietaria, competen en el ámbito de las relaciones internas de nuda propiedad- usufructo, a quien usa y disfruta del bien. No se alcanza a comprender que la resolución de instancia, pese a la pretensión ejercitada en el ámbito de esas relaciones internas, desestime la demanda y añada "sin perjuicio de las relaciones internas existentes entre la nuda propiedad y el usufructuario de un bien, cuando son precisamente esas relaciones internas las que se ventilan en el presente litigio. En el marco de esas relaciones internas y salvo pacto en contrario del que no consta indicio alguno por mas que así lo afirme la parte apelada, esos gastos de mantenimiento ordinario del bien, competen por ministerio de la ley al usufructuario.*

*3- En la interpretación jurisprudencial de los citados preceptos en el ámbito de las relaciones internas nuda propiedad- usufructo, la jurisprudencia es unánime.*

*(...)*

*Cuando el art. 9 LPH, en su apartado 1.e) obliga al propietario a contribuir a los gastos generales para el adecuado sostenimiento del inmueble, sus servicios, cargas y responsabilidades no susceptibles de individualización, está definiendo una obligación que forma parte de la relación jurídica entablada entre el propietario del piso y la Comunidad de Propietarios, pero que no afecta ni alcanza a la relación interna que paralelamente sostienen el propietario y el usufructuario, presidida por el título constitutivo de la relación, o en su defecto por lo previsto en los arts. 500 y 501 CC, que distribuyen entre el propietario y el usufructuario, respectivamente, el coste de las reparaciones extraordinarias para el primero y el de las ordinarias para el segundo (...)».*

# 2.5. La adquisición de la propiedad

## ¿Cómo se adquiere el derecho de propiedad?

La propiedad, según el art. 609 del Código Civil, se puede adquirir de los siguientes modos:

- Por ocupación. La ocupación permite la adquisición de las cosas que no pertenecen a nadie mediante la aprehensión material que el ocupante hace de ella.
- Por la ley. Si bien todos los modos de adquisición de la propiedad y demás derechos reales deben estar previstos en la ley, su mención aparte radica en que regula la transmisión de determinados derechos reales (usufructos, hipotecas...).
- Por donación. La donación produce la transmisión de la propiedad de las cosas donadas sin que sea necesario que se produzca la entrega. Si bien la donación tiene carácter contractual, el CC recoge este modo de forma independiente.
- Por sucesión testada e intestada.
- Por contratos a través de la tradición. La tradición consiste en transmitir la propiedad de una cosa o el derecho real sobre una cosa de una persona a otra, exigiendo no solo el título sino también el modo.
- Por prescripción adquisitiva. La usucapión legitima la adquisición tanto de la propiedad como de los demás derechos reales susceptibles de posesión.

La accesión no aparece regulada en el art. 609 del Código Civil, pero permite adquirir las cosas accesorias que se incorporen a la principal.

Se puede hacer una clasificación de los modos de adquisición de los derechos reales de la siguiente forma:

- **Adquisición originaria:** se produce cuando la titularidad del derecho real se obtiene independientemente del derecho del anterior titular, bien porque la cosa carezca de dueño (la ocupación), o porque aun existiendo titular la adquisición no trae causa en el mismo (usucapión).
- **Adquisición derivativa:** se produce cuando el titular transmite su derecho real a otra persona, que será el nuevo titular. Se distingue entre:
  - **Adquisición derivativa traslativa:** se produce cuando se adquiere el mismo derecho que tenía el titular anterior.

– **Adquisición derivativa constitutiva:** se adquiere un derecho que nace del anterior titular pero que es un derecho distinto del que tenía el titular anterior.

Los modos de adquirir también se pueden clasificar en onerosos y gratuitos; *inter vivos* y *mortis causa*; universales y particulares.

## ‖ Por ocupación

La adquisición de la propiedad por ocupación aparece regulada en los arts. 610 a 617 del Código Civil, que disponen que se adquieren por ocupación los siguientes bienes:

- Los bienes apropiables por su naturaleza que carecen de dueño.
- Los tesoros ocultos.
- Las cosas muebles abandonadas.
- Los animales carentes de dueño, incluidos los que pueden ser objeto de caza y pesca, respetando las excepciones que puedan derivar de las normas destinadas a su identificación, protección o preservación.

A este respecto cabe hacer mención de la **sentencia de la Audiencia Provincial de Cáceres n.º 190/2021, de 10 de marzo, ECLI:ES:APCC:2021:227**, en la que se dice que «(...) el abandono de cosa mueble convierte la cosa en una "res derelictae", que es lo mismo que decir que deviene en una cosa "nullius" y que puede ser adquirida originariamente por otro solo mediante la ocupación; (...) el abandono es la pieza clave para la ocupación de cosas que devienen nullius; y, como conclusión, que "no puede haber ocupación como modo de adquisición de la propiedad si no hay abandono previo por el dueño"».

Tal y como se recoge en la **sentencia de la Audiencia Provincial de Cuenca n.º 43/2023, de 21 de febrero, ECLI:ES:APCU:2023:52**, al hablar del abandono hay que entender que este tiene dos elementos constitutivos:

- Uno subjetivo, entendido como la voluntad de renunciar a la propiedad de la cosa o *animus derelinquendi*.
- Uno objetivo, referido al abandono de la posesión de la cosa o *corpus derelictionis*.

---

**CUESTIONES**

**1. Si encuentro una cosa mueble, y esta es reclamada por su propietario al día siguiente, ¿tengo derecho a algún tipo de compensación?**

Sí, el **art. 616 del Código Civil** establece que «Si se presentare a tiempo el propietario, estará obligado a abonar, a título de premio, al que hubiese hecho el hallazgo, la décima parte de la suma o del precio de la cosa encontrada. Cuando el valor del hallazgo excediese de 2.000 pesetas, el premio se reducirá a la vigésima parte en cuanto al exceso».

**2. ¿Cabe el abandono tácito?**

Sí, la doctrina admite el abandono expreso o tácito, y en este sentido se pronuncia la **sentencia de la Audiencia Provincial de Cuenca n.º 43/2023, de 21 de febrero, ECLI:ES:APCU:2023:52** en la que se recoge lo siguiente:

«*Por lo demás, la doctrina admite el abandono expreso o tácito (ordinariamente, la derelictio se resuelve en una declaración de voluntad tácita), y construye la renuncia de los derechos reales como un acto o negocio jurídico unilateral (una sola declaración de voluntad, que no necesita aceptación por parte de nadie) y no formalista".*

*La doctrina admite no solo como posible sino como frecuente el acto de abandono tácito, si bien con evidentes cautelas, por su carácter en muchos casos ambiguo o inconcluyente. Como señala Manresa y Navarro en sus Comentarios al Código Civil, " El legislador no se fía de la apariencia de abandono, y como veremos al comentar los artículos 615 y 616, espera a obtener por el transcurso del tiempo la plena confirmación del hecho, y solo entonces adjudica la cosa al que la encontró". Previendo el artículo 615 un plazo de 2 años para confirmar el acto de abandono y atribuir la propiedad de la cosa hallada al descubridor».*

## || Por donación

El Código Civil define la donación como un acto de liberalidad por el cual una persona dispone gratuitamente de una cosa en favor de otra, que la acepta (**art. 618 del CC**), añadiendo que también se considerará donación aquella que se haga a una persona por sus méritos o por los servicios prestados al donante, siempre que no constituyan deudas exigibles, y aquella en la que se impone al donatario un gravamen inferior al valor de lo donado (**art. 619 del CC**).

Tal y como se recoge en el **art. 640 del CC podrá donarse la propiedad a una persona y el usufructo a otra**. Se establece una limitación en el **art. 781 del CC** que dispone que: «Las sustituciones fideicomisarias en cuya virtud se encarga al heredero que conserve y transmita a un tercero el todo o parte de la herencia, serán válidas y surtirán efecto siempre que no pasen del segundo grado, o que se hagan en favor de personas que vivan al tiempo del fallecimiento del testador».

**CUESTIONES**

**1. ¿Quién puede hacer una donación?**

La donación pueden realizarla todos los que puedan contratar y disponer de sus bienes.

**2. ¿Y quién puede recibir una donación?**

Según lo dispuesto en el **art. 625 del CC** podrán aceptar donaciones todos aquellos que no estén incapacitados por ley para hacerlo. Si las donaciones se hiciesen a personas que no pueden contratar, y fueran condicionales u onerosas se necesitará la intervención de los legítimos representantes.

**3. Si la donación se realiza a varias personas conjuntamente, ¿quién adquiere la propiedad?, ¿se da entre ellas el derecho de acrecer?**

El **art. 637 del Código Civil** dispone que si la donación hubiese sido hecha a varias personas conjuntamente se entenderá por partes iguales y no se dará entre ellas el derecho de acrecer, salvo que el donante disponga otra cosa. No obstante, se exceptúan de esta disposición las donaciones hechas conjuntamente a ambos cónyuges, entre los cuales tendrá lugar aquel derecho, si el donante no hubiese dispuesto lo contrario.

La donación para desplegar sus efectos requiere la aceptación por parte del donatario. Además, en función de si la donación es de cosa mueble o inmueble podemos establecer unos requisitos distintos:

- La **donación de cosa mueble** puede hacerse verbal o por escrito, requiriendo la verbal la entrega simultánea de la cosa para surtir efecto. En la que se realice por escrito surtirá efecto si consta la aceptación también por escrito.

- La **donación de cosa inmueble** debe realizarse en escritura pública en la que deben constar los bienes donados y el valor de las cargas que debe satisfacer el donatario. Se trata de un requisito *ad solemnitatem*, es decir, esencial para la eficacia de la donación. En cuanto a la necesaria aceptación para surtir efectos, se regula en el **art. 633 del CC** que podrá hacerse en la misma escritura de donación o en otra separada, y siempre en vida del donante.

> **RESOLUCIÓN RELEVANTE**
>
> **Sentencia de la Audiencia Provincial de Granada n.º 221/2022, de 29 de junio, ECLI:ES:APGR:2022:982**
>
> **Asunto: la donación como contrato con exigencias formales propias**
>
> *«(...) el contrato de donación, aunque regulado en nuestro Código Civil como un modo de adquirir la propiedad -art. 609 - no cabe duda que ha de tener la consideración y tratamiento de un contrato y, así es casi unánime la doctrina moderna en la que predomina la concepción contractualista de la donación, que tiene su actual reflejo legislativo en el actual código alemán. Ahora bien, dentro de esa estimación indiscutible, hay que proclamar que el contrato de donación sobre bienes inmuebles exige unas formalidades concretas y sui generis, como son su plasmación en escritura pública y la necesidad de aceptación por parte del donatario (...)».*

Con relación a los bienes que pueden ser objeto de donación hay que atender a lo dispuesto en los arts. 634 a 636 del CC, destacando que la donación podrá comprender todos los bienes presentes del donante, o parte de ellos, con tal que éste se reserve, en plena propiedad o en usufructo, lo necesario para vivir en un estado correspondiente a sus circunstancias. No obstante, ninguno podrá dar ni recibir, por vía de donación, más de lo que pueda dar o recibir por testamento, siendo inoficiosa la donación en todo lo que exceda de esta medida (art. 636 del Código Civil).

Por otra parte, el Código Civil prohíbe expresamente la donación de bienes futuros, entendiéndose como tales aquellos de los que el donante no puede disponer al tiempo de la donación.

El Código Civil fija, por lo tanto, dos grandes límites al objeto de la donación:

- Se exige una reserva de bienes, en base a lo necesario para vivir en un estado correspondiente a sus circunstancias.

- Se establece también como límite que no se pueda dar ni recibir más de lo que se pueda dar o recibir por testamento, con la finalidad de salvaguardar los derechos de los herederos en cuanto a la legítima.

**CUESTIÓN**

**¿Qué ocurre si se incumple esta limitación y se realiza una donación de todos los bienes sin dejar a salvo la legítima?**

En estos casos el **art. 654 del CC** dispone que:

*«Las donaciones que, con arreglo a lo dispuesto en el artículo 636, sean inoficiosas computado el valor líquido de los bienes del donante al tiempo de su muerte, deberán ser reducidas en cuanto al exceso; pero esta reducción no obstará para que tengan efecto durante la vida del donante y para que el donatario haga suyos los frutos. Para la reducción de las donaciones se estará a lo dispuesto en este capítulo y en los artículos 820 y 821 del presente Código».*

**RESOLUCIÓN RELEVANTE**

**Sentencia de la Audiencia Provincial de Málaga n.º 1/2016, de 8 de enero, ECLI:ES:APMA:2016:91**

**Asunto: diferencia entre donaciones inoficiosas y nulas**

*«(...) como recoge la sentencia impugnada, con cita de la sentencia de la Audiencia Provincial de Granada (Sección 3ª) de 9 de septiembre de 2011, la diferenciación que debe darse entre las donaciones que lesionan la legítima, que pueden ser declaradas inoficiosas, de aquellas que pueden ser declaradas nulas por tener una causa ilícita, rigiéndose las primeras por la normativa contenida en los artículos 636 y 654 del Código Civil, en tanto que las donaciones encubiertas o disimuladas con la intención de defraudar a los legitimarios pueden ser declaradas nulas por infringir el artículo 1275 del Código Civil, es decir, por tener una causa ilícita, y en este ámbito de actuación sucede que la donación "inter vivos" que por escritura pública se concediera en favor de tres de los hijos de los causantes progenitores de todos los litigantes, es pura y simple, con transmisión y entrega del dominio en favor de tres de los codemandados, habiéndose dado cumplimiento a lo dispuesto en el artículo 633 del Código Civil, advirtiéndose en los padres de los hermanos Gema Angelina Estibaliz Aureliano Salvadora un "animus donandi" que en el mismo documento público es aceptado por el consentimiento de las donatarias, siendo un contrasentido mantener acción de nulidad radical de la escritura de donación con abandono de la declaración de inoficiosa de la misma, ya que, como nos recuerda la sentencia de la Sala Primera del Tribunal Supremo de 29 de mayo de 1991 "[...] la norma del artículo 636 del Código civil, sobre inoficiosidad de la donación en lo que exceda de lo que se pueda dar o recibir por testamento, y lo dispuesto en el artículo 654 sobre reducción de estas donaciones excluye la nulidad radical de la donación y solo la hace anulable en cuanto traspase el límite legal [...]"».*

Es importante tener en cuenta que el Código Civil regula determinados supuestos en los que las donaciones pueden ser revocadas (arts. 644 a 656). A modo de resumen podemos destacar que las donaciones serán revocables:

- Cuando después de la donación el donante tenga hijos, aunque sean póstumos.
- Cuando resulte vivo el hijo que el donante reputaba muerto cuando hizo la donación.

**CUESTIÓN**

**¿Cuándo prescribe la acción de revocación por superveniencia o supervivencia de hijos?**

Esta acción de revocación prescribe a los 5 años desde que se tuvo noticia del nacimiento del último hijo o de la existencia del que se creía muerto.

- También podrá revocarse la donación cuando el donatario deje de cumplir alguna de las condiciones impuestas por el donante.
- Cuando concurra alguna causa de ingratitud en los siguientes supuestos:
  - Si el donatario comete algún delito contra el donante, su honor o sus bienes.
  - Si el donatario imputa al donante algún delito que dé lugar a procedimientos de oficio o acusación pública, aunque lo pruebe, salvo que el delito lo hubiese cometido contra el mismo donatario, su cónyuge o sus hijos.
  - Si el donatario le niega indebidamente los alimentos.

## || Por sucesión

Otro de los modos de adquirir la propiedad recogidos en el **art. 609 del CC** es la sucesión testada e intestada.

Hay que partir de que los derechos a la sucesión de una persona se transmiten desde el momento de su muerte, diferenciando el **art. 658 del Código Civil** la sucesión por la voluntad del testador manifestada en testamento (sucesión testamentaria) y la sucesión por disposición de la ley (sucesión legítima).

---

**CUESTIONES**

**1. ¿Quién puede adquirir la propiedad el heredero o el legatario?**

En los dos casos podría adquirirse la propiedad de uno o varios bienes, si bien en el caso del heredero se sucede a título universal y en el caso del legatario se sucede a título particular. Hay que tener en cuenta que, aunque el testador no haya usado materialmente la palabra heredero, si su voluntad está clara acerca de este concepto, valdrá la disposición como hecha a título universal o de herencia.

**2. Si se nombrasen varios herederos sin designación de partes, ¿quién adquiere la propiedad?**

En estos casos heredarán todos a partes iguales (art. 765 del CC).

**3. ¿Qué ocurre si la cosa legada estuviera sujeta a un usufructo? ¿Se adquiere igual la propiedad?**

El art. 868 del CC establece que cuando sobre la cosa legada esté establecido un usufructo el legatario deberá respetar esos derechos hasta que legalmente se extingan.

---

Por lo que respecta al acto testamentario, este se caracteriza por ser un acto unilateral, personalísimo y con posibilidad de revocación (art. 669, 670 y 737 del Código Civil). En este sentido pueden disponer por testamento todos aquellos a los que la ley no se lo prohíba expresamente (art. 662 y 663 del Código Civil), especificando que no podrán testar:

- El menor de 14 años.
- El que en el momento de testar no pueda conformar o expresar su voluntad ni con ayuda de medios o apoyos para ello.

Los arts. 737 y siguientes del Código Civil regulan la revocación e ineficacia de los testamentos, destacando que las disposiciones testamentarias son revocables siempre y cuando se respeten las solemnidades necesarias para testar, y que el testamento posterior revoca el anterior, si el testador no especifica su voluntad de que subsista en todo o en parte.

**CUESTIÓN**

**¿Pueden imponerse condiciones a los herederos y legatarios?**

Sí, y así lo recogen los **arts. 790** y ss. del CC, en lo que regula esta posibilidad.

A la hora de analizar la adquisición de la propiedad por sucesión, hay que destacar la figura de la **legítima**. El Código Civil define la legítima como la porción de bienes de la cual el testador no puede disponer por estar reservada por ley a determinados herederos, denominados herederos forzosos (art. 806 del CC).

Los herederos forzosos, según el **art. 807 del CC**, son:

- Los hijos y descendientes respecto de sus padres y ascendientes.
- A falta de los anteriores, los padres y ascendientes respecto de sus hijos y descendientes.
- El viudo/a en la forma y medida que establece el CC.

Solamente podrá privarse a los herederos de su legítima en los casos expresamente determinados por la ley.

Es importante tener en cuenta que el cónyuge viudo tiene derecho al usufructo de una parte de los bienes del causante, pudiendo dicha parte ser distinta en función del derecho autonómico aplicable. En estos casos los herederos adquirirían la nuda propiedad de los bienes, en tanto no fallezca el cónyuge viudo, produciéndose en ese momento la consolidación de la plena propiedad.

**CUESTIONES**

**1. ¿Cuándo tiene lugar la sucesión legítima?**

Dentro de la regulación de la sucesión intestada, el Código Civil en su **art. 912**, dispone que la sucesión legítima sucede en los siguientes supuestos:

- Cuando uno muere sin testamento, o con testamento nulo, o que haya perdido después su validez.
- Cuando el testamento no contiene institución de heredero en todo o en parte de los bienes o no dispone de todos los que corresponden al testador. En este caso, la sucesión legítima tendrá lugar solamente respecto de los bienes de que no hubiese dispuesto.
- Cuando falta la condición puesta a la institución del heredero, o éste muere antes que el testador, o repudia la herencia sin tener sustituto y sin que haya lugar al derecho de acrecer.
- Cuando el heredero instituido es incapaz de suceder.

**2. ¿Puede el Estado adquirir la propiedad de determinados bienes cuando no existen herederos?**

Sí, los **arts.** 956 y siguientes del CC regulan aquellos supuestos en los que el Estado puede suceder y adquirir la propiedad de los bienes del causante, recalcando que el Estado sólo heredará a falta de personas que tengan derecho a heredar conforme a lo dispuesto en el Código Civil, y que se entenderá que la herencia ha sido aceptada a beneficio de inventario.

Conviene realizar una mención específica a la **aceptación y repudiación de la herencia**, partiendo de que según lo dispuesto en el Código Civil tanto una cosa como otra son actos enteramente voluntarios y libres, y se retrotraen al momento de la muerte del causante. Una vez hechas, son irrevocables y no podrán ser impugnadas salvo que adolezcan de algún vicio del consentimiento, o aparezca un testamento desconocido. Si bien la aceptación puede ser expresa o tácita, la repudiación debe realizarse ante notario en instrumento público.

Para el supuesto en el que concurren varios coherederos hay que tener en cuenta la regulación establecida en los **arts. 1051** y siguientes del Código Civil dedicados a la **partición**, destacando el **art. 1068 del CC** según el cual: «La partición legalmente hecha confiere a cada heredero la propiedad exclusiva de los bienes que le hayan sido adjudicados».

> **A TENER EN CUENTA.** En todo lo relativo a las sucesiones es importante valorar el derecho civil especial o foral existente en determinadas comunidades autónomas, y que conlleva especialidades en lo referido a este modo de adquirir la propiedad.

### ‖ Por tradición

La tradición aparece definida en el *DEJ RAE* como el acto por el que se desplaza la posesión de la cosa objeto del negocio jurídico al adquirente.

Cuando hablamos de la adquisición de la propiedad por contratos a través de la tradición es importante destacar que el sistema español de transmisión se basa en la denominada teoría del título y el modo. Estos son elementos necesarios para la transmisión, y en este sentido podemos citar la **sentencia del Tribunal Supremo n.º 352/2014, de 19 de junio, ECLI:ES:TS:2014:2481,** que señala:

> «El Derecho español recoge explícitamente la doctrina del título y el modo como modo de adquirir el derecho de propiedad, conforme a los artículos 609 y 1095 y copiosa jurisprudencia: sentencias del 10 mayo 2004, 5 octubre 2005, 14 junio 2007, 13 noviembre 2009, 2 diciembre 2010. **El título es el acto por el que se establece la voluntad de enajenación del derecho. El modo es el acto por el que se realiza efectivamente la enajenación por el transmitente, que es adquisición por el adquirente.** A su vez, el modo está ligado al título en que se basa y le da su fundamento jurídico. Es decir, nuestro Derecho acoge la teoría del título y el modo, con el sistema de tradición (modo) basada en el negocio jurídico precedente (título): tradición causal».

En el mismo sentido, se pronuncia la **Dirección General de Tributos en su consulta vinculante V0021-22 de 4 de enero de 2022:**

«La adquisición de la propiedad en nuestro derecho se fundamenta en la "teoría del título y modo de adquirir", considerándose que para adquirir la propiedad por transmisión intervivos no basta con el merc contrato traslativo o acto constitutivo, sino que es necesario, además, otra formalidad o requisito que es precisamente el modo de adquirir o tradición, o lo que es lo mismo, la entrega de la posesión. Por tanto, el modo es el hecho que consuma y completa la adquisición de la propiedad, mediante la tradición o entrega de la posesión del bien inmueble transmitido».

**CUESTIÓN**

**¿El impago del precio en una compraventa implica necesariamente que no se transmite el dominio?**

La respuesta a esta cuestión la encontramos en la sentencia de la Audiencia Provincial de Las Palmas de Gran Canaria n.º 477/2022, de 3 de junio, ECLI:ES:APGC:2022:2076:

*«En consecuencia, lo que importa para la transmisión del dominio mediante compraventa no es el pago del precio, sino que el contrato o acuerdo de voluntades venga acompañado de la tradición en cualquiera de las formas admitidas en derecho, de manera que para que no sea así, esto es para que el impago de todo o parte del precio pueda influir en la transmisión del dominio, será preciso que así se haya pactado expresamente en el propio contrato de compraventa, ya mediante una reserva de dominio a favor del vendedor (lo que acontece en el supuesto de autos y viene a motivar que haya de examinarse si por la compradora se ha abonado efectivamente el precio pactado), ya mediante una condición resolutoria.*

*Por otro lado, no consta voluntad alguna resolutoria por la entidad vendedora, debiéndose recordar que siendo la compraventa un contrato bilateral, la falta de pago del precio produce el efecto general que el artículo 1.124 del Código Civil atribuye al incumplimiento de todo contrato de aquella clase (esto es, el vendedor tiene derecho a reclamar el precio o a pedir la resolución de la venta, con resarcimiento de daños y perjuicios en ambos casos), si bien, para el caso de la compraventa nuestro Código Civil contiene reglas especiales, siendo una de ellas la contemplada en el artículo 1.504 ("en la venta de bienes inmuebles, aun cuando se hubiere estipulado que por falta de pago del precio en el tiempo convenido tendrá lugar de pleno derecho la resolución del contrato, el comprador podrá pagar aun después de expirado el término, ínterin no haya sido requerido judicialmente o por acta notarial. Hecho el requerimiento, el Juez no podrá concederle nuevo término")».*

Los artículos 609 y 1095 del Código Civil recogen el sistema de transmisión y configuran esta teoría del título y el modo al establecer, por un lado, que la propiedad se adquiere y transmite como consecuencia de ciertos contratos, mediante la tradición y, por otro, que el acreedor no adquiere derecho real sobre ella hasta que le haya sido entregada, aunque tenga derecho a los frutos desde que nace la obligación de entregarla. Es decir, que el **contrato (título) hace surgir el derecho real, pero este no se transmite hasta que no se entrega la cosa (modo).**

Así pues, el modo es la entrega y el título es el contrato en virtud del cual se realiza tal entrega, produciéndose la adquisición de la propiedad cuando concurren ambos.

En el caso de la compraventa inmobiliaria, el título es el contrato con finalidad traslaticia y el modo o tradición es la entrega o traspaso posesorio del bien, en este caso, el inmueble.

---

**CUESTIONES**

**1. ¿Cuáles son los principales tipos de *traditio*?**

Podemos diferenciar:

- La *traditio real* consistente en la entrega real de la cosa. En este sentido el art. 1462 del CC establece en su primer párrafo que «Se entenderá entregada la cosa vendida cuando se ponga en poder y posesión del comprador».

- La *traditio simbólica*, que sería una entrega ficticia a través de la entrega de algún accesorio, como por ejemplo las llaves de una vivienda.

- La *traditio ficta*. El art. 1463 recoge también una *traditio* consistente en el acuerdo entre las partes, ya que establece que la entrega de los bienes muebles se efectuará por el solo acuerdo o conformidad de los contratantes si la cosa vendida no pudiese trasladarse, o si el comprador ya la tenía en su poder.

**2. A la hora entender adquirida la propiedad de un bien, ¿podría decirse que la inscripción en el Registro de la Propiedad ha sustituido al título y el modo?**

No, el Tribunal Supremo en su STS n.º 541/2014, de 11 de octubre, ECLI:ES:TS:2014:3867:

«*En tiempos pasados se planteó el tema de si la inscripción en el Registro de la Propiedad ha sustituido al título y modo en la adquisición del dominio. No es así. El título y modo tienen una órbita de aplicación distinta: aquellos se refieren a la adquisición y la inscripción acredita la adquisición ya realizada, adquisición completa en virtud de título y modo.*

*Por tanto, lo cierto es que cuando un derecho real sobre un bien inmueble se inscribe en el Registro de la Propiedad, ya se ha producido por entero la adquisición; es decir, si le alcanza el ámbito de la teoría del título y el modo, ya se ha producido tanto el título como el modo. La inscripción, por tanto, no sustituye o equivale al modo*».

---

La consumación de la compraventa inmobiliaria suele producirse con el otorgamiento de escritura pública de compraventa, momento en el que, por regla general, se produce el pago íntegro del precio y la entrega de la propiedad, teniendo de esta forma un título y un modo en los términos ya analizados.

El acto de otorgamiento de escritura pública, con carácter general, tiene una doble finalidad:

- La entrega espiritualizada del inmueble (denominada *traditio ficta*). En este sentido debe tenerse presente lo previsto en el **artículo 1462, párrafo 2.º, del CC** que para la entrega de la cosa vendida recoge el supuesto de la tradición instrumental al establecer: «Cuando se haga la venta mediante escritura pública, el otorgamiento de ésta equivaldrá a la entrega de la cosa objeto del contrato, si de la misma escritura no resultare o se dedujere claramente lo contrario».

- La documentación de la compraventa en un instrumento inscribible en el Registro de la Propiedad. La inscripción otorga a nuestro derecho una protección extra que facilita notablemente el tráfico inmobiliario, a través de los principios registrales (inscripción, prioridad, legalidad, especialidad, tracto sucesivo, legitimación, rogación, publicidad, fe pública registral e inoponibilidad) y las presunciones jurídicas que de ellos derivan. Además, en caso de que sea necesario hipotecar el inmueble adquirido, es de destacar que, en nuestro ordenamiento jurídico, la hipoteca inmobiliaria (como garantía) no se entiende válidamente constituida hasta su correcta inscripción en el registro de la propiedad, tal y como señala el **artículo 1875 del CC**.

La concepción formal de la *traditio* o transmisión de la propiedad como un acto material, ha dado paso a una idea más espiritualizada contemplando otras formas de tradición diferentes de la propia entrega material del bien (entrega de llaves, entrega de los títulos de pertenencia, otorgamiento de escritura...).

## ‖ Por prescripción adquisitiva

El **art. 609 del Código Civil** también recoge entre los modos de adquirir la propiedad, y los demás derechos reales, la prescripción adquisitiva, más conocida como usucapión.

Por prescripción adquisitiva se entiende el «Modo de adquirir la propiedad u otros derechos que tiene lugar mediante el transcurso de cierto tiempo y la concurrencia de una apariencia jurídica que determina el nacimiento o la consolidación de un derecho en favor de un sujeto». (Diccionario panhispánico del español jurídico).

La usucapión se encuentra regulada en el **art. 609 del Código Civil**, párrafo 3.º, según el cual la propiedad y demás derechos reales se pueden adquirir a través de la prescripción y, además, en el **art. 1930 del Código Civil**, que establece en su primer párrafo: «Por la prescripción se adquieren, de la manera y con las condiciones determinadas en la ley, el dominio y demás derechos reales».

Tal y como se recoge en la **sentencia de la Audiencia Provincial de Oviedo n.º 370/2022, de 18 de octubre, ECLI:ES:APO:2022:3339**:

> «La prescripción adquisitiva, usucapión o prescripción del dominio supone la **adquisición de la propiedad a virtud del uso de la cosa**, que en caso del dominio supone la posesión de la cosa a título de dueño. Su finalidad esencial, común al instituto de la prescripción en general, es asegurar la certidumbre y firmeza de la vida jurídica, suprimiendo la eventual contradicción entre la norma de derecho y las situaciones de hecho. En definitiva, se trata de dar seguridad jurídica».

Los sujetos de la usucapión son: el usucapiente, que tiene capacidad para poseer en concepto de dueño o de titular del derecho que usucape y no podrá haber cometido hurto o robo de cosas muebles, es decir, que no podrá usucapir hasta que no prescriba el delito, y el titular del derecho usucapido, que podrá ser cualquier persona física o jurídica, excepto si se trata de una persona impedida al que se le ha usucapido por la negligencia de sus representantes legítimos en la gestión del bien.

**CUESTIÓN**

**¿Quiénes tienen capacidad para usucapir?**

Respecto a la capacidad para usucapir, el **art. 1931 del Código Civil** consigna que: «Pueden adquirir bienes o derechos por medio de la prescripción las personas capaces para adquirirlos por los demás modos legítimos». El Código Civil no exige ninguna capacidad en particular para usucapir, es decir, que todas las personas capaces de adquirir la posesión también serán capaces para usucapir. Hemos de tener en cuenta también lo previsto en el **artículo 443 del CC** según el cual, y conforme a la regulación realizada por la Ley 8/2021, de 2 de junio, con entrada en vigor el 03/09/2021:

*«Toda persona puede adquirir la posesión de las cosas.*

*Los menores necesitan de la asistencia de sus representantes legítimos para usar de los derechos que de la posesión nazcan a su favor.*

*Las personas con discapacidad a cuyo favor se hayan establecido medidas de apoyo pueden usar de los derechos derivados de la posesión conforme a lo que resulte de estas».*

El **objeto** de la usucapión aparece regulado en el **art. 1936 del Código Civil**, al señalar «Son susceptibles de prescripción todas las cosas que están en el comercio de los hombres». Por su parte, el **art. 609 del CC** también se refiere al objeto de la prescripción al establecer que la propiedad y los demás derechos reales también podrán adquirirse por este modo.

Las **características principales de la usucapión** son las siguientes:

- Es imprescindible la posesión para que se produzca la usucapión, ya que la usucapión se produce cuando el usucapiente es un poseedor en el cual concurran determinados requisitos legales.

- Solamente serán susceptibles de usucapión la propiedad y los derechos reales de goce.

- La usucapión produce la adquisición de la propiedad y, de manera simultánea, la pérdida de la propiedad por el titular anterior.

Es importante diferenciar entre dos tipos de usucapión:

- **Usucapión ordinaria**: requiere de los requisitos de buena fe y justo título (según el **art. 1940 del Código Civil**):

  – **Justo título**: el Código Civil define el justo título en el **art. 1952 del Código Civil**: «Entiéndese por justo título el que legalmente baste para transferir el dominio o derecho real de cuya prescripción se trate». El título de usucapión también tendrá que ser verdadero y válido (**art. 1953 del CC**). La jurisprudencia entiende que son títulos válidos y justos los contratos afectados por alguna causa de anulabilidad, rescisión, revocación o resolución. No son títulos válidos ni justos a efectos de usucapión los actos o contratos viciados por nulidad. El **art. 1954 del Código Civil** dice que el justo título no se presume, tendrá que probarse. Cabe mentar aquí la **sentencia** de la Audiencia Provincial de Madrid n.º 341/2022, de 24 de noviembre, ECLI:ES:APM:2022:17737, que recoge los requisitos que debe reunir el título en los siguientes términos:

«(...) **Primero ha de ser justo** y se entiende por justo título el que legalmente baste para transferir el dominio de cuya prescripción se trate (artículo 1.952 del Código Civil). Es decir aquél que produciría la transmisión y adquisición del dominio a no mediar el vicio o defecto que la prescripción está llamada a subsanar (sentencias de la Sala de lo Civil del Tribunal Supremo de 30 de marzo de 1943; 11 de diciembre de 1.943; 29 de diciembre de 1.959; 3 de febrero de 1.961; 4 de julio de 1.963; 20 de noviembre de 1.964; 22 de enero de 1.969 R.J.Ar. 195; 28 de noviembre de 1983, R.J. Ar. 6680). Son títulos justos, por tener eficacia traslativa, los traspasos posesorios realizados en virtud de compraventa, permuta, donación, herencia, legado, etc.. No lo serán, en cambio, los traspasos posesorios realizados en virtud de arrendamiento, comodato, depósito, etc.. **Segundo ha de ser verdadero** por lo que es preciso que tenga una existencia objetiva y no meramente intelectual. Y al no tener este requisito carecen de idoneidad para la usucapión el título simulado —sentencia de la Sala de lo Civil del Tribunal Supremo de 14 de octubre de 1960— (al menos, cuando la simulación sea absoluta, pues si es relativa, podrá valer el verdadero que se oculta bajo la simulación) y el título putativo (que es el que se apoya en un error). **Tercero y último ha de ser válido.** Que el título sea válido no puede interpretarse en sus términos literales, ya que si el título es perfectamente válido y eficaz, y, a ello unimos la posesión, nos encontraríamos ante un propietario, por la teoría del título y el modo, que no precisa de la usucapión para adquirir esa cualidad, por lo que sobraría la institución de la prescripción adquisitiva que sería radicalmente inútil (sentencias de la Sala de lo Civil del Tribunal Supremo de 7 de febrero de 1985, R.J. Ar. 538; 28 de junio de 1976, R.J. Ar. 3113; 30 de marzo de 1943, R.J. Ar. 410; 30 de noviembre de 1910). La jurisprudencia entiende que los títulos radicalmente nulos o inexistentes están privados de la cualidad de títulos válidos a los efectos de la usucapión ordinaria (sentencias de la Sala de lo Civil del Tribunal Supremo de 16 de abril de 1990, R.J. 2761; 26 de enero de 1988. R.J. Ar. 146; 14 de marzo de 1983, R.J. Ar. 1475; 24 de mayo de 1977, R.J. Ar. 2139: 25 de junio de 1966, R.J. Ar. 3550; 11 de diciembre de 1965, R.J. Ar. 5610; 13 de mayo de 1963, R.J. Ar. 2515). Por el contrario, se considera título válido, a los efectos de la usucapión ordinario, el título meramente anulable mientras no sea anulado, lo que sólo puede hacerse a instancia de la persona protegida (sentencias de la Sala de lo Civil del Tribunal Supremo de 14 de abril de 1958, R.J. Ar. 4488; 26 de enero de 1988, R.J. Ar. 146; 12 de diciembre de 1.946; 14 de abril de 1958; 13 de mayo de 1963; 6 de junio de 1969). También se considera título válido a los efectos de la usucapión ordinaria, el título meramente rescindible (regulado en los artículos 1.290 a 1.299 del Código Civil) mientras no sea rescindido. Por lo demás la existencia del título tiene que **constar plenamente acreditada** incumbiendo la carga de la prueba al que alega haber devenido propietario de la cosa en virtud de la usucapión ordinaria».

– **Buena fe**: el **art. 1950 del Código Civil** establece que: «La buena fe del poseedor consiste en la creencia de que la persona de quien recibió la cosa era dueño de ella, y podía transmitir su dominio», lo cual coincide con lo establecido en el **art. 433 del Código Civil**, según el cual se reputa poseedor de buena fe al que ignora que en su título o modo de adquirir exista vicio que lo invalide, y por el contrario se reputa poseedor de mala fe al que se halla en el caso contrario. Es decir, el usucapiente deberá tener creencia de legitimidad posesoria *ad usucapionem* e ignorancia de ilegitimidad posesoria. A favor del usucapiente se aplican las normas establecidas en los **artículos 434 del Código Civil** («La buena fe se presume siempre, y al que afirma la mala fe de un poseedor corresponde la prueba») y **435 del Código Civil** («La posesión adquirida de buena fe no pierde este carácter sino en el caso y desde el momento en que existan actos que acrediten que el poseedor no ignora que posee la cosa indebidamente»). Con relación a la buena fe en la adquisición prescriptiva de la propiedad, la **Audiencia Provincial de Alicante en su sentencia n.º 464/2022, de 7 de octubre, ECLI:ES:APA:2022:1434**:

> «Ya con anterioridad, las STS nº 59/1981, de 16 de febrero, y 117/1981, de 17 de marzo, reproducidas en muchas resoluciones posteriores, habían declarado que "la buena fe en el campo de los derechos reales, en la perspectiva que aquí tiene lugar, no es un estado de conducta como ocurre en las obligaciones y contratos (artículos 1.269 y concordantes del Código civil), sino de conocimiento, según se evidencia con las dicciones de los artículos 433 y 1950 de nuestro Código sustantivo, que nada tiene que ver con las maquinaciones y el engaño, sino pura y simplemente con el creer o ignorar si la situación registral era o no exacta, respecto de la titularidad dominical que proclama…"».

– **Plazos posesorios**: el plazo para la usucapión ordinaria de bienes muebles es de 3 años (**art. 1955 del Código Civil, párrafo 1.º**) y los bienes inmuebles prescriben a los 10 años, salvo que el perjudicado resida en un país extranjero o en ultramar, en cuyo caso requieren de 20 años, según el **art. 1957 del Código Civil**.

---

**CUESTIÓN**

**¿Qué ocurrirá en aquellos casos en los que una parte del tiempo se estuvo presente y otra parte ausente?**

En estos supuestos, de acuerdo con el contenido del artículo 1958 del Código Civil, cada dos años de ausencia se reputarán como uno para completar los diez de presente. Asimismo, en caso de que el periodo de ausencia no fuere de un año entero y continuo, no se tomará en cuenta para el cómputo. En este sentido, la **sentencia del Tribunal Supremo n.º 116/2019, de 21 de febrero, ECLI:ES:TS:2019:515** dispone lo siguiente:

*«(...) para determinar el cómputo de la prescripción adquisitiva, conforme a los citados arts. 1957 y 1958 CC, debe fijarse, en primer término, el período de*

*usucapión alcanzado durante la fase de presencia de ambas partes (art. 1957 CC). En nuestro caso, dicho periodo se inició el 28 de mayo de 1997, tal y como se ha señalado, de forma que el 28 de mayo de 2005 el demandado contaba con un período de usucapión de 8 años entre presentes, dado que, según la regla tercera del art. 1958 CC, el primer año de comienzo de la ausencia de la demandante (mayo del 2005), al no ser "entero y continuo", no se computa. Por lo que al demandado le restaban dos años de prescripción adquisitiva para completar los 10 años».*

– **Usucapión extraordinaria:** es aquella posesión en la que sólo son necesarios los requisitos de posesión y de tiempo, sin necesidad de buena fe ni justo título. Según el **art. 1955 del Código Civil,** párrafo 2.°, el dominio de las cosas muebles prescribirá a los 6 años, mientras que para los bienes inmuebles el plazo de posesión ininterrumpida será el de 30 años en virtud del **art. 1959 del CC.**

Los requisitos principales de la posesión aparecen mencionados en el art. 1941 de Código Civil:

- **En concepto de dueño:** el poseedor debe de actuar, ante al perjudicado de la usucapión y frente al resto de miembros de la comunidad, como si fuera el dueño de la cosa o el titular del derecho real que se va a usucapir, según lo establecido en el **art. 447 del Código Civil.**

- **Pública:** el que pretenda usucapir deberá acreditar la realización de actos posesorios que demuestren que no actúa clandestinamente, tal como regula el **art. 444 del Código Civil.**

- **Pacífica:** la adquisición no se puede llevar a cabo de forma violenta, ya que en ese caso el vicio que acarrea la posesión la inhabilita a efectos de la usucapión.

- **Ininterrumpida:** en caso de que se produzca cualquier acto de interrupción de la posesión, dejará de correr el plazo prescriptivo del usucapiente y se comenzará a computar el plazo prescriptivo otra vez desde el comienzo, en el caso de que el verdadero titular empezase una nueva actividad.

La **sentencia de la Audiencia Provincial de Granada n.° 409/2023, de 16 de octubre, ECLI:ES:APGR:2023:890** recuerda que:

«La STS n° 467/2002 de 17 mayo nos recuerda que "La jurisprudencia viene reiterando que el requisito de la 'posesión en concepto de dueño' no es puramente subjetivo o intencional, por lo que no basta la pura motivación volitiva (Sentencias 6 octubre 1975 y 25 octubre 1995) representada por el ánimo de tener la cosa para sí, sino que es preciso, además, el elemento objetivo o causal (SSTS de 20 noviembre 1964 y 18 octubre 1994) consistente en la **existencia de 'actos inequívocos, con clara manifestación externa en el tráfico'** (Sentencia 3 octubre 1962, 16 mayo 1983, 29 febrero 1992, 3 julio 1993, 18 octubre y 30 diciembre 1994, y 7 febrero 1997), 'realización de **actos que solo el propietario puede por sí realizar'** (STS 3 junio 1993); "actuar y presentarse en el mundo exterior como efectivo dueño y propietario de la cosa sobre la que se proyectan los actos posesorios" (STS 30 diciembre 1994). Es decir, cuando se realizan actos propios del dominio, entre los que destaca el hecho de edificar sobre el terreno, lo que da lugar a la posesión 'ad usucapionem', como dice la STS núm. 44/2016, de 11 de febrero".

La posesión pública implica que la posesión a título de dueño sea de conocimiento general y no clandestina. La posesión pacífica y no interrumpida, supone la ausencia de perturbación por terceros de la posesión por parte del usucapiente durante el plazo señalado en la ley para la adquisición del dominio por este medio».

Las reglas sobre el cómputo de los plazos de la usucapión se encuentran en el art. 1960 del Código Civil:

- El poseedor actual puede completar el tiempo necesario para la prescripción, uniendo al suyo el de su causante. Es el fenómeno de la *accesio possessionis*, en el cual el poseedor usucapiente se beneficia del periodo posesorio finalizado por su causante, adicionando el tiempo de posesión de éste a su propio periodo posesorio.

- Se presume que el poseedor actual, que lo hubiera sido en época anterior, ha continuado siéndolo durante el tiempo intermedio, salvo prueba en contrario. Se trata de una presunción *iuris tantum* en favor del poseedor, para evitar que tenga que aportar una prueba positiva de difícil realización.

- El día en que comienza a contarse el tiempo se tiene por entero, pero el último debe cumplirse en su totalidad.

> **CUESTIÓN**
>
> **¿Cómo puede interrumpirse la prescripción?**
>
> El **art. 1943 del Código Civil** establece que: «La posesión se interrumpe, para los efectos de la prescripción, natural o civilmente». La interrupción natural se produce cuando cesa la posesión por más de un año (**art. 1944 del Código Civil**) y la interrupción civil se produce debido a la existencia de una citación judicial instada por el verdadero dueño o titular del derecho (**art. 1945 del Código Civil**).

Respecto a la renuncia de la usucapión, el art. 1935 del Código Civil dice que:

«Las personas con capacidad para enajenar pueden renunciar la prescripción ganada pero no el derecho de prescribir para lo sucesivo.

Entiéndese tácitamente renunciada la prescripción cuando la renuncia resulta de actos que hacen suponer el abandono del derecho adquirido».

Es decir, que el usucapiente puede renunciar a la usucapión de forma expresa o tácita siempre que no suponga un perjuicio para terceras personas. Sin embargo, el artículo prohíbe que el usucapiente renuncie a la usucapión futura.

---

**A TENER EN CUENTA.** Se recomienda la lectura de la **sentencia de la Audiencia Provincial de Ávila n.° 53/2024, de 6 de marzo, ECLI:ES:APAV:2024:72**, que realiza un análisis completo de la figura de la usucapión y la postura de los tribunales con relación a los puntos más destacados de este modo de adquisición de la propiedad.

---

# 3.
# EL USUFRUCTO COMO LIMITACIÓN DEL DERECHO DE PROPIEDAD

## El derecho de usufructo

El usufructo se define como el derecho real que confiere al usufructuario el derecho a disfrutar los bienes ajenos con la obligación de conservar su forma y sustancia, a no ser que el título de constitución o la ley autoricen otra cosa (Diccionario del español jurídico).

La regulación del usufructo se encuentra en los arts. 467 y siguientes del Código Civil. Comienza la regulación definiendo el derecho de usufructo al establecer el art. 467 del CC:

> «El usufructo da derecho a disfrutar los bienes ajenos con la obligación de conservar su forma y sustancia, a no ser que el título de su constitución o la ley autoricen otra cosa».

La doctrina configura el derecho de usufructo como un derecho subjetivo que otorga a su titular una situación de señorío o de potestad respecto de unos bienes ajenos, y por otra parte un derecho real limitado en tanto no atribuye a su titular las mismas facultades que el propietario tiene (**SAP de Navarra n.º 122/2014, de 12 de mayo, ECLI:ES:APNA:2014:711**).

En el usufructo intervienen dos partes:

- Nudo propietario, conserva su derecho de propiedad sobre la cosa aunque este quede reducido básicamente a poder disponer de la misma —aunque no necesariamente en todos los casos— y a recuperar el resto de facultades del dominio una vez extinguido el usufructo.

- Usufructuario, que podrá poseer la cosa, utilizarla y también hacerse con los frutos que ésta produzca.

Conforme ha señalado la **Audiencia Provincial de Barcelona en la sentencia n.º 25/2016, de 1 de febrero, ECLI:ES:APB:2016:1839**, no puede haber usufructo sin nuda propiedad, el usufructo tiene como características:

1. Es un derecho real, estando protegido por una acción real como es la confesoria.
2. Se constituye sobre cosa ajena con lo que se extingue por consolidación, a diferencia del fideicomiso.
3. Es esencialmente temporal.
4. Puede ser transmitido a otras personas e incluso hipotecado.

# 3.1. Clases de usufructo

## Los diferentes tipos de usufructo

El usufructo es un derecho real limitado de goce que permite a su titular ejercer el señorío sobre unos bienes determinados, en el cual la propiedad la tiene otra persona distinta de su titular. Las diferentes clases de usufructo podemos establecerlas atendiendo a:

- La forma de constitución (art. 468 del CC).

- El objeto sobre el que recae (art. 469 del CC).

- La duración que se establezca.

### ‖ Clases según la forma de constituir el usufructo

Si atendemos a la forma en la que se constituye el usufructo podemos distinguir:

- Usufructo legal: es el que se constituye por una disposición legal, el más relevante es el usufructo vidual que es el que se constituye a favor del cónyuge supérstite.

- Usufructo voluntario: es aquel derecho que se constituye por la voluntad de los interesados ya sea por acto *inter vivos* o *mortis causa*. En caso de que se establezca por acto inter vivos el mismo podrá ser a título oneroso o gratuito.

- Usufructo por usucapión: en este caso la usucapión se adquiere al cumplir las condiciones y tiempos para la adquisición por prescripción que se establecen en los arts. 1930 y siguientes del Código Civil.

## || Clases en función del objeto del usufructo

- Usufructo de bienes: en este caso el usufructo se da sobre bienes materiales que pueden ser:
    - Bienes muebles o inmuebles.

    - Bienes consumibles o no consumibles.

- Usufructo de derechos: el usufructo puede constituirse sobre un derecho, siempre que no sea personalísimo o intrasmisible.

## || Clases según la duración del usufructo

El usufructo es un derecho temporal pero su duración puede ser establecida siguiendo dos formas:

- Usufructo por tiempo determinado contractualmente, en este caso nos referimos al usufructo temporal.

- Usufructo que se establece mientras viva el usufructuario, en cuyo caso nos referimos al usufructo vitalicio.

## || Clases según el número de usufructuarios

El usufructo puede establecer a favor de un único usufructuario o a favor de varios, pudiendo clasificarlo:

- Usufructo simple: en el cual existe un único usufructuario.

- Usufructo múltiple: se da cuando el usufructo se constituye a favor de varios usufructuarios, dentro de esta categoría podemos diferenciar:
    - Usufructo múltiple sucesivo.

    - Usufructo múltiple simultáneo.

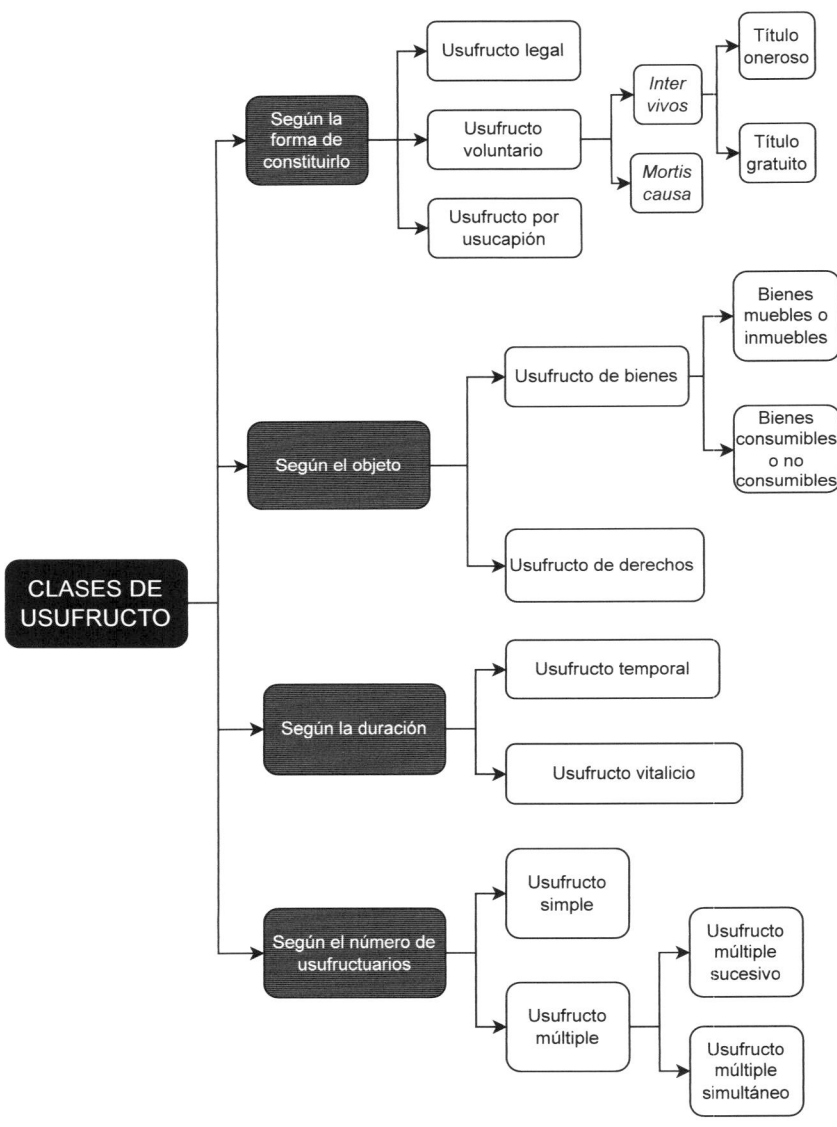

# 3.2. Usufructos especiales

## Usufructos especiales previstos en el Código Civil

El Código Civil establece una serie de especiales relativas al usufructo que se inspiran en las especiales características que presenta el objeto del derecho. Estos usufructos especiales los podemos clasificar según recaigan sobre cosas, derechos o la totalidad de un patrimonio. También podemos considerar que el usufructo viudal, único que se constituye por la ley, es un usufructo especial.

### || Usufructos especiales sobre cosas

#### | Usufructo sobre cosas deteriorables (art. 481 del CC)

En los supuestos en los que el usufructo se da sobre cosas que sin consumirse se deteriorasen poco a poco por el uso, el usufructuario tendrá derecho a servirse de ellas empleándolas según su destino. En este caso no está obligado a restituirlas al concluir el usufructo sino en el estado en que se encuentren, ahora bien, tendrán obligación de indemnizar al propietario del deterioro que hubieran sufrido por su dolo o negligencia.

Esta previsión también resulta de aplicación a los bienes inmuebles ya que los mismos con el uso sufren un deterioro estando obligado el usufructuario a realizar las reparaciones ordinarias, pero no aquellas reparaciones que eviten el desgaste natural, así lo ha declarado la **SAP de Zamora, rec. 226/2020, de 11 de marzo, ECLI:ES:APZA:2021:151**:

> «El contenido del artículo 481 del Código Civil, aplicable también a las cosas inmuebles, pues también se deterioran poco a poco por el uso, no exime al usufructuario de hacer las reparaciones ordinarias que necesiten las cosas dadas en usufructo, quedando liberado entregándolas al concluir el usufructo en el estado en que se encuentren, pues el usufructuario en efecto no está obligado a hacer reparaciones que eviten el desgaste natural del bien, conforme al destino de la cosa, pero sí que está obligado a realizar aquéllas que pudieran acelerar el deterioro y que hace un buen padre de familia para conservar la cosa. Y es evidente que, si en un edificio no se realizan reparaciones ordinarias por el usufructuario durante su duración, el desgate natural por el paso del tiempo del edificio se acelera, como sucede de la relación de reparaciones ordinarias que hizo el actor en la casa y que debería haberse realizado por la usufructuaria».

**CUESTIÓN**

**En los usufructos sobre cosas deteriorables, ¿el nudo propietario puede exigir la reparación de deterioros naturales?**

No, así lo ha señalado la Audiencia Provincial de Tenerife en la **sentencia n.º 284/2020, de 2 de julio, ECLI:ES:APTF:2020:1672**, en la que al delimitar las obligaciones de reparar el usufructuario señala que «(...) El nudo propietario tampoco podría exigir la reparación de los deterioros naturales y consustanciales al uso adecuado de la cosa conforme a su destino (...)».

### | Usufructo sobre cosas consumibles (art. 482 del CC)

Para el caso de que el usufructo se haya constituido sobre cosas que no se puedan usar sin consumirlas, el usufructuario tendrá derecho a servirse de ellas con la obligación de pagar el importe de su avalúo al terminar el usufructo en el caso de que hubieran sido estimadas. Si no se hubiesen estimado, tendrá el derecho de restituirlas en igual cantidad y calidad, o pagar su precio corriente al tiempo de cesar el usufructo.

Dentro de esta categoría debe entenderse incluido el usufructo del dinero al cual se ha referido la **SAP de Madrid n.º 339/2018, 18 de julio, ECLI:ES:APM:2018:11514**, en los siguientes términos:

> «El usufructo del dinero constituye un cuasi-usufructo o usufructo impropio regulado por el artículo 482 del Código Civil, siendo obligación del usufructuario al terminar el usufructo la de pagar el avalúo, si se hubiesen dado las cosas estimadas, o la restitución de igual cantidad y calidad, o el precio. Si el usufructo confiere la facultad de uso y servicio de la cosa, pero no la de consumirla o enajenarla, integrando aquella facultad de uso el "ius possidendi" (el poder y deber de tener la cosa a su disposición) y la de servicio el "ius fruendi" o percepción de los frutos de la cosa, frutos que en el caso de cosa consistente en dinero son los civiles que se contemplan en el artículo 355 del Código Civil, cuando por la naturaleza de la cosa dada en usufructo, cosas consumibles al primer uso cual es el dinero, el "ius utendi" apenas tiene valor sin el "ius abutendi" o derecho a consumir la cosa, es el propio ordenamiento jurídico el que consiente la destrucción y consunción de la cosa para imponer al usufructuario la obligación de devolver el "tantundem"».

### | Usufructo sobre árboles (art. 483 a 485 del CC)

Dentro de este usufructo especial el Código Civil se refiere a dos posibles situaciones:

- **Usufructo sobre viñas, olivares u otros árboles o arbustos**. En estos supuestos el usufructuario puede aprovecharse de los pies muertos y de los tronchados o arrancados por accidente, con la obligación de reemplazarlos por otros. En caso de que por un siniestro o caso extraordinario hubieran desaparecido en número tan considerable que no fuese posible o resultase demasiado gravosa la reposición, el usufructuario podrá dejar los pies muertos, caídos o tronchados, a disposición del propietario, y exigir de éste que los retire y deje el suelo expedito.

- **Usufructo sobre un monte**. El usufructuario disfrutará todos los aprovechamientos que pueda producir el monte según su naturaleza. El usufructuario no podrá cortar árboles por el pie como no sea para reponer o mejorar alguna de las cosas usufructuadas, y en este caso hará saber previamente al propietario la necesidad de la obra, sin embargo, el art. 485 del CC establece dos excepciones a esta previsión:

– Monte tallar o de maderas de construcción, en los cuales el usufructuario podrá hacer en él las talas o cortas ordinarias que solía hacer el dueño, y en su defecto las hará acomodándose en el modo, porción y épocas, a la costumbre del lugar. En todo caso, las talas o cortas se harán de modo que no perjudiquen a la conservación de la finca.

– Viveros de árboles, el usufructuario podrá hacer la entresaca necesaria para que los que queden puedan desarrollarse convenientemente.

## | Usufructo de minas (art. 476 a 478 del CC)

Al usufructuario de un predio en el que existan minas no le corresponde los productos de las denunciadas, concedidas o que se hallen en laboreo al principiar el usufructo, a no ser que expresamente se le concedan en el título constitutivo o que el usufructo sea universal. Sin embargo, si puede extraer piedras, cal yeso de las canteras para reparaciones u obras que estuviere obligado a hacer o que fueran necesarias.

Sin embargo, el usufructuario podrá explotar las minas denunciadas, concedidas o en laboreo haciendo suya la mitad de las utilidades que resulten después de rebajar los gastos, que satisfará por mitad con el propietario.

> **A TENER EN CUENTA.** El art. 478 del CC establece que «La calidad de usufructuario no priva al que la tiene del derecho que a todos concede la Ley de Minas para denunciar y obtener la concesión de las que existan en los predios usufructuados, en la forma y condiciones que la misma Ley establece».

## | Usufructo sobre un rebaño o piara de ganados (art. 499 del CC)

En este supuesto el usufructuario estará obligado a reemplazar con las crías las cabezas que mueran anual y ordinariamente, o falten por la depredación de otros animales.

Si el ganado pereciere del todo, sin culpa del usufructuario, el usufructuario cumplirá con entregar al dueño los restos de los animales o sus rendimientos. En todo caso, debe respetarse la regulación legal y reglamentaria de seguridad alimentaria y de sanidad animal sobre dichos productos o restos.

Si el rebaño pereciere en parte, sin culpa del usufructuario, continuará el usufructo en la parte que se conserve.

En caso de que el ganado fuere estéril, en cuanto a los efectos se aplicará el art. 482 del CC que se encarga de regular el usufructo sobre cosas consumibles.

## ‖ Usufructos sobre derechos

### | Usufructo sobre créditos (art. 507 del CC)

El usufructuario está facultado para reclamar por sí los créditos vencidos que formen parte del usufructo si tuviese dada o diere la fianza correspondiente. Sin embargo, requerirá la autorización del propietario o, en su defecto, del juez en los siguientes casos:

- Estuviese dispensado de prestar fianza.
- No hubiera podido constituir fianza.
- La fianza constituida no fuese suficiente.

### | Usufructo de acciones (art. 486 del CC)

Siendo usufructuario de una acción para reclamar un predio o derecho real, o un bien mueble, se tiene derecho a ejercitarla y obligar al propietario de la acción a que le ceda para este fin su representación y le facilite los elementos de prueba de que disponga.

**CUESTIÓN**

**¿Qué ocurre si por el ejercicio de la acción adquiere la cosa reclamada?**

En caso de que adquiera la cosa reclamada por medio del ejercicio de la acción, el usufructo se limitará a solo los frutos, quedando el dominio para el propietario.

## ‖ Usufructo sobre la totalidad de un patrimonio

### | Usufructo sobre la totalidad del patrimonio (art. 506 del CC)

Para el caso en que el usufructo se constituye sobre la totalidad de un patrimonio y en el momento de la constitución el propietario tuviere deudas, deben tenerse presentes las siguientes consideraciones:

- Si se hubiera hecho imponiendo la obligación de pagar las deudas al usufructuario, si la cláusula no incorpora otra declaración, solo se entenderá que está obligado a pagar las que aparecieran contraídas antes de la constitución del usufructo.
- En caso de que no se establezca nada respecto al pago de las deudas, tan solo responderá el usufructuario cuando se hubiera establecido el derecho en fraude de acreedores.

### | Usufructo sobre herencia (art. 510 del CC)

Si el usufructo fuere de la totalidad o de parte alícuota de una herencia en la que existan deudas que afecten a los bienes usufructuados, el usufructuario podrá:

- Anticipar las sumas que para el pago de las deudas hereditarias correspondan a los bienes usufructuados. En caso de que realice este anticipo tendrá derecho a exigir del propietario su restitución, sin interés, al extinguirse el usufructo.

- Negarse a realizar el anticipo. En este caso el propietario podrá pedir que se venda la parte de los bienes usufructuados que sea necesaria para el pago o satisfacer las deudas con su dinero. Si el propietario abonase las deudas con su propio dinero tendrá derecho a exigir del usufructuario los intereses correspondientes.

---

**CUESTIÓN**

**¿El usufructuario responde de las deudas de la herencia?**

No, la previsión del art. 510 del CC supone que el usufructuario puede anticipar las cantidades, pero en ningún caso tiene la condición de deudor que le corresponde al heredero. Así lo ha señalado la **SAP de Madrid n.º 295/2019, de 20 de septiembre, ECLI:ES:APM:2019:8714**, al establecer:

*«(...) siguiendo lo dicho por el T.S. en su Sentencia de 24 de enero de 1.963, entre el heredero propiamente dicho, y el usufructuario, aunque lo sea a título universal, median profundas y esenciales diferencias que dan lugar a la imposibilidad de confundirlas, entre ellas que, en principio, el cónyuge viudo no responde de las deudas hereditarias, porque su patrimonio no se confunde con el del causante (art. 1.003 del C.C. siempre que acepte la herencia pura y simplemente), como se desprende del art. 510 del C.C.. Y es que el usufructuario recibe los bienes del heredero o albacea, y no entra por tanto en la sucesión de los bienes hereditarios (...)».*

## Usufructo con facultad de disposición

El usufructo con facultad de disponer contiene una esencial alteración del usufructo ordinario que consiste en que el usufructuario puede disponer en todo o en parte de la cosa usufructuada o de cosas contenidas en el patrimonio usufructuado. Este tipo de usufructo se da con frecuencia en usufructos sucesorios, normalmente previendo que se disponga a título oneroso en caso de necesidad apreciada en conciencia y sin necesidad de justificación, tal como ha señalado el **Tribunal Supremo en la sentencia n.º 308/2006, de 6 de abril, ECLI:ES:TS:2006:1832.**

El usufructo con facultad de disposición no se encuentra previsto en el Código Civil, pero su licitud deriva de los arts. 467 y 470 del CC.

El primero de los artículos mentados establece que, el usufructo da derecho a disfrutar de los bienes ajenos con la obligación de conservar su forma y sustancia a no ser que el título de constitución o la ley autoricen otra cosa. Esta previsión supone que por medio de dicho título constitutivo se pueden transferir facultades de disposición sobre los bienes dados en usufructo.

Por su parte, el art. 470 del CC, también habilita la posibilidad de otorgar facultades de disposición al usufructuario al establecer que los derechos y obligaciones serán los que determine el título constitutivo.

De lo expuesto deriva que **la facultad de disposición en el derecho de usufructo deviene siempre del juego de la libre autonomía de la voluntad.** El Tribunal Supremo en la **sentencia n.º 562/2007, de 10 de mayo, ECLI:ES:TS:2007:2695**, que lo habitual es que esta facultad de disposición se establezca por el testador:

«(...) Si bien al amparo del art. 467 del CC es posible la constitución de un derecho de usufructo con facultad de disposición, esta facultad va de ordinario ligada a cláusulas sucesorias, de manera que es el testador el que al constituir el usufructo amplía las facultades del usufructuario (...)».

Debe tenerse presente que esta facultad no desnaturaliza la posición jurídica del usufructuario ya que el mismo no es un propietario, tal y como ha señalado la **SAP de Coruña n.º 102/2016, de 28 de marzo, ECLI:ES:TS:2016:610:**

«Desde la perspectiva expuesta, el usufructuario no es un propietario, ni siquiera temporal, sino un titular de un derecho real con legitimación extraordinaria para disponer de un patrimonio ajeno, por tanto sujeto a las reglas de lealtad y honestidad, que deben presidir la relación usufructuaria, pues de no ejercerlas de tal forma cabe la posibilidad de impugnación de los actos de disposición llevados a efecto con quiebra de los presupuestos condicionantes del ejercicio de tal extraordinaria facultad (SSTS 9 de octubre de 1986 y 3 de marzo de 2000). La posición jurídica del nudo propietario queda configurada como la propia de un simple beneficiario eventual, subordinado a que la disposición no se realice».

## El usufructo vidual del Código Civil

En cuanto al usufructo vidual, es el derecho que le corresponde al cónyuge viudo respecto a la herencia de su consorte. La primera condición que establece el Código Civil es que el cónyuge no se halle separado legalmente o de hecho. Ahora bien, el art. 835 del CC contempla la posibilidad de que mantenga su derecho en caso de que entre los cónyuges separados hubiera mediado reconciliación notificada al juzgado que conoció de la separación o al notario que otorgó la escritura pública de separación.

**CUESTIÓN**

**¿En qué momento debe darse la condición de no estar separados?**

El momento que se debe tener en cuenta para determinar si se excluye la legítima es el momento del fallecimiento del causante. En este sentido se ha pronunciado la SAP de Valencia n.º 372/2020, de 16 de septiembre, ECLI:ES:APV:2020:3750:

*«El momento en que el legislador fija para cumplimiento de tal requisito y por ende el derecho a la legítima viudal, no es el de la fecha del otorgamiento del testamento, sino al momento del fallecimiento, por ende fuera de previsión de la voluntad del testador efectuada tiempo antes, a data de testar. Si a tal óbito, los cónyuges están separados de hecho, como acaece en el caso presente, no se tiene derecho a la legítima viudal que es lo peticionado en este proceso».*

La cuota de la herencia sobre la que recae el usufructo vidual dependerá de las personas con quienes concurra a la herencia el cónyuge viudo:

- Si concurre a la herencia con hijos o descendientes, tendrá el derecho al usufructo del tercio destinado a la mejora (art. 834 del CC).

- No existiendo descendientes, pero sí ascendientes, el cónyuge sobreviviente tendrá derecho al usufructo de la mitad de la herencia (art. 837 del CC).

- No existiendo descendientes ni ascendientes tendrá derecho al usufructo de los dos tercios de la herencia (art. 838 del CC).

Para la satisfacción del usufructo los herederos procediendo de mutuo acuerdo y, en su defecto, por virtud de mandato judicial, podrán:

- Asignar una renta vitalicia.
- Asignar los productos de determinados bienes.
- Asignar un capital en efectivo.

Mientras no se satisface el usufructo estarán afectos todos los bienes de la herencia al pago de la parte de usufructo que corresponde al cónyuge.

En cuanto al plazo para realizar la conmutación del usufructo vidual, ésta debe hacerse antes de que se practique la partición, ya que en otro caso la adjudicación nunca tendría carácter definitivo ni el viudo adquiriría jamás la exclusiva propiedad de lo que se le adjudicara en la partición (**STS n.º 323/1924, de 28 de marzo, ECLI:ES:TS:1924:1007).**

**CUESTIÓN**

**¿Qué herederos tienen la facultad de elegir la forma de satisfacer el usufructo vidual?**

Esta facultad se le otorga a cualquier heredero tal como ha reconocido la Audiencia Provincial de Salamanca en la **sentencia n.º 787/2022, de 12 de diciembre, ECLI:ES:APSA:2022:969:**

*«(...) la facultad de elegir una de estas formas expresadas en el art. 839 CC, corresponde a los herederos, sean voluntarios o forzosos, testados o abintestato, o, incluso, legatarios afectados por el usufructo legal del viudo, ya sean descendientes, ascendientes o colaterales del causante o, incluso, extraños al mismo, y tanto si dicha cuota vidual recae sobre el tercio de mejora como en el de libre disposición (...)».*

Para el caso de que el cónyuge viudo concurra con hijos solo del causante, el art. 840 del CC establece que podrá exigir su derecho de usufructo le sea satisfecho, a elección de los hijos, asignándole un capital en dinero o un lote de bienes hereditarios. Este precepto faculta al cónyuge para exigir que los herederos hagan su elección ciñéndola a las dos opciones que el mismo establece, tal como ha declarado la **SAP de Madrid en la sentencia n.º 230/2022, de 10 de junio, ECLI:ES:APM:2022:9270:**

*«Ahora bien, eso no implica que los herederos deban esperar a que el cónyuge supérstite tome la iniciativa, en contra de lo dispuesto en el artículo 839 CC como se ha entendido en la Sentencia apelada, sino a facultarle para exigir que los hijos herederos hagan su elección ciñéndola a dos opciones: el capital en dinero y el lote de bienes hereditarios. Es en este punto donde supone una excepción al 839, que permite a los herederos elegir entre: la asignación de una renta vitalicia, los productos de determinados bienes, o un capital en efectivo . De ese modo, las herederas pueden conmutar el usufructo de la esposa supérstite de su progenitor, cuando no es su madre, con cualquiera de las opciones previstas en los dos preceptos, pero si la viuda expresamente lo pide, estarán obligadas a escoger entre el capital en dinero y el lote de bienes.*

*Por esa razón, es aplicable el artículo 839 en todo lo demás, de modo que si el cónyuge viudo hubiese hecho uso de la facultad citada, una vez decidido por los hijos del causante cuál de las dos opciones permitidas en el artículo 840 eligen, la determinación del importe de capital o, en su caso, la composición del lote de bienes ha de tomarse de mutuo acuerdo».*

> **A TENER EN CUENTA.** En lo concerniente a la regulación del usufructo vidual, es preciso considerar las particularidades recogidas en la normativa de determinados territorios que cuentan con derecho civil especial o foral propio.

# 3.3. Constitución del usufructo

## Formas de constituir el usufructo

El art. 468 de Código Civil establece que:

> «El usufructo se constituye por la ley, por la voluntad de los particulares manifestada en actos entre vivos o en última voluntad, y por prescripción».

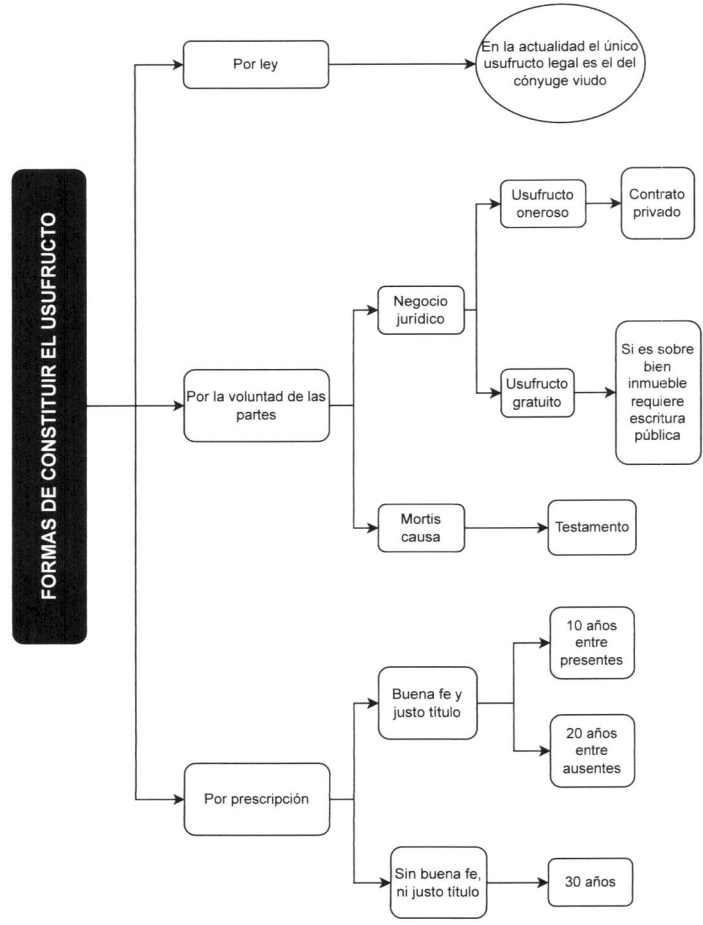

## || Usufructo constituido por ley

El único usufructo legal que actualmente contempla el Código Civil es el correspondiente al cónyuge viudo como legítima sobre una cuota de la herencia del cónyuge premuerto. Aparece regulado en los arts. 834 y siguientes del Código Civil y su objeto se verá influenciado por las personas con quienes concurra en la herencia.

## || Usufructo constituido a través de negocio jurídico

El art. 468 del CC establece la posibilidad de que el usufructo se constituya por la voluntad de los particulares manifestada en actos *inter vivos* o en última voluntad. Por tanto, el derecho de usufructo puede constituirse por medio de cualquier acto entre vivos, como pueden ser la venta, la donación o la permuta siendo el acto de constitución válido siempre que se adapte a las formalidades que tiene establecido el derecho para el tipo de acto concreto.

En cuanto a las formalidades a tener en cuenta que cuando estamos ante un usufructo oneroso no se requiere ninguna forma *ad solemnitatem* pudiendo constituirse por medio de un contrato privado, tal como ha señalado la **Audiencia Provincial de Granada en la sentencia n.º 221/2022, de 29 de junio, ECLI:ES:APGR:2022:982**, que señala:

> «Se trata de un derecho de usufructo constituido por la voluntad de las partes manifestada por actos "inter vivos". Es un usufructo voluntario constituido en negocio oneroso como es la permuta. No precisa de forma "ad solemnitatem", siendo factible su reconocimiento en documento privado. El actor está en el contrato en su condición de parte usufructuaria, facultad que encuentra su fundamento en el art 1258 del CC».

Cuando el usufructo nace de la voluntad de los particulares, estos pueden establecer, los pactos, cláusulas y condiciones que tengan por convenientes, siempre que no sean contrarios a las leyes, a la moral ni al orden público, conforme señala el art. 1255 del CC. En este sentido se ha pronunciado la **Audiencia Provincial de Madrid en la sentencia n.º 494/2019, de 2 de diciembre, ECLI:ES:APMA:2019:17432**:

> «(...) al poder nacer el usufructo de la voluntad de los particulares manifestada en actos entre vivos - artículo 468 Código Civil, los constituyentes pueden establecer, conforme al artículo 1255 del mismo Código, los pactos, cláusulas y condiciones que tengan por conveniente, siempre que no sean contrarios a las leyes, a la moral ni el orden público, entre los que se encuentra la obligación de contribuir al sostenimiento del inmueble; mas una cosa es ese ámbito interno de relaciones jurídicas entre propietaria y usufructuario, que generará las reclamaciones propias de los convenios suscritos incumplidos, y otra el externo de relaciones con los terceros, frente a los cuales, las obligaciones que la Ley impone al propietario no pueden cambiar de sujeto pasivo por su sola y exclusiva voluntad (...)».

Sin embargo, si nos encontramos ante un usufructo gratuito deberá acudirse a las normas de la donación y por tanto deben cumplirse los requisitos propios de este negocio y la aceptación del donatario. Para el caso de que el usufructo se constituya sobre un bien inmueble debe cumplir la formalidad de realizarse mediante escritura pública, tal como ha señalado el **Tribunal Supremo en la sentencia n.º 284/2013, de 22 de abril, ECLI:ES:TS:2013:3122:**

> «(...) el contrato de donación sobre bienes inmuebles exige unas formalidades concretas y sui generis, como son su plasmación en escritura pública y la necesidad de aceptación por parte del donatario. La necesidad de plasmación de la donación en escritura pública, es un requisito ad solemnitatem, o sea esencial para la eficacia del mismo que exige nuestro Código civil, concretamente en el artículo 633, y con ello se rompe la regla general de nuestro sistema contractual, completamente impregnado por un principio espiritualista, para el que la forma escrita se exige únicamente como requisito ad probationem. Y es que, como vengo afirmando, la exigencia de la forma escrita para la donación de bienes inmuebles y, claro está, la donación de un derecho real de usufructo como acto de liberalidad, viene siendo exigida de forma unánime por nuestra jurisprudencia (...)».

**JURISPRUDENCIA**

**STS n.º 256/2014, de 26 de mayo, ECLI:ES:TS:2014:2115**

*«Según se deduce de las SSTS de 31 de julio de 1999, RC núm. 57/1995, y 3 de marzo de 1995, cuya doctrina se cita en la más reciente de 11 de noviembre de 2010, RC núm. 792/2007, la cesión gratuita del usufructo es equiparable a una donación. Este gravamen o carga real establecida sobre un inmueble tiene la naturaleza de bien inmueble, por lo que para su constitución de forma gratuita es necesario cumplir los requisitos de la donación de bienes inmuebles.*

*Requisito esencial para la validez de la donación de bienes inmuebles —STS 22 abril 2013, RC núm. 505/2010— es que se realice en escritura pública en la que conste el animus donandi (voluntad de donar) del donante y la aceptación de la donación por el donatario (SSTS del Pleno, de 11 de julio de 2007, RC núm. 5281/1999, y 4 de mayo de 2009, RC núm. 2904/2003, cuya doctrina ha sido reiterada en las más recientes de 26 de marzo de 2012, RIPC núm. 279/2009, y 30 de abril de 2012, RC núm. 1294/2009).*

*La sentencia que se cita por el recurrido, núm. 1349/2006 de 21 de diciembre, RC núm. 4518/1999, fue dictada en un proceso sobre arrendamiento de una finca rústica y en ella todas las cuestiones relativas a la existencia o no de un usufructo se examinaron desde la perspectiva —planteada por los allí recurrentes— de existencia de un fraude. En esta sentencia no se examinó la problemática derivada de la constitución de un usufructo gratuito no documentada en escritura pública. Las declaraciones de esta sentencia sobre la libertad de forma para la constitución del usufructo no pueden extrapolarse de forma indiscriminada más allá del contexto en el que se efectuaron.*

*Esta Sala reitera, en la misma forma que lo hizo la sentencia de STS 22 abril 2013, que la constitución del usufructo sobre un inmueble a título gratuito es un negocio jurídico que tiene la naturaleza de un acto de liberalidad que supone la existencia jurídica de una donación, por lo que es exigible su constitución en escritura pública como requisito determinante de su validez por aplicación del artículo 633 CC».*

## || Usufructo mortis causa

El usufructo *mortis causa* es el que se constituye por medio de testamento, de tal forma que el causante transfiere la nuda propiedad a una persona y el usufructo a otra.

Esta posibilidad se encuentra limitada por la intangibilidad de la legítima tal como ha señalado la **Audiencia Provincial de Madrid en la sentencia n.º 127/2019, de 5 de marzo, ECLI:ES:APM:2019:5033:**

> «Esta figura jurídica y en cuanto afecte a la legítima encuentra un escollo en la intangibilidad de la legítima. En efecto "la legítima es la porción de bienes de que el testador no puede disponer por haberla reservado la ley a determinados herederos, llamados por esto herederos forzosos" (art. 806 C.c) (...)».

## Usufructo por prescripción

El art. 468 del CC el usufructo puede adquirirse por medio de la prescripción adquisitiva, la cual se regirá por la regulación establecida en los arts. 1940 y siguientes del Código Civil.

El art. 1957 del CC señala que el plazo para la prescripción adquisitiva ordinaria, que se corresponde con aquella en la que concurre buena fe y justo título. En este caso la posesión deber ser de:

- Diez años si se da entres presentes.
- Veinte años si se produce entre ausentes.

---

**CUESTIONES**

**1. A los efectos de la usucapión o prescripción adquisitiva, ¿qué se entiende por ausente?**

Conforme a lo dispuesto en el art. 1958 del CC se considera ausente al que reside en el extranjero o en ultramar.

**2. ¿Cómo se computa el tiempo en caso de que se alternen períodos de ausencia y presencia?**

En caso de que parte del tiempo haya estado presente y en parte ausente, cada dos años de ausencia se reputarán como uno para completar los diez de presente. Las ausencias que no fueran de un año entero y continuo no se tomarán en cuenta para el cómputo.

---

También es posible adquirir el usufructo mediante la prescripción adquisitiva extraordinaria, esto es, en la que no concurra ni buena fe ni justo título. En este caso el art. 1959 del CC establece el plazo necesario en 30 años sin distinción entre presentes y ausentes.

En todo caso la posesión para que la usucapión sea posible debe ser pública, pacífica e ininterrumpida, tal como recuerda la **Audiencia Provincial de Madrid en la sentencia n.º 383/2021, de 25 de noviembre, ECLI:ES:APM:2021:14275:**

> «Resulta acreditado y no discutido que, la posesión ha sido pública, pacífica e ininterrumpida, cumpliéndose con ello parte de los requisitos que para la adquisición de un derecho real por prescripción extraordinaria exige el artículo 1941 y 1959, que para el caso del dominio y demás derechos reales sobre bienes inmuebles exige la posesión no interrumpida durante 30 años, sin necesidad de título ni buena fe, si bien en todo caso se exige que la posesión sea en concepto de dueño (o de titular del derecho real de que se trate), pública y pacífica (artículo 1941 C.C.) (...)».

# 3.4. Derechos y obligaciones del usufructuario

## Los derechos y obligaciones del usufructuario

El derecho de usufructo es un **derecho real que limita el derecho de propiedad** otorgando a su titular una serie de derechos y obligaciones. El art. 467 del CC al definir el usufructo delimita el derecho y obligación principal del mismo señalando que el usufructuario tiene el **derecho a disfrutar de los bienes ajenos** con la **obligación de conservar su forma y sustancia**.

Derivado de que el usufructo puede constituirse por la voluntad de las partes y que las mismas son libres de establecer las disposiciones que estimen oportunas, el art. 470 del CC establece que los **derechos y obligaciones del usufructuario serán los que determine el título constitutivo del usufructo**. Continúa el precepto estableciendo que, en defecto de título, o por insuficiencia del mismo, se observarán las disposiciones establecidas en los art. 471 y siguientes del CC que se ocupan de delimitar los derechos y obligaciones del usufructuario.

### ‖ Derechos del usufructuario

#### │ Derecho a percibir los frutos

El art. 471 del CC establece que el usufructuario tiene derecho a percibir todos los frutos de los bienes usufructuados. Este derecho se extiende a los frutos:

- **Naturales:** son las producciones espontáneas de la tierra y los productos de los animales que formen parte de una empresa agropecuaria o industrial.

- **Industriales:** los que producen los predios de cualquier especie a beneficio del cultivo o del trabajo.

- **Civiles:** pertenecen a esta categoría el alquiler de los edificios, el precio del arrendamiento de tierras y el importe de las rentas perpetuas, vitalicias u otras análogas.

---

**CUESTIÓN**

**¿Qué derecho tiene el usufructuario respecto a los tesoros que se hallaren en la finca?**

Respecto de los tesoros que se hallaren en la finca el usufructuario será considerado como extraño. El art. 351 del CC respecto a los tesoros señala:

*«El tesoro oculto pertenece al dueño del terreno en que se hallare.*

*Sin embargo, cuando fuere hecho el descubrimiento en propiedad ajena, o del Estado, y por casualidad, la mitad se aplicará al descubridor.*

*Si los efectos descubiertos fueren interesantes para las ciencias o las artes, podrá el Estado adquirirlos por su justo precio, que se distribuirá en conformidad a lo declarado».*

---

El Código Civil en el art. 472 establece la regulación para los casos en los que se encuentren pendientes frutos cuando se inicia el usufructo o cuando este finaliza:

- Al comenzar el usufructo los frutos naturales o industriales pendientes pertenecen al usufructuario sin que tenga obligación de abonar los gastos hechos por el propietario.

- Al finalizar el usufructo los frutos pendientes pertenecen al propietario. En este caso el propietario debe abonar, con el producto de los frutos pendientes, los gastos de cultivo, simientes y otros semejantes, hechos por el usufructuario.

---

**A TENER EN CUENTA.** Lo previsto en el art. 472 del CC respecto a los frutos pendientes no perjudica a los derechos de tercero, adquiridos al comenzar o terminar el usufructo.

---

Con relación a los frutos civiles los mismos se entienden percibidos día por día y pertenecen al usufructuario en proporción al tiempo que dure el usufructo (art. 474 del CC).

### CUESTIÓN

**¿Qué sucede con la renta del arrendamiento constituido por el usufructuario cuyo usufructo finaliza antes de finalizar el arriendo?**

El art. 473 del CC establece que, si el usufructuario hubiere arrendado las tierras o heredades dadas en usufructo y acabare éste antes de terminar el arriendo, solo percibirán él o sus herederos y sucesores la parte proporcional de la renta que debiera pagar el arrendatario.

El art. 475 del CC establece unas especialidades para los casos en los que el usufructo se constituye sobre el derecho a percibir una renta o pensión periódica o cuando consiste en el goce de los beneficios de alguna explotación, para estos supuestos el Código Civil establece:

«Si el usufructo se constituye sobre el derecho a percibir una renta o una pensión periódica, bien consista en metálico, bien en frutos, o los intereses de obligaciones o títulos al portador, se considerará cada vencimiento como productos o frutos de aquel derecho.

Si consistiere en el goce de los beneficios que diese una participación en una explotación industrial o mercantil cuyo reparto no tuviese vencimiento fijo, tendrán aquéllos la misma consideración.

En uno y otro caso se repartirán como frutos civiles, y se aplicarán en la forma que previene el artículo anterior».

### Derecho a disfrutar de todos los beneficios inherentes a la cosa usufructuada

El derecho de usufructo debe entenderse como uno de los derechos de uso y disfrute de la cosa ajena más extensos, es por ello que los derechos del usufructuario no se reduce a los frutos de la cosa usufructuada, sino que se extiende a todos los beneficios inherentes a la cosa usufructuada en los términos del art. 479 del CC que establece:

«El usufructuario tendrá el derecho de disfrutar del aumento que reciba por accesión la cosa usufructuada, de las servidumbres que tenga a su favor, y en general de todos los beneficios inherentes a la misma».

**RESOLUCIÓN RELEVANTE**

**SAP de Pontevedra n.º 191/2020, de 27 de mayo, ECLI:ES:APPO:2020:862**

**Asunto: derechos del usufructuario si el título no contiene ninguna disposición sobre los mismos**

*«No hay duda que en la escritura de apartamiento se constituyó voluntariamente el derecho de usufructo a favor del aquí demandante, de ahí que al no disponer en la misma otra cosa, el derecho del usufructuario comprende la percepción de todos los frutos naturales, industriales y civiles (art. 471 CC) y, además, tal como dispone el art. 479 CC, el usufructuario tiene derecho a disfrutar del aumento que reciba por accesión la cosa usufructuada, de las servidumbres que tenga a su favor, y en general de todos los beneficios inherentes a la misma, de forma que el derecho a la percepción de los frutos se complementa con el de disfrutar de cualquier otra utilidad de la cosa, aunque no sean los frutos a que se refiere el art. 471 CC, configurando así el usufructo como el más completo de los derechos de uso y disfrute respecto a la cosa ajena, y del mismo modo que el usufructuario ha de respetar la forma y sustancia del bien ajeno, también el nudo propietario ha de respetar esa forma y sustancia de los bienes sobre los que recae, y aunque puede enajenarlos o imponer servidumbres sobre ellos el ejercicio de esta facultad será siempre sin perjudicar al usufructuario (art. 489 y 595 CC), y puede también hacer las obras y mejoras de que sea susceptible la finca usufructuada, siempre que con ello no resulte disminuido el valor del usufructo ni se perjudique el derecho del usufructuario (art. 503 CC). Respecto a las accesiones (art. 479 CC) pueden deberse a incorporación natural (arts. 366 y sig. CC) o artificial o por obra del hombre (especialmente edificaciones, arts. 358 y sig. CC), sin que ello signifique que el usufructuario haga suyo lo incorporado, sino que exclusivamente se produce una extensión del usufructo a lo añadido por accesión. Por lo tanto, de conformidad con estos preceptos, el derecho que como usufructuario ostenta el demandante se extiende no solo a la finca "casa de planta alta con terreno unido", sino también a las accesiones de la misma que, en el caso, se concreta a lo mucho en el bajo cubierta y en reformas cuyo alcance no consta».*

## Derecho a aprovechar por sí mismo la cosa usufructuada, arrendarla o enajenar su derecho

El derecho de uso que concede el usufructo faculta al usufructuario para el que mismo **puede aprovechar por sí mismo la cosa usufructuada** y también para que el mismo **pueda arrendarla a otro y enajenar su derecho**. Debe tenerse presente que todos **los contratos que celebre como tal el usufructuario se resolverán con el fin del usufructo**, salvo el arrendamiento de las fincas rústicas, el cual se considerará subsistente durante el año agrícola.

Si bien el derecho del usufructuario comprende el poder de realizar actos y contratos sobre la cosa usufructuada siempre que respecten la sustancia de la misma, ha de tenerse presente que se encuentra limitado por la duración de su propio derecho de tal forma que los contratos que celebre se resolverán en el momento que se extinga el derecho de usufructo. Así lo ha declarado el Tribunal Supremo en la **sentencia n.º 21/2018, de 17 de enero, ECLI:ES:TS:2018:55**:

> «La facultad del usufructuario de disfrutar de los bienes comprende la de realizar actos o contratos que respeten la sustancia de la cosa. Pero el usufructuario no puede transmitir a otros derechos de más duración que el que a él le corresponde (art. 480 CC y, para el arrendamiento de vivienda, art. 13 LAU, conforme al cual, los arrendamientos otorgados por el usufructuario se extinguirán al término del derecho del arrendador).
>
> Con la extinción del usufructo desaparece el presupuesto del que dependía la subsistencia del contrato de arrendamiento, porque ya no existe un derecho a usar y disfrutar los bienes en exclusiva que hasta entonces correspondía a la usufructuaria que otorgó el contrato, y los herederos del premuerto tienen derecho a la posesión en la parte de los bienes atribuible a su causante (...)».

La facultad del usufructuario para arrendar la cosa usufructuada tiene su fundamento en el hecho de que el arrendamiento es la más clara manifestación de la facultad de goce y que, por tanto, no es posible que esta facultad sea cedida por el nudo propietario, por cuanto el mismo no dispone del goce de la cosa. Esta conclusión es la que recoge la **Audiencia Provincial de A Coruña en la sentencia n.º 234/2023, de 21 de septiembre, ECLI:ES:APC:2023:2172**:

> «En caso de escisión de la nuda propiedad y el usufructo, es el titular de este último derecho es quien está legitimado para la administración y disfrute de la cosa o derecho usufructuado, de modo que recae sobre él la condición de arrendador. En este sentido, en referencia al criterio de la Secciones especializadas en materia arrendaticia, la SAP de Barcelona, Secc. 3º, 92/2020, de 18 de febrero, explica: "Según se indica e esas resoluciones, tal afirmación no es gratuita sino que tiene su apoyo fundamental en el propio tenor del C.C., cuyo artículo 467 define el usufructo como el derecho a disfrutar los bienes ajenos con la obligación de conservar su forma y sustancia, y cuyo artículo 471 dice que el usufructuario tendrá derecho a percibir todos los frutos naturales, industriales y civiles de los bienes usufructuados (...). La interpretación de tales preceptos aboca a la conclusión de que la condición de arrendador recae sobre el usufructuario, no sobre el nudo propietario, ya que el arrendamiento es la más clara manifestación de la facultad de goce, al cederse el mismo —que corresponde al usufructuario— a la persona del arrendatario. Mal puede ceder ese uso de la cosa mediante precio en que consiste el arrendamiento quien no tiene el goce de la misma —nudo propietario—. Ahora bien, con igual claridad se ha mantenido la legitimación cuando la acción es ejercitada conjuntamente con el usufructuario o cuando consta que este presta su aquiescencia a la recuperación posesoria, con pérdida de la merced arrendaticia (lo que en modo alguno implica ni precisa la renuncia al derecho de usufructo),».

### Derecho a realizar obras de mejoras útiles o de recreo

El art. 487 del CC otorga al usufructuario el derecho a realizar en los bienes objeto del usufructo las mejoras útiles o de recreo que tuviere por conveniente sin que tenga por ello derecho a indemnización. No obstante, podrá retirar las mejoras si fuera posible hacerlo sin detrimento de los bienes.

> **A TENER EN CUENTA.** Las mejoras útiles o de recreo podrán hacerse siempre que no altere la forma o sustancia de la cosa usufructuada.

Si bien el art. 487 del CC no establece derecho a indemnización por las mejoras que se hayan realizado, el art. 488 del CC sí que faculta para que el usufructuario pueda compensar los desperfectos de los bienes con las mejoras que en ellos hubiese hecho. Ahora bien, debe señalarse que los desperfectos que pueden compensarse son los que se producen por el uso de la cosa y producidos durante la vigencia del derecho, tal como ha señala la **SAP de Barcelona n.º 1054/2019, de 30 de septiembre, ECLI:ES:APB:2019:14659.**

> **CUESTIÓN**
>
> **En el supuesto de que el usufructo sea sobre una parte de una cosa poseída en común, ¿qué derechos ejercerá el usufructuario?**
>
> Para el caso de que el usufructo esté constituido sobre una parte de una cosa poseída en común, conforme señala el art. 490 del CC «El usufructuario de parte de una cosa poseída en común ejercerá todos los derechos que correspondan al propietario de ella referentes a la administración y a la percepción de frutos o intereses. Si cesare la comunidad por dividirse la cosa poseída en común, corresponderá al usufructuario el usufructo de la parte que se adjudicare al propietario o condueño».

## Obligaciones del usufructuario

### Obligaciones antes de entrar en el goce de los bienes

El art. 491 del CC determina que el usufructuario antes de entrar en el goce de los bienes está obligado:

- A **formar inventario** de los bienes, haciendo tasar los muebles y describiendo el estado de los inmuebles. La formación del inventario se hará con citación del propietario o de su legítimo representante.
- A **prestar fianza**, comprometiéndose a cumplir las obligaciones que le correspondan.

La obligación de prestar fianza no resulta de aplicación a:

- El vendedor o donante que se hubiera reservado el usufructo de los bienes vendidos o donados.
- Los padres usufructuarios de los bienes de los hijos.
- El cónyuge sobreviviente respecto de la cuota legal usufructuaria.

> **A TENER EN CUENTA.** La exclusión de fianza con relación a los padres y al cónyuge se establece si no contrajeren ulterior matrimonio.

En cualquier caso, siempre que no resulte perjuicio para nadie, puede el usufructuario ser dispensado de la obligación de hacer inventario o de prestar fianza (art. 493 del CC). No existe ninguna norma o pronunciamiento jurisprudencial que imponga una forma determinada para realizar la dispensa a la que hemos hecho referencia. Es por ello que se ha planteado la cuestión acerca de la posibilidad de que la dispensa se haga de modo tácito, a esta cuestión da respuesta la **Audiencia Provincial de Cádiz en la sentencia n.º 527/2023, de 22 de diciembre, ECLI:ES:APCA:2023:2358,** en la que señala:

> «Lo cierto sin embargo es que no existe ninguna norma o pronunciamiento jurisprudencial conocido que imponga una determina forma a la dispensa regulada en el art. 493 del Código Civil. Creemos que en autos cabe inferirla, a los efectos del art. 386 de la Ley de Enjuiciamiento Civil, es decir, de hechos sí suficientemente probados cuya conjunc ón e interrelación permite hacer un juicio de inferencia lógico para tener por acreditada como conclusión la existencia de la dispensa».

En caso de que la fianza no se haya prestado en el momento inicial y sea reclamada en un momento posterior el valor que se ha de tener en cuenta para determinarla será el que tenía el bien en el momento de iniciar el usufructo, tal como ha establecido el **Tribunal Supremo en la sentencia n.º 742/2006, de 4 de julio, ECLI:ES:TS:2006:4281:**

> «El artículo 491 del Código Civil dispone que el usufructuario, antes de entrar en el goce de los bienes, ha de dar cumplimiento a una obligación doble: por un lado, la de formar inventario, con citación del propietario o de su legítimo representante, haciendo tasar los bienes muebles y describiendo el estado de los inmuebles; y, por otro, la de prestar fianza, comprometiéndose a cumplir las obligaciones que le corresponden como tal usufructuario. El hecho de que en el momento de constitución del usufructo no se exigiera por el nudo propietario el cumplimiento de tales obligaciones no implica la dispensa de las mismas en los términos a que se refiere el artículo 493 del Código Civil, pero una vez que las circunstancias han cambiado y la nuda propiedad ha pasado, como ocurre en el caso, a tercera persona —la hoy actora doña Gloria— la exigencia por ésta de que se dé cumplimiento a tales obligaciones no ha de implicar una mayor carga para la usufructuaria que la que habría representado la prestación de la fianza antes de entrar en posesión de los bienes, momento que es el determinante según el propio Código Civil para la fijación de su cuantía, que lógicamente ha de referirse al valor de los bienes en dicho momento que, según el propio contrato de venta de usufructo vitalicio, se fijó en diez millones de pesetas, sin que el valor a tener en cuenta pueda ser, como se pretende por la recurrente el de cuatro millones seiscientas mil pesetas que es el atribuido al derecho de usufructo».

Para el caso de que el usufructuario no preste la fianza el art. 494 del CC establece que el propietario podrá exigir:

- Que los inmuebles se pongan en administración.
- Que los muebles se vendan.

- Que los efectos públicos y los títulos de crédito nominativos o al portador se conviertan en inscripciones o se depositen en banco o establecimiento público.
- Que los capitales o sumas en metálico y el precio de la enajenación de los bienes muebles se inviertan en valores seguros.

> **A TENER EN CUENTA.** El interés del precio de las cosas muebles y de los efectos públicos y valores, y los productos de los bienes puestos en administración, pertenecen al usufructuario.

El propietario, en caso de que el usufructuario no preste fianza o esté dispensado de prestarla, también podrá retener en su poder los bienes del usufructo, en calidad de administrador y con la obligación de entregar al usufructuario su producto líquido, deducida la suma que por dicha administración se convenga o judicialmente se le señale.

Por su parte, el art. 495 del CC establece respecto al usufructuario que no ha prestado fianza:

> «Si el usufructuario que no haya prestado fianza reclamare, bajo caución juratoria, la entrega de los muebles necesarios para su uso, y que se le asigne habitación para él y su familia en una casa comprendida en el usufructo, podrá el Juez acceder a esta petición, consultadas las circunstancias del caso.
>
> Lo mismo se entenderá respecto de los instrumentos, herramientas y demás bienes muebles necesarios para la industria a que se dedique.
>
> Si no quisiere el propietario que se vendan algunos muebles por su mérito artístico o porque tengan un precio de afección, podrá exigir que se le entreguen, afianzando el abono del interés legal del valor en tasación».

Una vez que el usufructuario haya prestado fianza tendrá derecho a todos los productos desde el día en que, conforme al título constitutivo del usufructo, debió de comenzar a percibirlos (art. 496 del CC).

## | Obligaciones en el goce de la cosa usufructuada

Una de las principales obligaciones del usufructuario es la de conservar la cosa en su forma y sustancia, motivo por el cual el art. 497 del CC se establece la obligación de **cuidar las cosas dadas en usufructo como un buen padre de familia**, debiendo abstenerse de realizar cualquier acto que produzca la destrucción de la cosa o su cambio de naturaleza o destino o haciéndolas inservibles o alterando su destino (**SAP de Barcelona n.º 610/2022, de 24 de noviembre, ECLI:ES:APB:2022:14286**).

Derivado del deber antes mencionado surge la obligación prevista en el art. 500 del CC por la que al usufructuario se le impone **realizar las reparaciones ordinarias** que necesiten las cosas dadas en usufructo. En caso de que el usufructuario no las realice habiendo sido requerido por el propietario, podrá éste hacerlas por sí mismo a costa del usufructuario.

## CUESTIÓN

### ¿Qué reparaciones se consideran ordinarias?

Se considerarán ordinarias las reparaciones que exijan los deterioros o desperfectos que procedan del uso natural de las cosas y que sean indispensables para su conservación.

Con relación a las reparaciones extraordinarias las mismas serán de cuenta del propietario, estando obligado el usufructuario a darle aviso cuando fuere de urgente la necesidad de hacerlas. Si el propietario no hiciera las reparaciones, cuando estas fueran indispensables para la subsistencia de la cosa, podrá hacerlas el usufructuario. En este caso, tendrá derecho a exigir del propietario, al concluir el usufructo, el aumento de valor que tuviese la finca por efecto de las mismas obras. Si el propietario se negare a satisfacer dicho importe, tendrá el usufructuario derecho a retener la cosa hasta reintegrarse con sus productos.

> **A TENER EN CUENTA.** Si el propietario hiciere las reparaciones extraordinarias, tendrá derecho a exigir al usufructuario el interés legal de la cantidad invertida en ellas mientras dure el usufructo.

## RESOLUCIÓN RELEVANTE

### SAP de Almería n.º 219/2023, de 1 de marzo, ECLI:ES.APAL:2023:358

#### Asunto: reparto de gastos de la comunidad de propietarios

*«Cuando el art. 9 LPH, en su apartado 1.e) obliga al propietario a contribuir a los gastos generales para el adecuado sostenimiento del inmueble, sus servicios, cargas y responsabilidades no susceptibles de individualización, está definiendo una obligación que forma parte de la relación jurídica entablada entre el propietario del piso y la Comunidad de Propietarios, pero que no afecta ni alcanza a la relación interna que paralelamente sostienen el propietario y el usufructuario, presidida por el título constitutivo de la relación, o en su defecto por lo previsto en los arts. 500 y 501 CC, que distribuyen entre el propietario y el usufructuario, respectivamente, el coste de las reparaciones extraordinarias para el primero y el de las ordinarias para el segundo. En este sentido la AP de Sevilla, Sec. 6ª en su sentencia de 13 de abril 2000 dice —este Tribunal que ello es lo más acorde en una relación jurídica de usufructo, pues en contra de lo afirmado por la apelante, ésta sí está percibiendo una utilidad económica derivada de su derecho de usufructo, en concreto, la que resulta de la posesión del inmueble a los efectos de habitar y tener en él su domicilio, de manera que puede entenderse que las cuotas de la comunidad son parte del gasto que se origina por el mantenimiento y uso que sólo ella hace del edificio en su conjunto y de sus instalaciones, pudiendo por tanto encajarse dentro de las obligaciones que corresponden al usufructuario, en concreto dentro del concepto de "contribuciones que recaigan sobre los frutos", a que hace referencia el art. 504 del Código Civil, en relación con el art. 500 del mismo cuerpo legal, normas que operan con carácter subsidiario, al no haberse demostrado la existencia de pacto expreso en contrario en el título de constitución del usufructo—*

*(...)*

*En cuanto a las derramas son igualmente de aplicación los arts. 500 y 501 del CC. La actora como usufructuaria debe responder de aquellas derramas correspondientes a obras de mantenimiento o necesarias para la conservación del inmueble pero no de las extraordinarias, de las mejoras o de aquellas obras o reparaciones que redunden en beneficio exclusivo de los propietarios del inmueble en cuanto indisolublemente vinculadas al derecho de propiedad, como son por antonomasia los gastos generados por obras y reformas estructurales en el edificio (...)».*

## Obligaciones respecto a las cargas y contribuciones

El art. 504 del CC establece que el pago de las cargas y contribuciones anuales y el de las que se consideran gravámenes de los frutos será de cuenta del usufructuario todo el tiempo que el usufructo dure.

Por otro lado, las contribuciones que se impongan sobre el capital serán de cargo del propietario, debiendo el usufructuario abonarle los intereses correspondientes a las sumas que en dicho concepto haya pagado. En caso de las sumas en este concepto hayan sido anticipadas por el usufructuario deberá recibir su importe al fin del usufructo, conforme a lo establecido en el art. 505 del CC.

### CUESTIÓN

**¿A quién le corresponde el pago del IBI?**

El pago del IBI, conforme a lo establecido en el art. 61 del Real Decreto Legislativo 2/2004, de 5 de marzo, le corresponde al usufructuario. Así lo ha reconocido la Audiencia Provincial de Zamora en la **sentencia, rec. 226/2020, de 11 de marzo, ECLI:ES:APZA:2021:151**, la cual señala:

*«Conforme al artículo 504 del Código Civil y los artículos 61-1 c y 63-1 del Real Decreto Legislativo 2/2.004 de 5 de marzo el usufructuario debe abonar las cargas y contribuciones anuales y las que consideran gravamen de los frutos, lo cual obliga al pago del IBI que grava las fincas, pues el indicado Real Decreto Legislativo fija como hecho imponible de dicho impuesto el derecho de usufructo sobre un inmueble y el obligado pago del impuesto es el titular de tal derecho».*

## Obligación de poner en conocimiento del propietario cualquier acto de un tercero

El usufructuario está obligado a **poner en conocimiento del propietario cualquier acto de un tercero,** del que tenga conocimiento, **que sea capaz de lesionar los derechos de propiedad**. En caso de que el usufructuario no cumpliere esta obligación responderá de los daños y perjuicios como si hubieran sido ocasionados por su culpa (art. 511 del CC).

La redacción de este artículo, tal como ha señalado la **SAP de Murcia n.º 85/2020, de 26 de mayo, ECLI:ES:APMU:2020:884**, se justifica en el hecho de que las acciones reales de que dispone un nudo propietario y un usufructuario son diferentes. La mentada sentencia argumenta:

«(...) aunque el usufructuario se comporte como propietario temporal, ello sólo es en sentido económico pero no jurídico, pues la obligación de cuidar la casa va orientada en la obligación de restituirla al extinguirse el usufructo, y su contenido hace referencia a ese paradigma de conducta social correcta como es la del buen padre de familia, que en relación a terceros el artículo 511 no la lleva más allá de poner en conocimiento del propietario cualquier acto de tercero que sea capaz de lesionar los derechos de su propiedad, pero obviamente para que el propietario pueda actuar, eludiendo así su responsabilidad de custodia el usufructuario' (...)».

**A TENER EN CUENTA.** El art. 512 del CC señala que serán de cuenta del usufructuario los gastos, costas y condenas de los pleitos sostenidos sobre el usufructo.

# 3.5. Especialidades en la extinción del usufructo

## Modos de extinguirse el usufructo

El derecho de usufructo es un derecho real esencialmente temporal, es por ello que los arts. 513 y siguientes del Código Civil se encargan de regular los modos de extinción del usufructo. Comienza el art. 513 del CC señalando causas por las cuales el derecho de usufructo se extingue:

- Por muerte del usufructuario.
- Por expirar el plazo por que se constituyó, o cumplirse la condición resolutoria consignada en el título constitutivo.
- Por la reunión del usufructo y la propiedad en una misma persona.
- Por la renuncia del usufructuario.
- Por la pérdida total de la cosa objeto del usufructo.
- Por la resolución del derecho del constituyente.
- Por prescripción.

**CUESTIÓN**

**¿El usufructo se extingue si la cosa se pierde solo en parte?**

No, el art. 514 del CC establece que, si la cosa dada en usufructo se perdiera solo en parte, continuará este derecho en la parte restante.

Debemos señalar que el mal uso de la cosa usufructuada no extingue el usufructo. En caso de que el abuso infiriese considerable perjuicio al propietario, este podrá pedir que se le entregue la cosa, obligándose a pagar anualmente el producto líquido de la misma, después de deducir los gastos y el premio que se le asignare por su administración (art. 520 del CC).

La Audiencia Provincial de A Coruña ha señalado en la **sentencia n.º 139/2023, de 2 de mayo, ECLI:ES:APC:2023:1092**, que dada la naturaleza sancionadora del art. 520 del CC el precepto debe interpretarse de manera restrictiva, señala la resolución referenciada:

«Tampoco el mal uso de la cosa usufructuada extingue el usufructo, según establece expresamente el art. 520 del CC, sin perjuicio de las consecuencias que puede conllevar para el usufructuario el abuso que cause un considerable perjuicio al propietario, y que esta norma contempla, siendo de posible aplicación cuando la ruina del edificio ocurre por el mal proceder del usufructuario (S TS 19 diciembre 1893), sin que en el presente caso haya sido pedida por los demandantes, que se limitan a solicitar la extinción del usufructo. Además, dada la naturaleza sancionatoria que reviste el art. 520 del CC, el precepto ha de ser objeto de una interpretación restrictiva, que limite la aplicación de tales consecuencias a los actos realizados por el usufructuario con carácter abusivo y culpable, para cuya apreciación no basta con la falta de reparaciones cuya necesidad derive del estado de vejez o del uso natural de la finca (SS TS 28 noviembre 1908 y 21 noviembre 1973) (...)».

El artículo de referencia es una consecuencia directa de la obligación que el art. 497 del CC le impone al usufructuario de cuidar las cosas como un buen padre de familia. El usufructuario no puede afectar al estado esencial y condiciones naturales de la cosa debiendo servirse de la misma según el uso al que estuviere destinada, todo ello en aras de la recuperación de la plenitud de facultades por el propietario cuando el usufructo se extinga. Es posible que el usufructuario busque obtener los mayores rendimientos posibles, sin tener en cuenta la conservación de la cosa más allá de la que sea estrictamente necesaria para si restitución conforme a derecho, por lo que es posible que el bien sufra una pérdida de valor.

Han sido muchas las ocasiones en las que los tribunales han tenido que determinar cuándo la conducta del usufructuario genera la responsabilidad establecida en el art. 520 del CC. Esta delimitación debe realizarse atendiendo a la naturaleza de la cosa ya sus posibilidades concretas de utilización, en este sentido se ha pronunciado la **Audiencia Provincial de Salamanca en la sentencia n.º 291/2018, de 29 de junio, ECLI:ES:APSA:2018:375:**

«19. Se exige a la usufructuaria la correcta utilización y cuidado de los bienes de los que deberá obtener sus rendimientos habituales, y la no adecuación de su comportamiento, activo o por mera abstención, a estos parámetros de disfrute ordenado o de obtención de un provecho normal, podrá determinar el mal uso de la cosa usufructuada, y todo ello, en atención, como ya hemos dicho, a la naturaleza de la cosa y a sus posibilidades concretas de utilización.

20. Así, la STS de 30 de septiembre de 1976 considera como acto abusivo el abandono de la finca, o la sentencia del mismo TS de 20 de julio de 2010 el desmantelamiento de la industria objeto del usufructo y posterior arrendamiento del local.

21. La STS de 11 de noviembre de 1995 considera que, si la omisión de la obligación de conservar ordinariamente los bienes es continuada y ocasiona un perjuicio considerable al nudo propietario, está justificada la desposesión de la cosa.

22. La jurisprudencia, y siguiendo el tenor del precepto, exige que se ocasione un considerable perjuicio al propietario, esto es, no meramente ocasional, sino que sus legítimos intereses puedan quedar disminuidos en tal medida que se justifique la privación de los bienes, por lo que es necesario realizar un adecuado juicio de ponderación, sin olvidar que el perjuicio se refiere al propietario, y no tanto a la cosa usufructuada.

23. Igualmente, la jurisprudencia entiende que basta con una actuación negligente, aunque intencionada, por lo que no se exige necesariamente dolo, pero si se excluyen los casos fortuitos (STS de 21 de noviembre de 1973 y de 11 de noviembre de 1995).

24. La acción ejercitada al amparo del precepto que analizamos, según STS de 16 de mayo de 2006 y 13 de junio de 2006, tienen un carácter defensivo, conservatorio, precautorio para el porvenir y es independiente de la posibilidad de exigir indemnización por los daños causados (STS de 30 de septiembre de 1976)».

## ‖ Especialidades de duración del usufructo

El Código Civil se encarga de regular la duración de casos especiales del usufructo con el fin de garantizar su naturaleza especial:

### | Usufructo a favor de pueblo, corporación o sociedad

El art. 515 del CC establece que el usufructo se constituye a favor de un pueblo, corporación o sociedad no podrá hacerse por más de treinta años. En caso de que se haya constituido un usufructo se extinguirá el usufructo antes del plazo que se haya establecido si el pueblo quedara yermo o la corporación o sociedad se disolviera.

### | Usufructo por el tiempo que un tercero llegue a cierta edad

Para este supuesto el art. 516 del CC establece que el usufructo subsistirá el número de años prefijado, aunque el tercero muera antes, salvo si dicho usufructo hubiese sido expresamente concedido solo en atención a la subsistencia de dicha persona.

### | Usufructo sobre edifico que perece

En este caso es posible, conforme al art. 517 del CC, que se den dos circunstancias:

- Que el usufructo esté constituido por una finca de la que forma parte el edificio, en cuyo caso el usufructuario tendrá de derecho a disfrutar del suelo y los materiales.

- Que el usufructo estuviera constituido solamente sobre un edificio, en este caso si el propietario quisiere construir otro edificio, tendrá derecho a ocupar el suelo y a servirse de los materiales, quedando obligado a pagar al usufructuario, mientras dure el usufructo, los intereses de las sumas correspondientes al valor del suelo y los materiales.

El art. 518 del CC se encarga de regular el supuesto en el que exista un seguro de un predio dado en usufructo, diferenciando los derechos en función de quién ha contribuido al seguro:

- Si concurren el usufructuario y el propietario, en caso de siniestro, el usufructuario continuará en el goce del nuevo edificio si se construyere. En caso de que al propietario no le conviniere la reedificación, el usufructuario percibirá los intereses del precio del seguro.

- Si el seguro ha sido constituido solo por el usufructuario, en caso de siniestro, éste adquirirá el derecho a recibir por entero en caso de siniestro el precio del seguro, pero con obligación de invertirlo en la reedificación de la finca.

- Si el seguro lo ha constituido solo el propietario, en caso de siniestro, éste percibirá íntegro el precio del seguro, a salvo siempre el derecho concedido al usufructuario por el art. 517 del CC.

## | Expropiación de la cosa usufructuada

Si la cosa usufructuada fuere expropiada por causa de utilidad pública, el propietario estará obligado, o bien a subrogarla con otra de igual valor y análogas condiciones, o bien a abonar al usufructuario el interés legal del importe de la indemnización por todo el tiempo que deba durar el usufructo. En caso de que el propietario optaré por lo segundo deberá afianzar el pago de los réditos (art. 519 del CC).

## | Usufructo en provecho de varias personas

El art. 521 del CC reconoce la posibilidad de que el usufructo se constituya en provecho de varias personas vivas al tiempo de su constitución, en este caso el derecho no se extinguirá hasta la muerte de la última que sobreviviere.

Cuando el usufructo se constituye a favor de varias personas se le denomina «usufructo múltiple» el cual puede tener dos modalidades:

- Usufructo múltiple simultáneo: los usufructuarios tienen derecho a disfrutarla al mismo tiempo.

- Usufructo múltiple sucesivo: los beneficiarios van entrando en el disfrute uno en pos de otro.

**JURISPRUDENCIA**

**Sentencia del Tribunal Supremo de 26 de abril de 1954, ECLI:ES:TS:1954:283**

   **Asunto: usufructo múltiple sucesivo**

   *«(...) el usufructo vitalicio, derecho personalísimo, se extingue necesariamente a la muerte del usufructuario, aunque al tiempo de su concesión se haya establecido que continúe, llegado tal evento en provecho de otra u otras personas vivas, dando de este modo nacimiento a otro derecho real de goce sobre la misma cosa, o lo que es igual, estableciendo una constitución sucesiva del derecho de usufructo, merced a la cual, los beneficiarios van entrando en el disfrute de los objetos, uno en pos de otro, pero nunca por transmisión del usufructo primitivo a los posteriores, por ser el usufructo intrasmisible por causa de muerte, doctrina que se ajusta a lo dispuesto en el artículo 521 varias veces citado: "El usufructo constituido en provecho de varias personas vivas al tiempo de su constitución no se extinguirá hasta la muerte de la última que sobreviva", es decir, que el usufructo sólo se pierde y se desata para el señor de la Propiedad, según la fuerte expresión del Rey Sabio —Ley XXIV, título XXXI, partida tercera—, cuando el último beneficiario haya muerto, y por eso se añade en el siguiente artículo 522 "Terminado el usufructo se entregará al propietario la cosa usufructuada... ", lo que no puede realizarse mientras viva algún usufructuario de los señalados por el fundador, interpretación ajustada al constante criterio jurisprudencial*

*y única posible que no conduzca al absurdo de suponer válidos y eficaces aquellos contratos concertados por el usufructuario por mayor tiempo del que a él le concede el derecho que transmite, en contra del principio de derecho, según el cual nadie puede dar lo que no tiene y de la expresa y terminante prohibición del artículo 480 citado; del artículo 3.º, penúltimo párrafo, "in fine" de la Ley de 15 de marzo de 1935 y de los demás preceptos invocados por el actor, dando, además, lugar a que los usufructos sucesivos, como el actual, pudiesen quedar gravados por los convenios pactados por los anteriores titulares, en forma no prevista ni deseada por el constituyente, a cuya voluntad tanta importancia concede el legislador que aún le permite, en el artículo 467 del Código, alterar la forma y sustancia de la cosa usufructuada, derogando así el principio tradicional, "salvo rerum substantia", considerado como de esencia en este instituto jurídico lo mismo en el derecho romanó y en nuestras leyes antiguas que en algunas legislaciones modernas».*

## Efectos de la extinción del usufructo

El art. 522 del CC señala que terminado el usufructo se entregará al propietario la cosa usufructuada. Se exceptúa de la entrega inmediata si existe derecho de retención del usufructuario o de sus herederos por los desembolsos que deban ser reintegrados.

> **A TENER EN CUENTA.** El derecho a retener la cosa se reconoce en el art. 502 del CC con relación a las reparaciones extraordinarias hechas por el usufructuario.

Una vez se haya verificado la entrega se cancelará la fianza o, en su caso, la hipoteca.

Cuando se extingue el usufructo se produce la consolidación del pleno dominio y con ello el pleno derecho a su disfrute, así lo recoge el **Tribunal Supremo en la sentencia n.º 435/2021, de 22 de junio, ECLI:ES:TS:2021:2493:**

> «El mismo criterio aplicamos en el caso de la sentencia 225/2020, de 4 de junio, en un supuesto en que el título que justificó el disfrute temporal de los derechos de pago único fue un usufructo sobre las fincas rústicas procedentes de la herencia del marido de la usufructuaria. En ese caso afirmamos que, extinguido el derecho de usufructo por el fallecimiento de la citada usufructuaria, conforme al art. 513.1º CC, los derechos devengados a partir de dicha fecha correspondían a los nudo propietarios (art. 474 y 475 CC), que en virtud de aquella extinción consolidaron el pleno dominio de las fincas y con ello el pleno derecho a su disfrute (art. 522 CC)».

### CUESTIÓN

**¿A quién pertenecen los frutos pendientes en el momento de extinguirse el usufructo?**

Conforme al art. 472 del CC los frutos pendientes le pertenecen al propietario, el cual deberá abonar, con el producto de los frutos pendientes, los gastos ordinarios de cultivo, simientes y otros semejantes que haya hecho el usufructuario.

# 3.6. Principales diferencias entre el usufructo y el derecho real de uso y habitación

## Los derechos de uso y habitación

Los derechos de uso y habitación son derechos reales de uso sobre la cosa ajena, su regulación se encuentra en los arts. 523 a 529 del CC siendo de aplicación supletoria las normas relativas al usufructo.

El art. 524 del CC delimita cada uno de estos derechos de la siguiente forma:

- Derecho de uso: faculta para percibir los frutos de la cosa ajena que basten a las necesidades del usuario y de su familia, aunque ésta aumente.
- Derecho de habitación: concede a su titular la facultad de ocupar en una casa ajena las piezas necesarias para sí y para las personas de su familia.

Con relación al derecho de uso el Tribunal Supremo ha delimitado el concepto de «necesidades del usuario y de su familia» estableciendo en la **sentencia n.° 808/2001, de 26 de julio, ECLI:ES:TS:2001:6626**:

> «(...) Y asimismo en cuanto a los conceptos de "necesidad" y de "familia", parece que la normativa legal reconduce ambos a contenidos de satisfacción de necesidades primarias o de subsistencia con alcance consuntivo de esos frutos que claramente se recoge en el art. 527, el llamado "ad usum quoti dianum" y noción de "familia" como componente parental o dependiente del usuario, por indiscutible vínculo de parentesco, convivencia o dependencia (...)».

El Código Civil reconoce libertad a las partes para delimitar las facultades y obligaciones de los titulares de estos derechos al señalar el art. 523 del CC que «Las facultades y obligaciones del usuario y del que tiene derecho de habitación se regularán por el título constitutivo de estos derechos; y, en su defecto, por las disposiciones siguientes».

En cuanto a esta libertad para establecer las facultades y obligaciones se ha pronunciado el **Tribunal Supremo en la sentencia de 26 de julio de 2001**, antes referenciada, en la cual ha razonado lo siguiente en cuanto al respecto de los elementos esenciales de estos derechos:

> «Ahora bien, cabe meditar si por ese título constitutivo (fuente prevalente de su contenido, ex art. 523, no se olvide), se innoven tales exigencias, y v.g., se acuerde por el propietario de la cosa a favor de otra, un derecho a usar de su cosa, sin esas limitaciones, de tal forma que ni sea personal —se faculte para su cesión o transmisión— se anule la temporalidad con

una previsión indefinida— y hasta se incorpore una noción de "necesidad" desprovista de ese designio de subsistencia, y se atiendan otro tipo de necesidades que, dentro de esa libertad constitutiva, propendan a consecuencias o especulativas o de expansión u ocio a favor del usuario, y, por supuesto, que la comunidad destinataria no tenga que encerrarse en ese núcleo familiar. Entonces, cabría afirmar que acaso por el juego negocial -no muy pacífico en la doctrina- se habría conformado un tipo dentro de los "iura in re aliena" innominado, aunque, descolgado de la tipicidad expuesta (la doctrina siguiendo a Víctor, se plantee la dualidad entre el n. "apertus o clausus" en la creación de los derechos reales), lo que conduce que en esa hipótesis de libertad de configuración, se estaría no ante el derecho tipificado, sino ante "una relación jurídica de gravamen sobre una cosa de otro con visos de encuadramiento, acaso, en una servidumbre personal y positiva ex arts. 531 y 533-2° C.C."».

Como hemos señalado en primer lugar debe estarse a lo que se disponga en el título constitutivo, para el caso de que en el mismo no se regule alguna cuestión habrá de atenderse a la regulación que se establece en el Código Civil. Así el texto legal recoge las siguientes previsiones:

## || Arrendamiento o traspaso de los derechos

Establece el art. 525 del CC que los derechos de uso y habitación no se pueden arrendar ni traspasar a otro por ninguna clase de título. Esta prohibición deriva de su carácter de personalísimos.

## || Obligación de contribuir a los gastos

Para determinar la obligación que el titular del derecho tiene de contribuir a los gastos debemos diferenciar dos supuestos:

- Si el usuario consumiera todos los frutos de la cosa ajena, o el que tuviera derecho de habitación ocupara toda la casa, estará obligado a los gastos de cultivo, los reparos ordinarios de conservación y al pago de las contribuciones del mismo modo que el art. 504 del CC establece para el usufructuario.

- Si solo percibiera parte de los frutos o habitara parte de la casa, no deberá contribuir con nada, siempre que quede al propietario una parte de frutos o aprovechamientos bastantes para cubrir los gastos y las cargas. Si no fueren bastantes, suplirá aquél lo que falte.

A TENER EN CUENTA. El art. 528 del CC señala que las disposiciones establecidas para el usufructo son aplicables a los derechos de uso y habitación, en cuanto no se opongan a lo ordenado en los arts. 523 y siguientes del CC.

Finalmente, el art. 529 del CC señala que los derechos de uso y habitación se extinguen por las mismas causas que el usufructo y además por abuso grave de la cosa y de la habitación. La interpretación del concepto de abuso grave que da lugar a la extinción del derecho debe hacerse de manera restrictiva, tal como ha señalado la **SAP de Alicante n.º 533/2022, de 3 de noviembre, ECLI:ES:APA:2022:2973**:

> «3.- (...) El abuso grave de la cosa o el mal uso conforme a la jurisprudencia y mejor doctrina ha de merecer una interpretación restrictiva por constituir una sanción civil frente a un ilícito y comprende todas aquellas conductas constitutivas de abuso tanto sobre la cosa (mal uso) como las derivadas del ejercicio del derecho. Estas comprenderían, no el abuso en sentido jurídico, sino las conductas que por acción u omisión causan daños en la sustancia misma de la cosa; no constituyendo un ejercicio anormal del derecho su uso discontinuo en el tiempo, sin vocación de fijar en éste su domicilio habitual".
>
> Sin ánimo exhaustivo, la SAP. Madrid (Sección 11ª) de 22 de abril de 2008 concluye tras analizar los hechos y medios de prueba practicados: " Además, hemos de indicar que es difícil equiparar el abuso de la cosa a que se refieren los artículos 520 y 529 del Código Civil, con el no uso aquí invocado"».

---

**CUESTIÓN**

**¿Cuáles son las causas de extinción del usufructo?**

El art. 513 del CC establece que el usufructo se extingue:

*«1.º Por muerte del usufructuario.*

*2.º Por expirar el plazo por el que se constituyó, o cumplirse la condición resolutoria consignada en el título constitutivo.*

*3.º Por la reunión del usufructo y la propiedad en una misma persona.*

*4.º Por la renuncia del usufructuario.*

*5.º Por la pérdida total de la cosa objeto del usufructo.*

*6.º Por la resolución del derecho del constituyente.*

*7.º Por prescripción».*

---

## Diferencias entre los derechos de uso y habitación y el usufructo

El usufructo y los derechos de uso y habitación son todos derechos reales de uso sobre cosa ajena. Las principales diferencias que podemos establecer entre ellos son las siguientes:

- En primer lugar, el usufructuario tiene el goce y disfrute de la cosa con la única limitación de respetar su forma y esencia, lo que le permite, por ejemplo, arrendar la cosa. Sin embargo, los derechos de uso y habitación no se pueden arrendar ni traspasar a otra persona por ninguna clase de título.

- En el caso del derecho de habitación solo puede ser titular una persona física y solo puede ser objeto de este derecho un bien inmueble.

- En cuanto al modo de extinguirse estos derechos, debemos señalar que en el caso del usufructo el mal uso de la cosa usufructuada no produce la extinción del derecho (art. 520 del CC). Ahora bien, si estamos ante los derechos de uso y habitación los mismos se extinguirán en caso de abuso grave de la cosa y de la habitación (art. 529 del CC).

# 3.7. Principales diferencias entre el fideicomiso y el derecho de usufructo

## La sustitución fideicomisaria

La sustitución fideicomisaria se encuentra regulada en los arts. 781 y siguientes del Código Civil y la misma consiste en que el causante encarga al heredero que conserve y transmita a un tercero el todo o parte de la herencia. Este tipo de sustitución será válida y surtirá efecto siempre que no pasen del segundo grado, o que se hagan a favor de personas que vivan al tiempo del fallecimiento del testador. Así mismo, el art. 782 del CC establece como límites al fideicomiso que:

- **No podrá gravar la legítima**, salvo cuando se establezcan, en los términos establecidos en el art. 808 del CC, en beneficio de uno o varios hijos del testador que se encuentren en situación de discapacidad.

- Si la sustitución fideicomisaria **recayere sobre el tercio destinado a mejora, solo podrá establecerse a favor de los descendientes**.

Para que los llamamientos a la sustitución fideicomisaria sean válidos deben ser expresos, conforme establece el art. 783 del CC.

En el caso de que se establezca una sustitución fideicomisaria el fiduciario estará obligado a entregar la herencia al fideicomisario, sin otras deducciones que las que correspondan por gastos legítimos, créditos y mejoras, salvo que el testador haya dispuesto otra cosa. En caso de que el testador por medio de disposición testamentaria establezca la facultad de disponer ésta deberá entenderse restrictivamente conforme a la finalidad de conservación que informa el fideicomiso de residuo, tal como ha recogido al **SAP de Asturias n.º 238/2020, de 6 de julio, ECLI:ES:APO:2020:3250**:

> «En segundo lugar también debe señalarse que, aunque pueda aceptarse que la obligación de conservar los bienes hereditarios resulte una nota natural y no esencial al instituto, lo es sin detrimento de su valor conceptual y analítico, esto es, respecto de lo incierto del residuo en si mismo considerado. Quiere decirse con ello, entre otras cosas, que aunque el heredero fiduciario venga autorizado con las más amplias facultades de disposición, ya a título gratuito, o bien mortis causa, no por ello deja de tener sentido conceptual la obligación de conservar en lo posible, y confor-

me al objeto del fideicomiso, los bienes hereditarios en orden al heredero fideicomisario; todo ello de acuerdo a los parámetros de las exigencias de la buena fe en el ejercicio de los derechos, o de la sanción derivada del abuso del derecho o de su ejercicio fraudulento. De esta forma se comprende mejor el juego conceptual de los artículos 781 y 783 del Código Civil . Así, por ejemplo, dentro de la previsión testamentaria, la facultad de disponer deberá entenderse restrictivamente conforme a la finalidad de conservación que informa al fideicomiso de residuo (...)».

En las sustituciones fideicomisarias el fiduciario es heredero del fideicomitente y, por tanto, es el titular del patrimonio hereditario durante el tiempo que corresponda. En este caso posee como dueño y hace suyos los frutos y rentas, administra y gestiona la herencia hasta el momento que deba ser entregada al fideicomisario. Sin embargo, está sujeto a una limitación que consiste en que para transmitir los bienes fideicomitidos precisa del consentimiento del fideicomisario (**SAP de Valencia n.º 49/2021, de 3 de febrero, ECLI:ES:APV:2021:65).**

El fideicomisario por medio de la sustitución fideicomisaria adquiere un derecho a la sucesión desde la muerte del testador que no pierde, aunque muera antes que el fiduciario, sino que este derecho se transmitirá a sus herederos, según lo establecido en el art. 784 del CC.

---

**CUESTIÓN**

**¿En la sucesión fideicomisaria es el fiduciario quien transmite el derecho sucesorio al fideicomisario?**

No, el fideicomisario adquiere el derecho sucesorio directamente del testador, tal como ha declarado la AP de Ourense en la **sentencia n.º 240/2017, de 20 de junio, ECLI:ES:APOU:2017:428:**

*«Según señala la sentencia del Tribunal Supremo de 30 de octubre de 2012 "El fideicomisario, según el 'ordo sucessivus', o llamamientos a sucesivos herederos como nota común y esencial en toda sustitución, trae directamente causa del fideicomitente o testador, pues el fiduciario, a estos efectos, no transmite derecho sucesorio alguno que no estuviere ya en la esfera hereditaria del fideicomisario (artículo 784 del Código Civil)". En base a ello, la actora como sustituta fideicomisaria está legitimada activamente para ejercitar las acciones, que en relación a los bienes o derechos al causante que quedaren tras el fallecimiento de la designada heredera, pudieran corresponder al causante (...)».*

---

Debemos referirnos al fideicomiso de residuo que el legislador contempla dentro de las sustituciones fideicomisarias, al autorizar por medio del art. 783 del CC que el testador faculte al fiduciario a no devolver al fideicomisario el todo de la herencia.

Por tanto, en el fideicomiso de residuo el testador autoriza al instituido para que disponga de los bienes de la herencia, con las limitaciones y para los supuestos que eventualmente pueda haber determinado, y ordena que el resto que quedare en el momento de la restitución pase al fideicomisario, tal como ha señalado el **Tribunal Supremo en la sentencia n.º 1042/2008, de 7 de noviembre, ECLI:ES:TS:2008:5796.**

## Diferencias entre la sustitución fideicomisaria y el usufructo

La principal diferencia se encuentra en que la sustitución fideicomisaria provoca que el fiduciario adquiera la propiedad del bien con unas limitaciones para disponer del mismo, ya que está sujeto a que posteriormente transmita al fideicomisario. Sin embargo, el usufructuario no adquiere la propiedad del bien, que pertenece al nudo propietario, sino un derecho real sobre cosa ajena y el mismo, en el momento en que finalice su derecho no transmite nada, sino que con el fin se consolida la propiedad plena del nudo propietario. En cuanto a esta distinción el **Tribunal Supremo en la sentencia n.º 82/1998, de 9 de febrero, ECLI:ES:TS:1998:822** ha señalado:

> «(...) siempre resultará que en el usufructo el titular tiene un "jus in re aliena", con su régimen peculiar, mientras que al fiduciario corresponde el pleno dominio sobre los bienes, con la obligación de conservarlos y con sujeción a un régimen distinto del de usufructuario y, además, porque el testador, cuando desmembra el derecho en usufructo y nuda-propiedad no hace un doble llamamiento sucesivo respecto de la misma cosa, sino que distribuye entre distintas personas, de modo inmediato, las facultades integrantes del derecho».

Con relación a la constitución debemos señalar que:

- La **sustitución fideicomisaria** se constituye por medio de **disposición testamentaria**.
- El **usufructo** puede ser constituido por **testamento**, pero también se constituye por la **ley**, por **negocio jurídico** y por **prescripción** del derecho.

Es importante prestar especial atención a la **distinción entre el fideicomiso de residuo y el usufructo con facultad de disposición** ya que en ocasiones la disposición testamentaria pueda dar lugar a problemas de interpretación. El punto en común entre estas dos figuras se encuentra en el hecho de que tanto el fiduciario como el usufructuario pueden disponer de los bienes.

Cuando estamos ante el **fideicomiso de residuo nos encontramos que en el proceso hereditario existen varios herederos sucesivos**, esto es en primer lugar adquiere los bienes el fiduciario, el cual se encuentra obligado a que en el momento que se haya dispuesto debe entregar los bienes al fideicomisario que en el momento de la muerte del causante adquiere un derecho sucesorio.

Sin embargo, en el caso del **usufructo con facultad de disposición** únicamente **existe un heredero que adquirirá la nuda propiedad del bien,** aunque esta se encuentra gravada por un derecho real en cosa ajena —el usufructo—, que cuando finalice produce la consolidación de la plena propiedad.

Acerca de esta distinción se ha pronunciado la Dirección General de los Registros y el Notariado —en la actualidad, Dirección General de Seguridad Jurídica y Fe Pública— en la **resolución de 3 de julio de 2019** en la cual ha manifestado:

«Sin embargo, la interpretación plasmada en la escritura calificada negativamente no puede ser compartida por este Centro Directivo, pues aun entendiendo que la figura del fideicomiso de residuo puede presentar paralelismos con otra también utilizada fundamentalmente en el derecho de sucesiones, el usufructo con facultad de disposición, y que la correcta diferenciación pueda ser compleja cuando los nudos propietarios no existan o estén indeterminados en el momento de la apertura de la sucesión (lo que en su día llevo a la construcción de equipar este usufructo, al que se denominó "pseudousufructo testamentario", con el fideicomiso), no es este el caso del presente recurso, en el que hay una clara institución de heredero a favor de personas determinadas y concretas.

En Resolución de 14 de noviembre de 2016 se recordó que, como ha tenido ocasión de manifestar esta Dirección General (cfr. Resolución 2 de diciembre de 1986) "los estudios doctrinales realizados acerca de lo que se conoce con el nombre de 'pseudo usufructo testamentario' que encarna una auténtica sustitución fideicomisaria han contribuido a deslindar los campos en que se mueven una y otra institución (usufructo y sustitución) así como originado un gran avance en la diferenciación identificación entre ambas figuras. Pero ello no supone que siempre que se esté ante un usufructo testamentario haya que identificarlo con una sustitución fideicomisaria, cualquiera que puedan ser las analogías que medien entre ambas instituciones, y aunque muchas veces, en la práctica, sea difícil diferenciarlas, siempre resultará que en el usufructo el titular tiene un 'ius in re aliena', con su régimen peculiar, mientras que al fiduciario corresponde el pleno dominio sobre los bienes, con la obligación de conservarlos y con sujeción a un régimen distinto del de usufructuario y, además, porque el testador, cuando desmembra el derecho en usufructo y nuda-propiedad no hace un doble llamamiento sucesivo respecto de la misma cosa, sino que distribuye entre distintas personas, de modo inmediato, las facultades integrantes del derecho". Y también el Tribunal Supremo, en Sentencia de 9 de febrero de 1998, con apoyo en la doctrina de referida Resolución de 2 de diciembre de 1986, diferenció ambas figuras —fideicomiso de residuo y usufructo con facultad de disposición—».

# 4.
# LA EXTINCIÓN Y PÉRDIDA DE LOS DERECHOS REALES. CAUSAS

### Regulación de las causas de extinción y pérdida del derecho de propiedad y de los demás derechos reales

El DEJ RAE recoge lo que podemos entender por extinción en los siguientes términos: «Cancelación, desaparición o pérdida de eficacia de un derecho o facultad, obligación o deber, de manera que no puede ya ser ejercido el derecho o facultad, ni reclamado el cumplimiento del deber o la obligación».

A la hora de analizar cuáles son las causas de extinción de los derechos reales hay que partir de la distinción entre pérdida y extinción.

Se produce la pérdida de los derechos reales por parte de una persona, cuando esta deja de ser titular de los mismos ya sea de manera voluntaria o involuntaria.

La pérdida se diferencia de la extinción en que, cuando su titular transmite a otra persona el derecho real, se produce la pérdida de ese derecho por parte de su antiguo titular, pero no siempre se extingue; para que la pérdida suponga la extinción es necesaria la pérdida o destrucción total de la cosa (solo se extinguirá si la pérdida supone el vaciamiento por completo del objeto del derecho, ya que no puede existir un derecho real sin objeto). Si la pérdida es parcial, ese derecho real, sigue existiendo, pero con otro titular que lo adquiere.

Cuando un derecho real se extingue, se produce la pérdida del derecho real por parte de su titular. Es decir, en la pérdida no tiene por qué haber extinción, pero en la extinción hay pérdida.

Nuestro Código Civil no contiene una enumeración de las causas de extinción, ni una regulación sistemática, sino únicamente preceptos concretos que regulan supuestos determinados.

Las causas extinción de los derechos reales se pueden definir como los actos jurídicos determinados legalmente en los cuales el derecho real sobre cosa ajena dejará de estar bajo el sometimiento de un individuo concreto.

Como causas de extinción de los derechos reales se encuentran:

- Destrucción de la cosa y salida del comercio.
- Renuncia y abandono.
- No uso, prescripción y caducidad.
- Consolidación.
- Adquisición originaria de otro y destrucción de los efectos del acto creador.
- Expropiación forzosa.

El art. 1280 del Código Civil establece que los actos y contratos que tengan por objeto la extinción de derechos reales sobre inmuebles deberán constar en documento público, lo que ha sido interpretado por nuestra jurisprudencia en el sentido de entender que no afecta a la eficacia obligatoria de los contratos. En este sentido podemos citar el **auto de la Audiencia Provincial de Madrid n.º 80/2023, de 24 de marzo, ECLI:ES:APM:2023:1908A**, que sobre el mentado artículo señala:

> «Ante todo hay que señalar que este precepto no se refiere sólo a los contratos. Y entre el art. 1278 CC (que establece el principio general de libertad de forma) y el art. 1280 CC (que emplea la expresión deberán constar en documento público, que parece contradecir al art. 1278), está el art. 1279 CC, que dice:
> "Si la Ley exigiere el otorgamiento de escritura u otra forma especial para hacer efectivas las obligaciones propias de un contrato, los contratantes podrán compelerse recíprocamente a llenar aquella forma desde que hubiese intervenido el consentimiento y demás requisitos necesarios para su validez".
> La STS nº 43/2014 de 5 de febrero, dictada al respecto dice:
> "...ha de recordarse que según viene declarando reiteradamente la jurisprudencia de esta Sala, desde las sentencias antiguas de 19 de octubre de 1901, 4 de febrero de 1911, 21 de diciembre de 1925 y 5 de diciembre de 1940, el mandato del art. 1280 del Código Civil, pese a la utilización del imperativo "deberán", se reduce a la recíproca facultad de compelerse al otorgamiento del documento público (art. 1279 del Código Civil). Por tanto, la previsión de tal precepto no tiene el alcance de forma solemne con repercusión en la eficacia obligatoria de los contratos pues el artículo 1278 del Código Civil, de manera terminante, consagra en nuestro ámbito jurídico el principio espiritualista"».

En la misma la línea la **sentencia de la Audiencia Provincial de Ourense n.º 55/2023, de 2 de febrero, ECLI:ES:APOU:2023:96**, en la que el tribunal también recuerda que si bien la forma no invalida los contratos, sí puede exigirse por alguno de los contratantes la elevación a público:

> «El Código Civil en el artículo 1.279 establece que "si la Ley exigiere el otorgamiento de escritura u otra forma especial para hacer efectivas las obligaciones propias de un contrato, los contratantes podrán compelerse recíprocamente a llenar aquella forma desde que hubiere intervenido el consentimiento y demás requisitos necesarios para su validez ", exigiendo el artículo siguiente

en su punto 1° la necesidad de constar en documento público todos aquellos actos y contratos que tengan por objeto la creación, transmisión, modificación o extinción de derechos reales sobre bienes inmuebles; la forma no está incluida entre los requisitos necesarios para la validez de los contratos o de las obligaciones, pero una vez que concurren todos los requisitos esenciales, es decir una vez que el acuerdo ya existe y es válido, es el momento de llenar el requisito de la forma si así lo pide uno de los contratantes. De forma tal que la ley atribuye la facultad a cualquiera de los partícipes en el negocio jurídico de compeler a los demás a elevar a público un documento privado cuando dicha forma sea necesaria para otorgar una mayor protección jurídica a sus derechos o para tener un medio de prueba privilegiado».

**CUESTIÓN**

**¿La elevación a público debe pactarse entre las partes, o puede ser exigida cuando se trata de la extinción de un derecho real?**

No es necesario que se haya pactado expresamente, y así lo recoge la **sentencia de la Audiencia Provincial de Ciudad Real n.° 449/2022, de 27 de octubre, ECLI:ES:APCR:2022:1401**: «Por tanto, la redacción de los artículos es clara y así ha sido interpretada por la jurisprudencia, y es que los contratos en cuestión, de compraventa y extinción del condominio que nos afectan, son válidos y eficaces desde el momento en que se celebraron y concurrieron los requisitos de consentimiento, objeto y causa, como señala la sentencia de instancia y la jurisprudencia que invoca. Pero, ahora bien, en cuanto se trate de alguno de los supuestos del artículo 1280 CC, y este lo es en cuanto afecta al derecho de propiedad sobre los bienes inmuebles, y en cuanto se trata de un contrato válido y eficaz, conforme el artículo 1279 CC, cualquiera de las partes puede compeler a la otra al otorgamiento de escritura pública. Y ello, **sin necesidad de que se haya pactado expresamente, porque se dispone así por ministerio de la ley y se exige para que sus consecuencias sean conforme a la buena fe, al uso y a la ley** (...)».

Añade la **sentencia de la Audiencia Provincial de Barcelona n.° 404/2022, de 6 de julio, ECLI:ES:APB:2022:7341**, que si las partes quieren otorgarle a la elevación a público el carácter de exigencia formal para la propia validez, o para su eficacia, esta condición deberá figurar inequívocamente en el contenido del contrato, puesto que en caso contrario carece de relevancia a estos efectos.

# La destrucción de la cosa y la salida del comercio como causa de extinción de los derechos reales

Los derechos reales pueden extinguirse por destrucción total de la cosa, ya que desaparece el poder sobre esta al desparecer el objeto, y por la salida de la cosa del comercio, ya que deja de ser apta para continuar siendo sometida al poder jurídico de los particulares.

**CUESTIÓN**

**¿Cuándo podemos entender que se ha perdido el objeto del derecho real?**

El Código Civil dentro de la regulación de las obligaciones, al referirse a las condiciones suspensivas, afirma en su **art. 1122.2.ª**, que se entiende que la cosa se pierde «(...) cuando perece, queda fuera del comercio o desaparece de modo que se ignora su existencia, o no se puede recobrar».

La destrucción de la cosa extingue el derecho real ya que al tratarse de un derecho por el cual se atribuye a su titular un poder inmediato y directo sobre una cosa, si desaparece, desaparece el derecho.

Para que la destrucción de la cosa suponga la extinción de un derecho real, la destrucción tendrá que ser total. Si la desaparición es parcial, el derecho real continuará existiendo sobre la parte de la cosa que subsista.

Cabe mentar aquí el art. 460 del Código Civil, en el que se dispone que una de las causas por las que se pierde la posesión es la destrucción o pérdida total de la cosa, la muerte o pérdida del animal y el quedar la cosa o animal fuera del comercio. Si bien este artículo se refiere a la posesión, podemos entender que implica también la pérdida de los derechos que recaen sobre las cosas.

El derecho real también quedará extinguido en caso de que una tercera persona destruya la cosa mediante dolo o negligencia, si bien éste tendrá que indemnizar al titular del derecho real extinguido.

En algunos casos, se produce la sustitución de una cosa por otra, es decir, la posición que tiene el derecho real destruido la ocupa otro derecho real que, en la medida de lo posible, toma las circunstancias relativas al anterior.

El derecho real también se puede extinguir por razones jurídicas, como es el caso de la salida de la cosa del comercio, en el que la cosa deja de ser apta para someterse a las relaciones jurídicas entre los particulares. Un ejemplo de esta salida del comercio lo podemos encontrar en el **art. 372 del CC**, que establece que, si el cauce de un río cambia de dirección y atraviesa una nueva propiedad de forma natural, este cauce entrará en el dominio público.

A modo de ejemplo de supuestos de destrucción de la cosa que implican la extinción de un derecho real, podemos citar, por ejemplo, el **art. 513.5.º del CC** que recoge como causa de extinción del usufructo la pérdida total de la cosa, o el **art. 546.3.º del CC**, en el que se regula la extinción de las servidumbres y se establece como una de sus causas que los predios vengan a tal estado que no pueda usarse la servidumbre.

## La renuncia y el abandono del derecho como causa de extinción de los derechos reales

El **abandono** del derecho real se puede definir como el **acto material** de dejación de la posesión de una cosa con intención de perder su dominio, en tanto que la **renuncia** del derecho real es un **acto de voluntad formal** del propietario que pretende la desposesión de la titularidad de un derecho.

Con relación a la renuncia hay que partir de lo dispuesto en el **art. 6 del Código Civil**, en su apartado 2.º, que dispone:

> «2. La exclusión voluntaria de la ley aplicable y la renuncia a los derechos en ella reconocidos sólo serán válidas cuando no contraríen el interés o el orden público ni perjudiquen a terceros».

Esto quiere decir que la validez de la renuncia está condicionada al cumplimiento de dos requisitos:

- Que no sea contraria al orden público.
- Que no perjudique a terceros.

La renuncia requiere de un acto formal. El titular del derecho real lo extingue por su simple voluntad, sin necesidad de conocimiento por parte de otras personas. Al tratarse de un negocio jurídico dispositivo requiere de plena capacidad de obrar del renunciante. El acto de renuncia podrá ser tácito o expreso.

Sobre cómo debe ser esa renuncia a derechos y sus características se han pronunciado nuestros tribunales en numerosas ocasiones, pudiendo citar como ejemplo la **sentencia de la Audiencia Provincial de Álava n.º 943/2023, de 22 de junio, ECLI:ES:APVI:2023:736**, en la que se recoge que:

> «La renuncia de los derechos, art. 6°.2° del Código Civil, conforme reiterada jurisprudencia, para que se eficaz, ha de producirse de forma explícita, clara y terminante, no pudiéndose deducir de expresiones de dudosa significación, SS.TS. 30 junio de 1.965 y 7 abril 1.986. En la de 5 marzo 1.991, con cita de otras muchas, se destaca que la renuncia al derecho es aquella manifestación de voluntad que lleve a cabo el titular de un derecho por cuya virtud hace dejación del mismo, siendo evidente que dicha renuncia, aparte de tener que ser personal, ha de revestir en cuanto a la forma, las características de ser clara, terminante e inequívoca, como expresión indiscutible de criterio de voluntad determinante de la misma, admitiéndose no sólo la forma escrita y expresa, sino también la tácita, mediante actos concluyentes igualmente claros e inequívocos».

Hay que tener en cuenta que, si bien la renuncia no implica por lo general ningún acto más allá de la declaración de renuncia, cuando se trata del derecho de propiedad se requiere que deje de poseer la cosa en el caso de que lo estuviese haciendo.

> **CUESTIÓN**
>
> **¿Qué ocurre con los bienes inmuebles cuando el titular del derecho de propiedad renuncia al mismo?**
>
> El art. 17.1 de la Ley 33/2003, de 3 de noviembre, del Patrimonio de las Administraciones Públicas, dispone que: «Pertenecen a la Administración General del Estado los inmuebles que carecieren de dueño». Cuando exista un poseedor en concepto de dueño la Administración General del Estado tendrá que ejercitar la acción correspondiente ante la jurisdicción civil.

El Código Civil establece en varios de sus preceptos ejemplos de renuncia a derechos reales, pudiendo citar como ejemplo el **art. 546.5.º del CC**, que recoge la renuncia como causa de extinción de las servidumbres, o el art. 513.4.º del CC, que incluye también la renuncia como causa de extinción del usufructo.

**JURISPRUDENCIA**

**Sentencia del Tribunal Supremo de 5 de marzo de 1991, ECLI:ES:TS:1991:1262**

**Asunto: características de la renuncia y posibilidad de renuncia tácita**

*«(...) si en la técnica jurídica se entiende por renuncia aquella manifestación de voluntad que lleve a cabo el titular de un derecho por cuya virtud hace dejación del mismo sin transmitirlo a otra persona, resulta evidente que dicha renuncia, aparte de tener que ser personal, ha de revestir en cuanto a la forma las características de ser clara, terminante e inequívoca, como expresión indiscutible de criterio de voluntad determinante de la misma, admitiéndose no sólo la forma escrita y expresa, sino también la táctica, mediante actos concluyentes igualmente claros e inequívocos "(Sentencia de 16 de octubre de 1987)", la renuncia de derecho ha de ser clara y determinante, sin que sea lícito deducirla de expresiones equívocas o de actos de dudosa eficacia» (Sentencia de 21 de mayo de 1987 y las en ella citadas), en tanto que la Sentencia de 4 de marzo de 1988 declara que «el mero transcurso del tiempo, vigente la acción, no es suficiente para deducir una conformidad que entrañaría una renuncia, nunca presumible —Sentencias de esta Sala de 3 de marzo de 1986, 25 de abril de 1986, 15 de octubre de 1986 y de 16 de octubre de 1987—(...)».*

El abandono del derecho real es la renuncia material del derecho de propiedad o de cualquier otro derecho real. Al contrario que la renuncia, el abandono es un acto material. Para que se produzca serán necesarios dos elementos:

- El ánimo de abandonar el objeto (*«animus derelinquendi»*).

- Y una conducta concluyente de abandono por parte del propietario sobre sus cosas (*«corpus derelictionis»*).

En este sentido podemos resaltar lo expuesto en la **sentencia de la Audiencia Provincial de Cuenca n.º 43/2023, de 21 de febrero, ECLI:ES:APCU:2023:52:**

«El artículo 610 del Código Civil dispone que "Se adquieren por ocupación los bienes apropiables por su naturaleza que carecen de dueño, el tesoro oculto y las cosas muebles abandonadas". Este precepto reconoce la adquisición de la propiedad de las cosas muebles abandonadas por su ocupación, pero no regula las condiciones del acto de abandono. Según Castán Tobeñas, "Son dos los elementos específicos constitutivos del abandono o derelicción: uno de carácter subjetivo, el animus derelinquendi, consistente en la voluntad de renunciar la propiedad de la cosa, y otro de carácter objetivo, el corpus derelictionis, que consiste ordinariamente en el abandono de la posesión de la cosa (actos que impliquen poner la cosa en un estado que no corresponda con el modo normal de utilizarla).

Como negocio jurídico o declaración de voluntad, el abandono ha de reunir los elementos y requisitos propios de aquél, uno de ellos la aptitud legal o capacidad.

Por lo demás, la doctrina admite el abandono expreso o tácito (ordinariamente, la derelictio se resuelve en una declaración de voluntad tácita), y construye la renuncia de los derechos reales como un acto o negocio jurídico unilateral (una sola declaración de voluntad, que no necesita aceptación por parte de nadie) y no formalista".

La doctrina admite no solo como posible sino como frecuente el acto de abandono tácito, si bien con evidentes cautelas, por su carácter en muchos casos ambiguo o inconcluyente. Como señala Manresa y Navarro en sus Comentarios al Código Civil, "El legislador no se fía de la apariencia de abandono, y como veremos al comentar los artículos 615 y 616, espera a obtener por el transcurso del tiempo la plena confirmación del hecho, y solo entonces adjudica la cosa al que la encontró". Previendo el artículo 615 un plazo de 2 años para confirmar el acto de abandono y atribuir la propiedad de la cosa hallada al descubridor».

El abandono puede ser tanto de cosas muebles como inmuebles. El abandono de la cosa mueble provocará que la cosa quede sin dueño, pudiendo ser ocupada por cualquier otra persona. El abandono de las cosas inmuebles produce la consecuencia de que dichos inmuebles pasarán a ser propiedad del Estado. Si el que abandona es un cotitular, se producirá un acrecimiento proporcional en las cuotas de los demás partícipes.

**RESOLUCIÓN RELEVANTE**

**Sentencia de la Audiencia Provincial de Cáceres n.º 190/2021, de 10 de marzo, ECLI:ES:APCC:2021:227**

**Asunto: el abandono de bienes muebles**

*«(...) el abandono de cosa mueble convierte la cosa en una "res derelictae", que es lo mismo que decir que deviene en una cosa "nullius" y que puede ser adquirida originariamente por otro solo mediante la ocupación; que el Código Civil no determina cuándo una cosa se convierte en res derelicta (el artículo 610 se refiere tan sólo a los cosas abandonadas y los artículos 612 y 613 se refieren a los supuestos concretos de abandono tácito de determinados animales); que el abandono implica una renuncia por el dueño a la propiedad de la cosa, y con ello también a la posesión de esta; que, a juicio de la doctrina, son dos los elementos necesarios para que una cosa se convierta en una res derelicta: que haya voluntad de renunciar a la propiedad de la cosa y que se produzca el abandono de la posesión de esta (el abandono puede ser material o puede tener lugar por medio de otra conducta concluyente si el dueño de la cosa no tiene la posesión); que el abandono es la pieza clave para la ocupación de cosas que devienen nullius; y, como conclusión, que "no puede haber ocupación como modo de adquisición de la propiedad si no hay abandono previo por el dueño"».*

A lo largo del articulado del Código Civil podemos encontrarnos distintos ejemplos de abandono, como por ejemplo en el art. 460.1, en el que se establece que se pierde la posesión por abandono, o el art. 1935 en el que se dispone que se entiende renunciada tácitamente la prescripción cuando se realizan actos que hacen suponer el abandono del derecho adquirido.

## La extinción del derecho real por no uso y prescripción

Los derechos reales pueden extinguirse mediante la **prescripción**, que es una forma de extinción de los derechos reales por la falta de acción del titular sobre los mismos durante un periodo de tiempo ininterrumpido establecido en la ley, y mediante el **no uso**, que es una forma de extinción de un derecho por ausencia de aprovechamiento económico o material de la cosa sobre la que recae el derecho.

La falta de uso provoca la extinción de los derechos reales sobre cosa ajena que sean susceptibles de posesión, pero **no se aplica al derecho de propiedad**.

Las servidumbres se extinguen por su no uso durante un periodo de 20 años, tal como establece el **art. 546.2.º del Código Civil**: «Las servidumbres se extinguen: (…) Por el no uso durante veinte años». El fundamento lo encontramos en la consideración de que las servidumbres, en cuanto gravámenes sobre cosa ajena, solo se justifican si reportan utilidad al predio dominante, y de ahí que cuando su inutilidad está demostrada por su falta de ejercicio durante mucho tiempo, la ley declare su extinción (**sentencia de la Audiencia Provincial de León n.º 97/2021, de 30 de marzo, ECLI:ES:APLE:2021:420**).

---

**RESOLUCIONES RELEVANTES**

**Sentencia de la Audiencia Provincial de Sevilla n.º 46/2023, de 17 de marzo, ECLI:ES:APSE:2023:518**

**Asunto: extinción de la servidumbre por no uso**

*«Tanto el artículo 1963 CC, como para este supuesto concreto, se prevén la extinción de las servidumbres por falta de uso en: "el artículo 546 nº 2 del Código Civil, que dispone que las servidumbres se extinguen entre otras causas". "Por el no uso durante veinte años". Antes, "la Ley 16 del título XXXI de la Partida III", establecía igualmente que la falta de uso durante un periodo de veinte años, resulta una causa de extinción de las servidumbres rústicas discontinuas, así allí ya se decía: "Pereza habiendo los homes en nonquerer usar ellos nin otri en nombre de llos de las servidumbres que hobiesen ganadas, pueden las perder por ende....Et si fuesen de tal natura que usasen de llas a las veces et non cada día, segunt deximos en la ley ante desta, piérdense non usando de llas por tiempo de veinte años, quier sea en la tierra quier non aquelá quien pertenescen".*

*Esta Sección 8ª, en Sentencia de 21 de Mayo 2004 (Ponente: Nieto Matas) Rollo 7504/03 y SAP SE 2196/2004, declaró que " en el caso ahora enjuiciado, se acredita que las obras se produjeron en 1980 con la anuencia de la comunidad, que durante todo ese periodo de tiempo no se han manifestado en contra de la sustitución de ese material traslucido por otro opaco, y por tanto se ha acreditado —a los efectos del artículo 546.2 del Código Civil que regula la extinción por el no uso de las servidumbres— que el hecho obstativo que impidió el uso de la servidumbre y que ha de tomarse como termino inicial para el computo del plazo de extinción se ha producido en esa fecha, veinte años antes de presentarse la demanda».*

**Sentencia de la Audiencia Provincial de A Coruña n.º 333/2015, de 22 de septiembre, ECLI:ES:APC:2015:2385**

**Asunto: no extinción del usufructo por no uso**

*«En primer lugar en el art. 513 del Código Civil se establecen los modos de extinguirse el usufructo, no estando incluido en ninguno de ellos el supuesto alegado en la demanda de no uso del objeto usufructuado.*

*En segundo lugar, el art. 467 del CC dispone que el usufructo da derecho a disfrutar los bienes ajenos con la obligación de conservar su forma y sustancia y el art. 480 del mismo campo legal establece que el usufructuario podrá aprovechar por sí mismo la cosa usufructuada, arrendarla a otro y enajenar su derecho de usufructo aunque sea a título gratuito.*

---

*Por lo tanto, teniendo en cuenta lo dispuesto en dichos preceptos legales, el usufructuario tiene derecho a disfrutar los bienes ajenos objeto del usufructo, pero no tiene la obligación de utilizarlos o disfrutarlos, como se deduce de la expresión "podrá aprovechar" del referido art. 480 del CC. Además, si el usufructuario puede ceder su derecho de usufructo, incluso gratuitamente, es decir, desprendiéndose de su derecho a usar el objeto usufructuado, sin obligación de entregárselo al nudo propietario, tampoco puede justificarse legalmente dicha entrega con fundamento en que no ha cedido el derecho de usufructo y no viene utilizando la cosa objeto del usufructo. El usufructuario tiene derecho, según las disposiciones legales que regulan el usufructo, a utilizar el objeto del usufructo de la manera que tenga por conveniente, bien por sí mismo, bien por las personas que designe, e incluso, a no usarlo o a usarlo esporádicamente, utilización del objeto que al constituir un derecho del usufructuario, su no ejercicio no puede implicar abuso de derecho en relación al nudo propietario.*

*En tercer lugar el art. 520 del CC, después de establecer que el usufructo no se extingue por el mal uso de la cosa usufructuada, añade que si el abuso infiriese considerable perjuicio al propietario, podrá éste pedir que se le entregue la cosa, obligándose a pagar al usufructuario el producto líquido de la misma. Dicho precepto por una parte, viene a corroborar, la no obligación del usufructuario de usar la cosa, puesto que si no se extingue el derecho por el mal uso, con mayor razón no se extinguirá por el simple no uso y, por otra parte, dicho artículo establece que la única posibilidad de que se le entregue la cosa al nudo propietario es que se ejercite la acción establecida en el referido art. 520 del Código Civil, lo que no ha sucedido en el presente caso, en que la acción se fundamenta única y exclusivamente en el no uso de la vivienda objeto del usufructo».*

La prescripción extintiva requiere que exista un derecho que sea prescriptible, que ese derecho no sea ejercitado por parte de su titular y que transcurra un lapso temporal señalado en la ley.

## La consolidación como causa de extinción de los derechos reales

La consolidación es una causa de extinción de los derechos reales que consiste que en una misma persona se reúnen las cualidades de titular dominical y de titular del derecho real que lo grava.

El término consolidación conlleva que, si coinciden las titularidades sobre la cosa gravada y el derecho real limitado sobre ella, se extinguirá ese derecho al quedar absorbido por el título dominical, ya que no se pueden poseer dos relaciones antagónicas con respecto a una relación jurídica o a un derecho subjetivo. La consolidación no podrá operar en perjuicio de terceros.

La **sentencia del Tribunal Supremo n.º 600/2020, de 12 de noviembre, ECLI:ES:TS:2020:3638**, se pronuncia sobre la consolidación recalcando que «(...) es una de las causas de extinción de los derechos reales limitados, aunque no existe en nuestro Derecho positivo un precepto que lo sancione con carácter general. Las normas que la contemplan son específicas para distintas clases de derechos reales».

En virtud de los **arts. 513.2.º y 546.1.º del Código Civil**, los derechos reales se extinguirán por la reunión en una misma persona de la propiedad y del derecho real que lo grava. Sobre esta forma de extinción para el usufructo y la servidumbre se pronuncia la mentada **STS n.° 600/2020, de 12 de noviembre, ECLI:ES:TS:2020:3638**, que incluye también el derecho real de hipoteca entre los que se extinguen por consolidación:

> «Así el art. 513.2 CC dice que el usufructo se extingue por la reunión del usufructo y de la nuda propiedad en la misma persona, y el artículo 546.1 reitera lo mismo en sede de servidumbres: estas se extinguen por reunirse en una misma persona la propiedad del predio dominante y la del sirviente. No existe una norma similar respecto de la hipoteca o de la prenda, pero es doctrina común entender que la reunión en una sola persona de las condiciones de acreedor hipotecario y dueño de la cosa hipotecada (o de acreedor pignoraticio y dueño de la cosa pignorada) provoca la extinción de estos derechos de garantía. La consolidación se origina al adquirir el propietario, por cualquier título, la titularidad del derecho real limitado o, inversamente, por adquirir el titular del derecho real la propiedad de la cosa gravada.
>
> La justificación de la consolidación, como señala la doctrina, es clara. Responde a la misma idea que expresa el brocardo nemine res sua servit, nadie puede ostentar un derecho real (ius in re aliena) en su propia cosa».

Con relación a la confusión como causa de extinción de un usufructo, también hay que tener en cuenta lo dispuesto en la **sentencia del Tribunal Supremo, rec. 653/2008, de 9 de diciembre de 2011, ECLI:ES:TS:2011:8696**, en la que se recogen tres claves:

> «1) no es admisible que un derecho, a la vez, se extinga y se transmita, siendo así que el usufructo extinguido por muerte del usufructuario desaparece como derecho; 2) menos concebible aún es que quien adquiera ese usufructo extinguido sea el propietario, que no puede ser a la vez usufructuario, y no sólo por la extinción del derecho real, y por la imposibilidad de confusión (artículo 513.3 CC .) sino porque en la esencia del usufructo está la condición de derecho real limitativo del dominio y, por tanto, susceptible de disfrute sólo sobre cosas o derechos ajenos, nunca sobre los propios; c) tampoco cabe asimilar la recuperación con facultades inherentes al dominio con la adquisición de un derecho real que, referido a un tercero, pierde sentido en relación con el titular dominical o, en otras palabras, que los modos de adquirir se refieren a la propiedad y a los demás derechos reales, no a facultades singulares correspondientes al dominio».

**CUESTIONES**

**1. ¿La muerte del nudo propietario produce la consolidación cuando el heredero es el usufructuario?**

Tal y como se recoge en la **sentencia del Tribunal Superior de Justicia de Andalucía, rec. 118/2020, de 16 de marzo de 2023, ECLI:ES:TSJAND:2023:6311**: «(...) la muerte de la nuda propietaria no conlleva la extinción del usufructo, que sí se produce por la muerte de la usufructuaria como resulta del art. 513.1 del Código Civil lo que si pudiera acaecer es que como consecuencia de la muerte del titular de la nuda propiedad si a este sucede quien era usufructuario al amparo del art. 513.3 del Código Civil se extinga el usufructo por "la reunión del usufructo y la propiedad en una misma persona"».

**2. Si el usufructo se constituye en favor de dos personas y fallece una de ellas, ¿se extingue el 50 % del usufructo por consolidación, o acrece el usufructo del cotitular vivo?**

Podemos encontrar respuesta a esta cuestión en la sentencia de la Audiencia Provincial de Pontevedra n.º 499/2021, de 25 de noviembre, ECLI:ES:APPO:2021:2780, que concluye que «(...) no resultando del título constitutivo otra cosa, como es el caso, fallecido uno de los cousufructuarios, éste deja de ser titular del mismo, pero no se produce la constitución de una situación de cotitularidad entre quien continua disfrutando del derecho real y el nudo propietario, sino que "el usufructo no se extingue hasta la muerte del último usufructurio que sobreviviere". El usufructo acrece a favor del cousufructuario sobreviviente, de manera que persiste entero hasta la muerte del último (...)».

La consolidación es una figura similar a la de la confusión de derechos de acreedor y deudor del art. 1192 del Código Civil, en virtud del cual:

«Quedará extinguida la obligación desde que se reúnan en una misma persona los conceptos de acreedor y de deudor.
Se exceptúa el caso en que esta confusión tenga lugar en virtud de título de herencia, si ésta hubiese sido aceptada a beneficio de inventario».

El Tribunal Supremo se ha pronunciado sobre estas dos figuras y ha establecido las diferencias; así lo vemos en la **STS n.º 600/2020, de 12 de noviembre, ECLI:ES:TS:2020:3638:**

«La consolidación es un modo de extinguir el derecho real limitativo del dominio cuando concurren en la misma persona las titularidades del derecho real pleno —propiedad— y del derecho real limitativo, que produce la extinción de este último. La confusión [...] es el modo de extinción de la obligación completa —crédito y deuda— por la concurrencia en la misma persona de las titularidades activa y pasiva».

**A TENER EN CUENTA.** Nuestro Alto Tribunal ha recogido en su **STS n.º 600/2020, de 12 de noviembre, ECLI:ES:TS:2020:3638**, algunas excepciones en las que no se justifica la consolidación: «(...) este criterio no carece de excepciones que encuentran su fundamento en razones de protección de un interés superior. Los principales casos que se citan a modo de ejemplos son: (i) en la herencia aceptada a beneficio de inventario que, conforme a la doctrina prevalente, produce una absoluta separación de patrimonios, lo que permite la subsistencia de todas las relaciones jurídicas pendientes entre causante y heredero (art. 1192 CC) —según otra opinión sólo impide la confusión o consolidación en daño del heredero, pero no la que se produce a su favor (art. 1023. 2 y 3 CC)—; (ii) la consolidación exige que se reúnan en una sola persona la titularidad activa y pasiva de la relación jurídico-real; por ello en los casos de cotitularidad, para que la consolidación se produzca es necesario que todos los cotitulares adquieran la posición contraria o viceversa que se adquiera el derecho que pertenecía a todos los cotitulares (por ello no se produce la consolidación, por ejemplo, cuando es uno solo de los condóminos quien adquiera el usufructo, o cuando el acreedor hipotecario adquiere por compra a pacto de retro la finca hipotecada, durante la vigencia de éste); (iii) en la llamada hipoteca de propietario y en la

> deuda territorial de propietario en los Derechos, como el alemán, que admiten tales figuras; admitida la hipoteca de propietario, la subsistencia del gravamen permite al deudor obtener un crédito nuevo ofreciendo la primera hipoteca».

## La adquisición originaria como causa de extinción de los derechos reales

Una de las causas de la extinción de los derechos reales es la adquisición originaria de otro de la cosa de que se trate. Por ejemplo, si se produce la usucapión de la propiedad de una finca por parte de una persona, la adquiere *ex novo* y se extingue el derecho de propiedad del dueño anterior.

La adquisición originaria se produce cuando la titularidad del derecho real se obtiene independientemente del derecho del anterior titular bien porque la cosa carezca de dueño (la ocupación) o porque aun existiendo titular la adquisición no trae causa en el mismo (usucapión).

Los supuestos de adquisición originaria del derecho de otro son:

- Usucapión: se produce cuando una persona adquiere un derecho real mediante su posesión durante un tiempo fijado en la ley.

- Accesión: se produce cuando un propietario se adueña de la incorporación natural o artificial que se le une a una cosa suya.

- Ocupación: consiste en la adquisición de un derecho real mediante su aprehensión material unido a la voluntad de adquirir su dominio.

- Adquisición *a non domino*: consiste en que un tercero de buena fe adquiere un derecho de una persona que no es su propietaria.

**RESOLUCIÓN RELEVANTE**

**Sentencia de la Audiencia Provincial de Valencia n.° 354/1998, de 23 de noviembre, ECLI:ES:APV:1998:7261**

**Asunto: la carga de la prueba de la titularidad del derecho de propiedad obtenido mediante una adquisición originaria**

*«Resulta elemento básico, primario e imprescindible del tema probatorio el de la titularidad del derecho de propiedad, cuya protección se solicita, haciéndose depender de la prueba de tal derecho, según se trate de una adquisición originaria o derivativa, de la presentación del título adquisitivo o de la continuación en la posesión del objeto reivindicado durante el tiempo necesario para la usucapión, habiendo quedado limitada la denominada "probatio diabolica" al no exigirse la prueba de la titularidad de todos los transmitentes anteriores (...)».*

Asimismo, los derechos reales también podrán extinguirse mediante la destrucción de los efectos del acto creador, estos son la revocación, la impugnación victoriosa, el cumplimiento de la condición resolutoria o la llegada del término final. La extinción nacida de los citados actos se puede producir automáticamente o puede dar lugar al nacimiento de la facultad por parte del interesado de pedir que se produzca la extinción. Sus efectos pueden ser tanto retroactivos como no retroactivos.

Un ejemplo de este tipo de extinción lo encontramos en el usufructo constituido por un plazo determinado, ya que al término de dicho plazo el usufructo se extinguiría, o en la revocación de la donación por supervivencia de un hijo.

## La expropiación forzosa como causa de extinción de los derechos reales

Según el *Diccionario del Español Jurídico de la RAE*, la expropiación forzosa es la: «Privación de la propiedad privada o de derechos o intereses legítimos por razones de utilidad pública o interés social, mediante la correspondiente indemnización».

La expropiación forzosa puede recaer sobre la propiedad o sobre otros derechos e intereses legítimos; así, **los derechos reales, pueden extinguirse por expropiación forzosa sobre la cosa en la que recaen**, sin perjuicio de la posibilidad de que subsista algún derecho real sobre el objeto expropiado si resulta compatible con el nuevo destino.

La figura de la expropiación forzosa es estudiada por el derecho administrativo y el ordenamiento jurídico español regula este tema en la **Ley de Expropiación Forzosa, de 16 de diciembre de 1954** (LEF), abordando de manera conjunta la expropiación forzosa y la responsabilidad por daños provocados por ella.

El **art. 1 de la Ley de Expropiación Forzosa**, en su apartado 1.º, **define** la expropiación forzosa como «(...) cualquier forma de privación singular de la propiedad privada o de derechos o intereses patrimoniales legítimos, cualesquiera que fueren las personas o Entidades a que pertenezcan, acordada imperativamente, ya implique venta, permuta, censo, arrendamiento, ocupación temporal o mera cesación de su ejercicio».

Por su parte, el art. 33 de la Constitución Española, en su apartado 3.º, dice que: «Nadie podrá ser privado de sus bienes y derechos sino por causa justificada de utilidad pública o interés social, mediante la correspondiente indemnización y de conformidad con lo dispuesto por las leyes».

Las garantías que se prevén en este artículo son:

- Un fin de utilidad pública o interés social.

- El derecho del expropiado a la indemnización correspondiente.

- Y la realización de la expropiación de acuerdo con lo establecido en las leyes.

Por su parte, el art. 349 del Código Civil consigna que:

> «Nadie podrá ser privado de su propiedad sino por Autoridad competente y por causa justificada de utilidad pública, previa siempre la correspondiente indemnización.
> Si no precediere este requisito, los Jueces ampararán y, en su caso, reintegrarán en la posesión al expropiado».

El objeto de la expropiación son los derechos o intereses patrimoniales legítimos. No se pueden expropiar derechos de carácter personal ni bienes de dominio público.

El art. 2 de la Ley de Expropiación Forzosa establece que:

«1. La expropiación forzosa sólo podrá ser acordada por el Estado, la Provincia o el Municipio.

2. Además podrán ser beneficiarios de la expropiación forzosa por causa de utilidad pública las entidades y concesionarios a los que se reconozca legalmente esta condición.

3. Por causa de interés social podrá ser beneficiario, aparte de las indicadas, cualquier persona natural o jurídica en la que concurran los requisitos señalados por la Ley especial necesaria a estos efectos».

Es decir, los sujetos de la expropiación forzosa son:

- **Expropiante**: es el titular de la propiedad expropiatoria. Dicha potestad se la reconocen al Estado, la provincia, el municipio y las comunidades autónomas.

- **Beneficiario**: es el sujeto que representa el interés público o social y que puede adquirir el bien o derecho expropiado realizando el pago del justiprecio. Pueden ser los entes territoriales, los entes institucionales y los concesionarios de obras o servicios públicos a los que se reconozca esta condición por ley, además de cualquier persona natural o jurídica en la que concurran los requisitos señalados por la ley especial a estos efectos. El beneficiario puede instar la expropiación, pero no ejecutarla.

- **Expropiado**: es el titular del bien o derecho objeto de la expropiación. Son las personas que aparezcan en los registros públicos o, en su defecto, el titular que figure en los registros fiscales o el titular aparente.

---

**CUESTIÓN**

**¿Expropiante y beneficiario tienen que coincidir?**

Aunque generalmente coinciden no tiene por qué ser así. Por ejemplo, una entidad institucional podría solicitar a la Administración expropiante que ejecutara una expropiación con el fin de adquirir el bien o derecho en cuestión, a cambio de la indemnización correspondiente.

---

El **justiprecio, o justo precio,** es el importe fijado como compensación por la pérdida patrimonial que sufre el expropiado como consecuencia de la expropiación del bien o derecho. Su importe se suele determinar mediante el valor de mercado, ya que es el valor más cercano al valor real.

Cabe citar aquí la **sentencia del Tribunal Constitucional n.º 166/1986, de 19 de diciembre, ECLI:ES:TC:1986:166,** que señala que «(...) dicha indemnización debe corresponder con el valor económico del bien o derecho expropiado, siendo por ello preciso que entre éste y la cuantía de la indemnización exista un proporcional equilibrio para cuya obtención el legislador puede fijar distintas modalidades de valoración (...)», añadiendo que «(...) la garantía constitucional de la "correspondiente indemnización" concede el derecho a percibir la contraprestación económica que corresponda al valor real de los bienes y derechos expropiados, cualquiera que sea éste, pues lo que garantiza la Constitución es el razonable equilibrio entre el daño expropiatorio y su reparación».

Los procedimientos para determinar el justiprecio pueden ser:

- **De común acuerdo.** Según lo dispuesto por el artículo 24 de la LEF, la Administración y el particular podrán convenir, libremente y de mutuo acuerdo, la adquisición de los bienes o derechos objeto de expropiación, en cuyo caso, una vez acordados los términos de la adquisición amistosa se dará por finalizado el expediente de expropiación comenzado.

- **O con la intervención del jurado de expropiación.** Por el contrario, si en el término de 15 días no se llegara al referido acuerdo, se seguirá el procedimiento dispuesto en los artículos siguientes de la LEF, sin perjuicio de que en algún momento posterior de su tramitación las partes lleguen a un acuerdo.

Si bien la regla general es que, al extinguirse el derecho de propiedad, se extinguen todos los derechos reales sobre la cosa, no siempre es así, ya que la ley regula la posibilidad de que en determinados casos pueda subsistir alguno de estos derechos.

Según el **artículo 8 de la Ley de Expropiación Forzosa** la cosa expropiada se adquirirá libre de cargas. No obstante, **podrá conservarse algún derecho real sobre el objeto expropiado si resultase compatible con el nuevo destino** que haya de darse a este y, existiese acuerdo entre el expropiante y el titular del referido derecho real.

En este sentido, la **sentencia del Tribunal Supremo n.º 1154/2021, de 22 septiembre, ECLI:ES:TS:2021:3533** especifica que con la expropiación forzosa «(...) se extinguen todas las limitaciones que existieran sobre la propiedad del bien expropiado, pero en la medida que dichas limitaciones, esto es, los derechos que imponen dichas limitaciones, pertenecen a terceras personas respecto del propietario, a la hora de fijar los justiprecios de fincas con tales cargas se suscita la problemática de que el propietario no puede percibir la totalidad del justiprecio correspondiente a la propiedad porque, en la medida que estas cargas o gravámenes la limitan, se produciría un enriquecimiento sin causa si se adquiere el total valor del bien excluyendo tales cargas. Claro ejemplo resulta si se expropia una finca con un usufructo o una servidumbre en que el "propietario" no puede percibir la totalidad del justiprecio».

Es importante tener en cuenta lo dispuesto en el art. 8 del Decreto de 26 de abril de 1957 por el que se aprueba el Reglamento de la Ley de Expropiación Forzosa, en el cual se recoge que:

> «1. Conforme al artículo octavo de la Ley, **la expropiación extingue todas las cargas y derechos anteriores sobre el bien expropiado, que se convierten, por ministerio de la ley, en derechos sobre el justo precio,** con la salvedad consignada en el artículo 6 de este Reglamento.

2. Cuando no exista acuerdo en la distribución del justo precio entre los distintos titulares de derecho o intereses, la Administración procederá a consignar la cantidad total en la Caja General de Depósitos hasta que se resuelvan las discrepancias entre los mismos».

**CUESTIÓN**

**¿A quién corresponde decidir sobre la subsistencia de los derechos sobre el bien expropiado?**

En virtud del art. 9.2 del REF esta decisión corresponde a la Administración, que deberá oír previamente al titular expropiado principal y al del derecho cuya continuación se propone. La valoración es competencia del jurado de expropiación.

Tal y como establece la **sentencia del Tribunal Superior de Justicia de las Islas Canarias n.º 330/2016, de 15 de julio, ECLI:ES:TSJICAN:2016:2497:**

«De lo expuesto y sobre todo de lo dispuesto en el art. 8.1 y 6.2 del Reglamento de Expropiación Forzosa la preexistencia de tales cargas reales sobre la finca de autos no impiden la ocupación por causa de expropiación como libres de los citados terrenos gravados ni tampoco, lógicamente, pueden impedir que se pueda fijar el justiprecio de la totalidad de la finca, y ello sin perjuicio de los derechos que en su caso pudieran corresponder, según referidos preceptos, sobre dicho justiprecio indemnizatorio a los titulares de los derechos que motivan mencionadas cargas reales».

**A TENER EN CUENTA.** En la expropiación forzosa, adquiere una vital importancia el **derecho de reversión**, que permite al expropiado recuperar el objeto de la expropiación mediante el abono del precio de los bienes expropiados en el caso de que dicha expropiación no se oriente hacia el destino de la utilidad pública o interés social que la justifica.

# 5.
# ACCIONES PARA DEFENDER LA PROPIEDAD Y EL USUFRUCTO

## La protección de la propiedad

La protección del derecho a la propiedad viene recogida en la Constitución Española, que en su art. 33 dispone:

«1. Se reconoce el derecho a la propiedad privada y a la herencia.
2. La función social de estos derechos delimitará su contenido, de acuerdo con las leyes.
3. Nadie podrá ser privado de sus bienes y derechos sino por causa justificada de utilidad pública o interés social, mediante la correspondiente indemnización y de conformidad con lo dispuesto por las leyes».

Conforme a lo expuesto, el derecho a la propiedad privada reconocido en nuestra constitución se «(...) configura y protege, ciertamente, como un haz de facultades individuales sobre las cosas, pero también, y al mismo tiempo, como un conjunto de deberes y obligaciones establecidos, de acuerdo con las Leyes, en atención a valores o intereses de la colectividad, es decir, a la finalidad o utilidad social que cada categoría de bienes objeto de dominio esté llamada a cumplir» (**STC n.º 93/2015, de 14 de mayo, ECLI:ES:TC:2015:93**).

Por su parte, el Código Civil, en su art. 348 expresa:

«La propiedad es el derecho de gozar y disponer de una cosa o de un animal, sin más limitaciones que las establecidas en las leyes.
El propietario tiene acción contra el tenedor y el poseedor de la cosa o del animal para reivindicarlo».

Si bien la redacción de este artículo puede dar lugar a confusión por entenderse que al propietario únicamente le asiste la acción reivindicatoria, lo cierto es que existen distintas acciones que permiten defender la propiedad:

### ‖ Acción reivindicatoria

El principal modo de protección del dominio es a través de la acción reivindicatoria, pues otorga al titular del derecho de propiedad, la facultad de recuperar la posesión del bien del que se encuentra desposeído de forma ilegítima por parte del poseedor actual y sin título suficiente para esa posesión.

### || Acción declarativa de dominio

Persigue la declaración de dominio del actor frente a aquel que la niegue. Se diferencia de la acción reivindicatoria en que el objetivo no es la recuperación de la posesión del objeto en litigio, sino constatar la titularidad del mismo.

### || Acción negatoria

Esta acción tiene como objetivo lograr la declaración de que la propiedad que ostenta el actor está libre de cargas, con el fin de conseguir que su derecho no se vea perturbado por injerencias sin justificar en su propiedad y que limitan su derecho.

### || Acción de deslinde y amojonamiento

Las acciones de deslinde y amojonamiento generalmente van unidas y consisten en establecer, por un lado, los límites de una finca y, por otro, de marcarlos físicamente para delimitar la zona de ejercicio de las facultades de dominio o del derecho que ostente el actor sobre la finca.

### || La tercería de dominio y de mejor derecho

La tercería de dominio y la tercería de mejor derecho son dos acciones diferentes: la tercería de dominio está encaminada a la protección del dominio frente a un embargo del que no es responsable el actor de la tercería y, por otro lado, la acción de tercería de mejor derecho protege un crédito que goza de preferencia respecto del que se está ejecutando.

### || El juicio verbal para la efectividad de derechos reales inscritos

Se trata de un juicio verbal de carácter sumario, basado en la presunción que otorga el principio de legitimación registral del artículo 38 de la Ley Hipotecaria a quien ostente un derecho real inscrito en el registro de la propiedad.

### || El juicio verbal para la defensa de la tutela sumaria de la || posesión

En este caso no se trata de defender la propiedad como tal, sino que se defiende la tenencia o la posesión de una cosa o derecho por quien haya sido despojado de ellas o perturbado en su disfrute. Es un procedimiento sumario en el que no se discute la existencia del derecho, si no solamente su posesión.

---

**A TENER EN CUENTA.** Dentro de las acciones para defender el dominio también cabe destacar la acción publiciana, que sería una acción que protege al poseedor en concepto de dueño, frente a aquel que tiene un peor derecho para recuperar la cosa.

---

# La protección del dominio mediante la acción reivindicatoria

La acción reivindicatoria es la acción por excelencia de protección del dominio, pues otorga al titular del derecho de propiedad la facultad de recuperar la posesión del bien del que se encuentra desposeído de forma ilegítima por parte del poseedor actual y sin título suficiente para esa posesión. Se recoge en el artículo 348.2 del Código Civil cuando señala que «El propietario tiene acción contra el tenedor y el poseedor de la cosa o del animal para reivindicarlo».

## ¿Qué requisitos son necesarios para el correcto ejercicio de la acción reivindicatoria?

Tal y como pone de manifiesto el Tribunal Supremo en su **sentencia n.º 771/2012, de 10 de diciembre, ECLI:ES:TS:2012:8706,** doctrina y jurisprudencia han sido constantes en enumerar los tres presupuestos necesarios para que la acción reivindicatoria prospere:

1. Título de dominio del demandante.
2. Identificación e identidad de la cosa o animal objeto de la acción.
3. Posesión del demandado.

Conforme a lo antedicho, podemos concluir que, para el correcto ejercicio y estimación de la acción reivindicatoria se requerirá, en primer lugar, que el actor sea el **titular dominical del bien respecto del que reclama la posesión** que le ha sido despojada. Asimismo, se requiere **que el demandado ostente la posesión de forma ilegítima,** sin título suficiente para poseer y, por último, **que el bien del que el actor reclama la posesión ha de coincidir con el bien que posee ilegítimamente el demandado.**

Además, en relación con la prueba de los requisitos exigidos jurisprudencialmente para que la acción reivindicatoria prospere es importante tener en cuenta que la carga de la prueba recae sobre el demandante (**art. 217 de la LEC**).

> **A TENER EN CUENTA.** El apartado 5 del art. 217 de la Ley de enjuiciamiento Civil ha sido modificado por la Ley 4/2023, de 28 de febrero, para la igualdad real y efectiva de las personas trans y para la garantía de los derechos de las personas LGTBI, con entrada en vigor el 02/03/2023.

### || Título de dominio

Constituye el primero de los requisitos de la acción reivindicatoria requiriéndose pues, al demandante, su título de dominio. Esto es, que por el demandante se demuestre la existencia a su favor de un justo título de dominio que acredite en forma fehaciente la propiedad del objeto de reivindicación en cuestión, debiendo señalarse, además, que el término técnico «título de dominio» no equivale a documento preconstituido, sino a justificación dominical, por lo que la acreditación del dominio ciertamente puede llevarse a cabo por cualquiera de los medios de prueba legalmente admitidos (entre otras, **STS n.º 377/2010, de 14 de junio, ECLI:ES:TS:2010:3088**).

---

**CUESTIÓN**

**¿La titularidad catastral constituirá título de dominio suficiente a efectos reivindicativos?**

No por sí sola. En este sentido, cabe traer a colación la respuesta dada por la **Audiencia Provincial de Burgos en su sentencia n.º 143/2021, de 16 de marzo, ECLI:ES:APBU:2021:249** que, respecto a esta cuestión, recuerda que ya en su sentencia de 4 de noviembre de 1961, el Tribunal Supremo señalaba que «la inclusión de un mueble o un inmueble en un Catastro, Amillaramiento o Registro Fiscal, no pasa de constituir un indicio de que el objeto inscrito puede pertenecer a quien figura como titular de él, en dicho Registro, **sin embargo, tal indicio, unido a otras pruebas, puede llevar al ánimo del Juzgador el convencimiento de que, efectivamente, la propiedad pertenece a dicho titular; pero no puede constituir por sí sola un justificante de tal dominio**, ya que tal tesis conduciría a convertir a los órganos administrativos encargados de ese registro en definidores del derecho de propiedad y haría inútil la existencia de los Tribunales de justicia, cuya misión es precisamente la de declarar los derechos controvertidos», doctrina que, tal y como señalan los magistrados de la Audiencia Provincial, fue reiterada en posteriores sentencias como, por ejemplo, la **STS n.º 525/2000, de 26 de mayo, ECLI:ES:TS:2000:4266**: «el Catastro afecta solo a datos físicos (descripción, linderos, contenido, etc.) nada más, **no sienta ninguna presunción de posesión dominical en favor de quien en él aparece propietario**. Si las certificaciones catastrales no prueban la propiedad, no pasan de ser meros indicios que necesitan conjugarse con otros medios probatorios (SSTS de 16 de noviembre de 1988 y 2 de marzo de 1996), con más razón no pueden ser tampoco por sí mismas pruebas de una posesión a título de dueño».

---

Así pues, si bien es cierto que no cabe exigencia de «probatio diabólica», la justificación del dominio de lo que se pretende recobrar ha de ser objeto de demostración, bien mediante documentos públicos o privados, bien mediante la «causa idónea» que da nacimiento a la relación en que el derecho real de propiedad consiste, es decir, utilizando todos aquellos medios de prueba que el ordenamiento previene.

> **A TENER EN CUENTA.** Si el actor no prueba su dominio **se absolverá al demandado, aunque posea sin título**.

---

**CUESTIÓN**

**Formada la comunidad hereditaria, ¿el título de «heredero» es suficiente para el ejercicio de la acción reivindicatoria?**

No. La atribución en testamento no transmite por sí sola la propiedad, no constituyendo pues, título suficiente para el ejercicio de la acción reivindicatoria, sino que para ello se requiere la partición de la herencia. Durante el periodo de indivisión que procede a la partición hereditaria, los herederos poseen el patrimonio del causante colectivamente, y en ese estado de indivisión ningún heredero puede reclamar para sí, sino para la comunidad hereditaria (véase en este sentido la **STS n.º 481/2000, de 16 de mayo, ECLI:ES:TS:2000:3945**).

Asimismo, la partición por sí sola, no es título bastante para acreditar el dominio si no va acompañada de una cumplida prueba de que el bien adjudicado al heredero correspondía efectivamente al causante (STS n.º 451/2001, de 10 de mayo, ECLI:ES:TS:2001:3810).

## || Identificación e identidad

La identificación y la identidad son esenciales respecto a la cosa (o en su caso, animal) reivindicada/o. Esta debe **quedar concretada y determinada**, de forma que, pueda ser señalada y reconocida, concurriendo pues su identificación de forma totalmente evidenciada para que no ofrezca duda alguna de lo que se reivindica (entre otras, **STS n.º 1151/2006, de 14 de noviembre, ECLI:ES:TS:2006:6770**).

Conforme a lo expuesto, podemos concluir que es condición *sine qua non* la identidad inequívoca de la cosa o animal a reivindicar. Así, por ejemplo, si ejercitáramos reivindicatoria de una finca, deberemos fijar con precisión tanto su cabida, como su situación y linderos. Véase en este sentido la **STS n.º 107/2012, de 12 de marzo, ECLI:ES:TS:2012:1310**:

> «La jurisprudencia tiene declarado que la identificación de las fincas ha de concurrir de forma totalmente evidenciada para que no ofrezca duda alguna a las que se reivindican, debiendo fijarse con la debida precisión su cabida, situación y linderos, y con la cumplida probanza que son las que se refieren los títulos y los demás medios probatorios en los que los actores fundan su derecho y tal identificación exige un juicio comparativo entre la finca real y la titular».

## || Posesión por otro

Como tercer elemento, la acción reivindicatoria debe plantearse frente a los actuales poseedores. Es decir, la acción reivindicatoria solo puede dirigirse contra el tenedor de la cosa.

**CUESTIÓN**

**¿Cabría ejercitar acción reivindicatoria frente al vendedor de la cosa?**

No. Es reiterada doctrina jurisprudencial la de que el comprador no puede instar frente a su vendedor, pues no cabe el ejercicio de acciones reales entre las partes de un contrato sino tan solo el de las propias del negocio jurídico celebrado (sentencia de la Audiencia Provincial de Jaén n.º 1013/2023, de 29 de septiembre, ECLI:ES:APJ:2023:1132).

# ¿Cuál es el plazo de prescripción de la acción reivindicatoria?

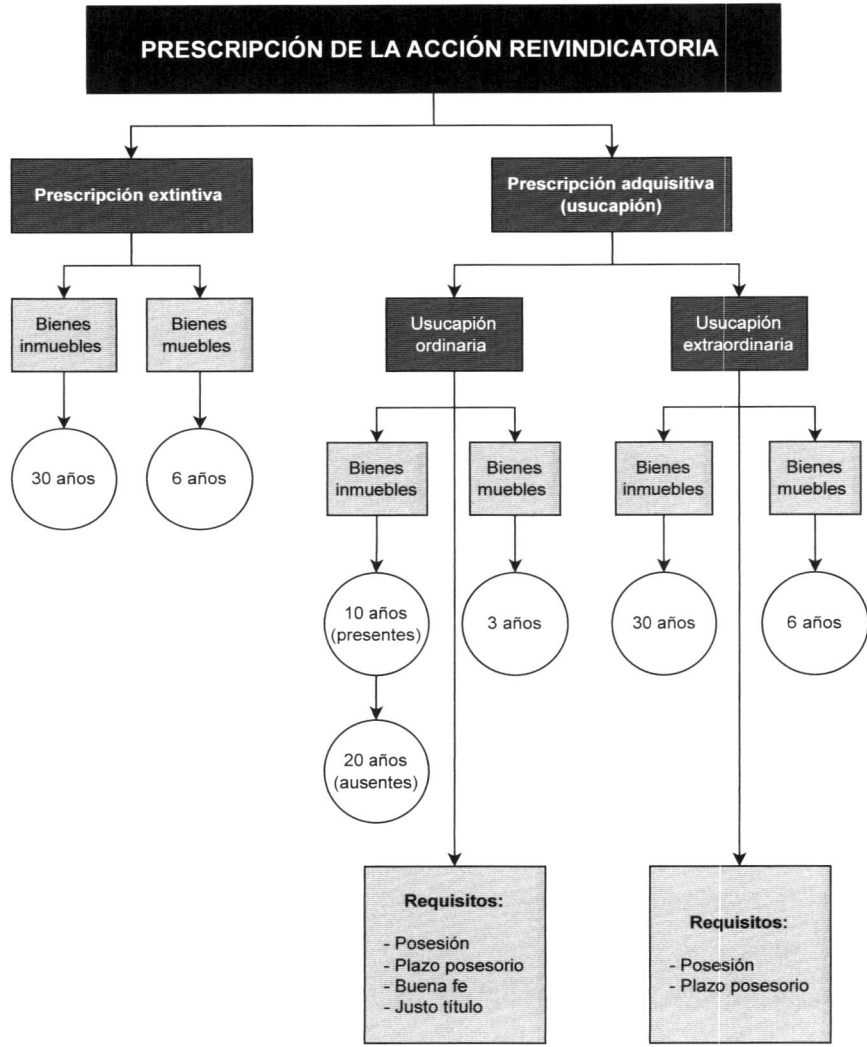

**PRESCRIPCIÓN DE LA ACCIÓN REIVINDICATORIA**

Prescripción extintiva

Prescripción adquisitiva (usucapión)

Bienes inmuebles — 30 años

Bienes muebles — 6 años

Usucapión ordinaria

Usucapión extraordinaria

Bienes inmuebles — 10 años (presentes) — 20 años (ausentes)

Bienes muebles — 3 años

Bienes inmuebles — 30 años

Bienes muebles — 6 años

**Requisitos:**

- Posesión
- Plazo posesorio
- Buena fe
- Justo título

**Requisitos:**

- Posesión
- Plazo posesorio

Son los **artículos 1962** y **1963 del Código Civil** los preceptos en los que se regulan los **plazos de prescripción** de las acciones reales sobre bienes muebles e inmuebles, respectivamente (**prescripción extintiva**).

Así, la acción reivindicatoria prescribirá a los **6 años si el bien objeto de reivindicación es un bien mueble** —como, por ejemplo, un vehículo—, **o a los 30 años en caso de tratase de bienes inmuebles** —finca rústica o urbana, piso, etcétera—.

| BIENES MUEBLES | BIENES INMUEBLES |
|:---:|:---:|
| 6 años | 30 años |

**CUESTIÓN**

**¿Cuándo tendrá lugar el *dies a quo*?**

El *dies a quo* para el cómputo es el de la *actio nata*, es decir, cuando el poseedor de la finca de la que el demandante es propietario se coloca en posición obstructiva de la propiedad, siendo a partir de este momento cuando el verdadero propietario puede accionar y el transcurso del plazo le haría prescribir la acción. (**sentencia de la Audiencia Provincial de Pontevedra n.º 133/2024, de 7 de marzo, ECLI:ES:APPO:2024:538,** mentando la **STS n.º 245/2007, de 26 de febrero, ECLI:ES:TS:2007:830**).

Sentado lo anterior, y habida cuenta el *dies a quo* anteriormente señalado, cabe hacer explícita referencia a los supuestos de prescripción adquisitiva —prescripción derivada de la usucapión—, modo de adquirir la propiedad al reconocerse, a través de nuestro ordenamiento jurídico, que la prolongación en el tiempo de una determinada situación posesoria, con una serie de requisitos (entre ellos, el tiempo), da lugar a la adquisición del dominio (artículos 1940 y ss. del Código Civil).

Aquí, debemos distinguir entre la usucapión ordinaria (requiere posesión de buena fe y justo título) y la usucapión extraordinaria (solo son necesarios los requisitos de posesión y de tiempo, sin necesidad de buena fe ni justo título).

**A TENER EN CUENTA.** La usucapión extraordinaria lleva implícita la pérdida del derecho del titular por el transcurso del plazo establecido para la prescripción extintiva. Puede consultarse en este sentido la **sentencia de la Audiencia Provincial de Madrid n.º 174/2019, de 28 de junio, ECLI:ES:APM:2021:8567**:

«(...) los ahora apelantes en sus respectivos escritos de contestación a la demanda no alegaron la prescripción de la acción reivindicatoria, ni citaron el art. 1962 del CC, pero sí alegaron —como reiteran ahora— la prescripción adquisitiva de las obras objeto de reivindicación, por lo que no cabe entender que se está ante el planteamiento de una cuestión nueva, pues la usucapión implica la alegación de la pérdida del derecho del titular antes del transcurso del plazo establecido para la prescripción extintiva. Así resulta de la STS de 6 de marzo de 1991 (ROJ: STS 13370/21991) al declarar que la usucapión "lleva insita la prescripción extintiva del derecho del primitivo titular, que deja de serlo por su abandono unido a la adquisición por otro; son, pues, una y otra prescripción, así contempladas, vertientes o puntos de mira diversos, pero conexos, de un mismo fenómeno jurídico, en el sentido expuesto de que no puede haber usucapión sin prescripción extintiva del derecho, ya que ejercitado este, aquella no se produce, implicando que si se alega la prescripción adquisitiva se está alegando, a su vez, la extintiva, siquiera pueda cuestionarse el fenómeno inverso"».

# Ejercicio de la acción reivindicatoria

La acción reivindicatoria que persigue la **restitución de la cosa es una** acción de naturaleza real prevista en el párrafo segundo del **art. 348 del Código Civil**. El ejercicio de esta acción se realiza a través de la presentación de una demanda cuyo conocimiento corresponderá a los tribunales del orden jurisdiccional civil, concretamente al juzgado de primera instancia donde el bien se encuentre ubicado para el caso de ejercicio de la acción reivindicatoria sobre bien inmueble (competencia especial en virtud de la regla 1.º del apartado 1 del **artículo 52 de la Ley de Enjuiciamiento Civil**). Por otra parte, en caso de ejercicio de acción reivindicatoria sobre bien mueble, la competencia territorial corresponderá al tribunal del domicilio del demandado en base al **artículo 50.1 de la LEC**.

La demanda será tramitada por los cauces del juicio verbal u ordinario, el proceso que corresponde se determinará atendiendo a la cuantía del bien, tramitándose por el **juicio verbal** si la cuantía es igual o inferior a 15.000 euros (**art. 250.2 de la LEC**) y, ajustándonos a lo establecido para el **juicio ordinario** para las demandas cuya cuantía excedan de la citada cifra y aquellas cuyo interés económico resulte imposible de calcular, ni siquiera de modo relativo, según lo previsto en el apartado 2.º del **artículo 249 de la Ley Enjuiciamiento Civil**.

**A TENER EN CUENTA.** El **Real Decreto-ley 6/2023**, de 19 de diciembre, ha **modificado** los **artículos 249 y 250 de la LEC**, sustituyendo la anterior cuantía de 6.000 euros por la de **15.000 euros**.

**CUESTIONES**

**1. Si al ejercitar la acción reivindicatoria se advirtiera por el actor la posibilidad de que el demandado no pudiera restituir el bien, ¿es posible incluir en la demanda la petición de condena al pago del valor del bien objeto de reivindicación?**

Sí. La posibilidad de **solicitar, de forma subsidiaria, el pago del precio por equivalencia** como forma de cumplimiento sustitutorio de la obligación de dar cosa determinada ha sido expresamente reconocida por la **sala del Tribunal Supremo** que, en su sentencia n.º 289/2013, de 8 de mayo, ECLI:ES:TS:2013:2928, que se pronuncia conforme sigue:

*«(...) Al ejercitar una acción reivindicatoria, si el demandante advierte que, por las razones que sea, cabe que el demandado no pueda restituir el bien reivindicado, puede solicitar, de forma subsidiaria, el pago del precio por equivalencia como forma de cumplimiento sustitutorio de la obligación de dar cosa determinada; y si el tribunal, en la fase cognitiva, estima la acción reivindicatoria y advierte la imposibilidad de su restitución, puede estimar la petición subsidiaria y condenar al demandado al pago del valor del bien, sin que sea necesario esperar a constatar esta imposibilidad en la fase de ejecución de sentencia. Además, no deja de ser un efecto ex lege de la estimación de la reivindicatoria y, como tal, su apreciación sería congruente».*

**2. Siendo conocedores de que el demandado posee título del bien objeto de reivindicación, ¿es requisito necesario que de forma previa a la interposición de la demanda reivindicatoria se inste la declaración de nulidad del título?**

No. En este punto, existe en la jurisprudencia una tendencia a estimar que la acción reivindicatoria lleva implícita la declaración de nulidad junto con la cancelación del asiento registral. Ejemplo de ello es la **sentencia del Tribunal Supremo n.º 938/2004, de 4 de octubre, ECLI:ES:TS:2004:6159:**

*«(...) la más reciente y ya consolidada doctrina de esta Sala, matizando en la esfera del proceso del principio de legitimación registral, tiene declarado que, superando una interpretación rigorista del precepto contenido en el párrafo segundo del art. 38 de la Ley Hipotecaria, que exigía el ejercicio previo o, al menos coetáneo con la acción contradictoria del dominio inscrito, de la acción dirigida a obtener la anulación o cancelación de la inscripción registral se pasa a la actual, más acertada en el plano hermenéutico jurídico-social y flexibilizadora del tráfico jurídico, estableciendo que el hecho de haber ejercitado el actor una acción contradictoria del dominio que figura inscrito a nombre de otro en el Registro de la Propiedad, sin solicitar nominal y específicamente la nulidad o cancelación del asiento contradictorio, lleva claramente implícita esta petición y no puede ser causa de que se deniegue la formulada respecto a la titularidad dominical"(...)».*

## ‖ Legitimación en la acción reivindicatoria

Corresponde la legitimación activa a aquel que sea propietario exclusivo o copropietario y que esté despojado de la posesión inmediata del bien objeto de derecho. Se admite también esta acción, por numerosa jurisprudencia, como protección del fiduciante contra el fiduciario que incumple a favor del dueño directo en el caso de la enfiteusis e incluso la reivindicación de bienes inmateriales.

La legitimación pasiva la ostenta el poseedor actual, no el propietario.

### CUESTIÓN

**Interpuesta una demanda en ejercicio de acción reivindicatoria, el demandado opone la excepción de falta de litisconsorcio pasivo necesario alegando que debería haber sido llamada a la litis la empresa que vendió los terrenos objeto de reivindicación. ¿Será estimada la excepción alegada?**

No. La acción reivindicatoria se plantea **frente a quienes son los actuales poseedores** a título de dueño de los terrenos reivindicados, por lo que en nada afecta dicha acción a los poseedores anteriores que, en el peor de los casos, podrán tener que responder frente a los demandados por las porciones transmitidas a los mismos, pero no frente al actor que ninguna relación contractual ha tenido con ellos, por lo que en modo alguno puede estimarse la excepción de litisconsorcio pasivo necesario esgrimida (STS n.º 701/1997, de 16 de junio, ECLI:ES:TS:1997:5085). Doctrina recogida en posteriores pronunciamientos como, entre otras, en la **STS n.º 643/2000, de 27 de junio, ECLI:ES:TS:2000:5270:**

*«(...) aquí se ejercita una acción real, y como ya ha dicho esta Sala, en esta clase de acciones no cabe apreciar litisconsorcio (STS 30 de mayo de 1992), salvo naturalmente que la cosa reivindicada estuviera poseída o detentada por varios con o sin título (...)».*

## || Efectos de la reivindicación

El éxito del ejercicio de la acción reivindicatoria conllevará la condena a la cesación de la ocupación ilegítima por parte del demandado/s y la restitución a su legítimo propietario (parte actora) de la cosa.

---

**CUESTIÓN**

**¿La condena al demandado de la restitución de la cosa llevará consigo la restitución de sus frutos?**

A estos efectos habremos de estar a las reglas contempladas en el **artículo 451 del Código Civil**. De su lectura podemos concluir que la condena a la restitución de los frutos y accesiones dependerá de si nos encontramos ante un poseedor de buena fe o no. Así, la condena de restitución de los frutos de la cosa no tendrá cabida en supuestos de poseedor de buena fe al disponer el artículo que, en estos casos, «hace suyos los frutos percibidos mientras no sea interrumpida legalmente la posesión».

---

## || Supuestos de irreivindicabilidad

Tanto en el Código Civil como en el Código de Comercio se contemplan una serie de supuestos donde **no podremos hablar de obligación de restitución de la cosa, sino** únicamente **de indemnización pecuniaria,** como sucede en los siguientes.

El Código Civil en su **artículo 464** reconoce que:

> «(...) el que hubiese perdido una cosa mueble o hubiese sido privado de ella ilegalmente, podrá reivindicarla de quien la posea.
>
> **Si el poseedor de la cosa mueble perdida o sustraída la hubiese adquirido de buena fe en venta pública**, no podrá el propietario obtener la restitución sin reembolsar el precio dado por ella.
>
> Tampoco podrá el dueño de cosas empeñadas en los Montes de Piedad establecidos con autorización del Gobierno obtener la restitución, cualquiera que sea la persona que la hubiese empeñado, sin reintegrar antes al Establecimiento la cantidad del empeño y los intereses vencidos.
>
> En cuanto a las adquiridas en Bolsa, feria o mercado, o de un comerciante legalmente establecido y dedicado habitualmente al tráfico de objetos análogos, se estará a lo que dispone el Código de Comercio»

Por su parte el artículo 1955 del CC señala:

> «El dominio de los bienes muebles se prescribe por la posesión no interrumpida de tres años con buena fe.
>
> También se prescribe el dominio de las cosas muebles por la posesión no interrumpida de seis años, sin necesidad de ninguna otra condición.
>
> En cuanto al derecho del dueño para reivindicar la cosa mueble perdida o de que hubiese sido privado ilegalmente, así como respecto a las adquiridas en venta pública, en Bolsa, feria o mercado, o de comerciante legalmente establecido y dedicado habitualmente al tráfico de objetos análogos, se estará a lo dispuesto en el artículo 464 de este Código».

Asimismo, el Código de Comercio hace unas aclaraciones sobre este punto, y en su artículo 85 establece: «La compra de mercaderías en almacenes o tiendas abiertas al público causará prescripción de derecho a favor del comprador, respecto de las mercaderías adquiridas, quedando a salvo, en su caso, los derechos del propietario de los objetos vendidos para ejercitar las acciones civiles o criminales que puedan corresponderle contra el que los vendiere indebidamente. (...)», añadiendo el artículo 86 que «La moneda en que se verifique el pago de las mercaderías compradas al contado en las tiendas de establecimientos públicos no será reivindicable».

Prosigue el artículo 324 del Código de Comercio estableciendo que: «Los valores pignorados conforme a lo que se establece en los artículos anteriores no estarán sujetos a reivindicación mientras no sea reembolsado el prestador, sin perjuicio de los derechos y acciones del titular desposeído contra las personas responsables según las Leyes, por los actos en virtud de los cuales haya sido privado de los valores dados en garantía».

Añadiendo, en su artículo 545 que «(...) No estará sujeto a reivindicación el título cuya posesión se adquiera por tercero de buena fe y sin culpa grave. Quedarán a salvo los derechos y acciones del legítimo propietario contra los responsables de los actos que le hayan privado del dominio».

Por último, el artículo 560 dispone: «La negociación de los valores robados, hurtados o extraviados, hecha después de los anuncios a que se refiere el artículo anterior, será nula, y el adquirente no gozará del derecho de la no reivindicación; pero sí quedará a salvo el del tercer poseedor contra el vendedor y contra el agente que intervino en la operación».

Se debe hacer mención también a la Ley Hipotecaria, que en su artículo 34, respecto a los bienes inmuebles, estipula que se mantiene en su adquisición al tercero de buena fe que adquiera a título oneroso algún derecho de persona que aparezca en el Registro de la Propiedad con facultades para transmitirlo, una vez haya inscrito su derecho, salvándose los posibles contratos susceptibles de ser declarados nulos por las leyes. Véase en este sentido la **STS n.º 592/2003, de 12 de junio, ECLI:ES:TS:2003:4062** en la que se desestima la acción reivindicatoria al ser los demandados terceros hipotecarios, protegidos por la fe pública registral.

**RESOLUCIÓN RELEVANTE**

**Sentencia de la Audiencia Provincial de Madrid n.º 663/2023, de 22 de noviembre, ECLI:ES:APM:2023:17548**

**Asunto: requisitos del tercero hipotecario**

*«El Tribunal Supremo se ha pronunciado sobre cuestiones relativas a dichos preceptos de forma reiterada, así, en sentencia de 10 de noviembre de 2010 considera que "La buena fe -subjetiva-, que es un estado de conocimiento —desconocimiento de la inexactitud del registro o creencia en la exactitud del mismo— se presume, aunque puede ser destruida la presunción mediante las correspondientes probanzas (SS., entre otras, 21 de julio de 2.006; 21 de enero, 18 de marzo, 5 y 14 de mayo, 22 de septiembre, y 8 de octubre de 2.008, 6 de marzo de 2.009). La apreciación de la mala fe constituye fundamentalmente una cuestión fáctica (SS. 25 de mayo y 7 de noviembre de 2.006, 13 de noviembre de 2.007, 8 de octubre de 2.008, entre otras), habien-*

*do declarado esta Sala en Sentencia de 13 de noviembre de 2.007, núm. 1.231, que para desvirtuar la presunción legal de buena fe se necesitan probanzas auténticas y fehacientes (SS. 29 de enero de 1.989, 14 de febrero de 2.000, 25 de junio de 2.002), una prueba plena, cumplida y manifiesta que no deje lugar a dudas (SS. 31 de enero de 1.975, 14 de febrero de 2.000). Y por lo que respecta al control en casación de la apreciación por el juzgador de instancia hay que distinguir el aspecto fáctico, que es ajeno a la misma por tratarse de cuestión de orden procesal, y la deducción que proceda —significación jurídica de los hechos previamente fijados en la instancia— que cabe ponderar en dicho recurso (SS. 13 de noviembre de 2.007 y 21 de enero de 2.008)". Incluso, el Alto Tribunal considera que el artículo 34 incluye los supuestos de las adquisiciones "a non domino", recogiendo en sentencia de 21 de junio de 2011 que "El artículo 34 LH contempla los supuestos de adquisiciones a non domino [de quien no es dueño] a favor de los terceros adquirentes de buena fe que cumplan los requisitos exigidos en el mismo (adquisición onerosa de persona que aparezca como titular registral con facultades para transmitir y que, a su vez, inscriba su derecho). La norma establece la protección del tercero hipotecario justificada (STS de 8 de octubre de 2008) por la necesidad de reforzar la confianza en el Registro y en la realidad de la que este se hace, garantizando a todos los que adquieren derechos inscritos llevados por esa confianza que van a ser mantenidos en la titularidad de los mismos, una vez consten inscritos a su favor, al margen de las vicisitudes que pudieran afectar al título del transmitente que no tengan reflejo registral, sin que, por tanto, su titularidad inscrita pueda verse atacada por acciones fundadas en una determinada realidad extra registral ajena al contenido del Registro inmediatamente anterior a su adquisición. Acerca de quién debe merecer la consideración de tercero hipotecario, la STS del Pleno de 5 de marzo de 2007, RC n.º 5299/1999, precisa que es tercero en el campo del derecho hipotecario el adquirente al que, por haber inscrito su derecho en el Registro de la Propiedad, no puede afectarle lo que no resulte de un determinado contenido registral, anterior a su adquisición, aunque en un orden civil puro el título por el que dicho contenido registral tuvo acceso al Registro de la Propiedad adoleciera de vicios que lo invalidaran. Lo relevante de la doctrina establecida por cita sentencia del Pleno es que se sienta como regla que el artículo 34 LH ampara las adquisiciones a non domino [de quien no es dueño] porque salva el defecto de titularidad o poder de disposición del transmitente que, según el Registro, aparece con facultades para transmitir la finca. En el mismo sentido las SSTS de 16 marzo 2007, 20 marzo 2007, 7 y 10 octubre 2007, 5 mayo 2008 y 8 octubre 2008, 20 noviembre 2008, 6 marzo 2009 y 23 abril 2010" . En la misma línea, hemos de citar la sentencia de 4 de noviembre de 2011, según la cual "siendo aplicable a la recurrente la protección que dispensa al tercero el artículo 34 de la Ley Hipotecaria que, en relación con el artículo 38, determina que dicho tercero sea mantenido en su adquisición aunque resulte luego que el titular registral que gozaba de la presunción "iuris tantum" del artículo 38 y aparecía con facultades para transmitir, no era dueño de todo o de parte de la superficie transmitida", incluso en sentencia de 18 de octubre de 2012, se reconoce "a los demandados la protección que el citado artículo 34 de la Ley Hipotecaria dispensa a los adquirentes de buena fe y a título oneroso de bienes que constan inscritos en el Registro de la Propiedad, siempre que a su vez ellos inscriban su derecho, aunque se anule o resuelva el de su otorgante por causas que no consten en el mismo Registro"».*

## ¿Qué es la acción declarativa de dominio?

La acción declarativa de dominio no viene definida como tal en nuestro Código Civil, sin embargo, la podemos definir como una acción que persigue la declaración de dominio del actor frente a aquel que la niegue. Se diferencia de la acción reivindicatoria, en que el objetivo no es la recuperación de la posesión del objeto del litigio, sino constatar la titularidad del mismo. En este sentido, la **sentencia del Tribunal Supremo n.º 729/2012, de 22 de noviembre, ECLI:ES:TS:2012:7655**, señala:

> «La acción declarativa de dominio, derivada del artículo 348 del Código Civil aunque no la mencione precisa como presupuestos la acreditación del título de propiedad por parte del demandante y la identificación, como cosa señalada y reconocida, e identidad, como la misma que es objeto de la demanda [...]; el citado artículo 348 del Código Civil da un concepto de derecho de propiedad y de su protección. De él se desprende la acción declarativa de dominio. Y sobre ella, la sentencia de instancia ha declarado acreditado el título de dominio (contrato de donación y prescripción adquisitiva) y la perfecta identificación e identidad de la finca (cercada por una pared)».

Asimismo, por la jurisprudencia ha sido definida como aquella acción por la que, quien afirma ser titular de un derecho real pretende, contra quien se lo niega o lo discute, que así se declare, para poner fin al debate. En este sentido, **la acción declarativa de dominio va dirigida a obtener la mera declaración de existencia de titularidad dominical, sin necesidad de pedir la condena a la restitución de la cosa.**

En palabras de la **Audiencia Provincial de Oviedo, en su sentencia n.º 151/2024, de 18 de marzo, ECLI:ES:APO:2024:1002**: «(...) la acción declarativa de dominio tiene como finalidad la **declaración de que el demandante es el propietario de la cosa frente a quien le discute este derecho o se lo atribuye** (SSTS 14 marzo 1989, 10 julio 1992, 19 febrero 1998 y 2 julio 2009), y se exigen para ella los mismos requisitos que para la acción reivindicatoria, es decir, la presentación de un título que acredite la adquisición de la propiedad de la cosa y la perfecta identificación de la misma, aunque no es necesario que el demandado esté poseyéndola (asimismo, SSTS de 23 marzo 2001)».

Su objeto, por tanto, se concreta en la **verificación de la realidad del título**, lo que la hace especialmente indicada en los supuestos de perturbación sin despojo de la posesión, o de inquietación de la misma, así como en aquellos casos en los que se persigue integrar títulos incompletos o defectuosos de dominio, sobre todo en orden a su acceso al Registro de la Propiedad, a este respecto se pronuncia la **sentencia del Tribunal Supremo n.º 467/2012, de 19 de julio, ECLI:ES:TS:2012:6699**.

Es importante tener en cuenta que estamos ante una **acción declarativa y no constitutiva**, y en este sentido la **sentencia de la Audiencia Provincial de Madrid n.º 184/2023, de 8 de marzo, ECLI:ES:APM:2024:3900**, establece que: «(...) La sentencia recaída en una acción declarativa de dominio no es constitutiva, sino que también es declarativa. Por tanto, **no conforma ni crea ningún título de propiedad, sino que, en su caso, reconoce la existencia de un título dominical precedente. Ese reconocimiento, por otro lado, no es "erga omnes"**, sino que su alcance está limitado a las partes del procedimiento».

---

**A TENER EN CUENTA.** La acción declarativa de dominio se ejercita en ocasiones acompañando a una acción negatoria, o incluso una acción confesoria.

---

## ¿Qué requisitos deben concurrir para que la acción declarativa de dominio tenga éxito?

Para que la acción declarativa de dominio tenga éxito es preciso que concurran los siguientes requisitos (**sentencia de la Audiencia Provincial de Madrid n.º 223/2014, de 23 de junio, ECLI:ES:APM:2014:8827**):

1. Que el actor tenga la **condición de propietario poseedor** y pruebe, como condición *sine qua non*, el título de dominio sobre el objeto litigioso.

2. Que **el demandado esté interesado o pueda ser afectado por la declaración de dominio**.

3. Que **el objeto o cosa esté totalmente identificado**, de un modo concreto y determinado.

4. Que **los efectos de la acción se concreten en una pretensión de declaración del derecho**.

5. Que **no haya transcurrido el plazo de prescripción de la acción**.

6. Que **el concurso de los anteriores requisitos se produzca de modo conjunto y concurrente** y resulte de la prueba suministrada por la parte demandante.

Por lo tanto, **de la acción declarativa de dominio solo puede valerse quien tenga necesidades especiales para ello**, debe existir la duda o controversia y una necesidad actual de tutela, de manera que, el interés del demandante desaparece si no hay inseguridad jurídica y la parte contraria no se opone al derecho (**sentencia del Tribunal Supremo n.º 601/2003, de 19 de junio, ECLI:ES:TS:2003:4260**).

Asimismo, para que la acción declarativa de dominio prospere es necesario que la finca objeto del procedimiento este identificada pues, si no consta la identificación de la finca que se pretende declarar o revindicar, no podrá estimarse la acción declarativa, ya que la finca que se reclama no ha sido acreditada en su extensión y linderos. Pero **¿cuándo se considera que no hay identificación?** Un ejemplo de falta de identificación de la finca lo encontramos en la **sentencia del Tribunal Supremo n.º 494/2009, de 23 de junio, ECLI:ES:TS:2009:3879**, que apunta que para ejercitar la acción declarativa de dominio es preciso cumplir sus dos elementos, la identificación de las fincas y el título de propiedad, en cuanto al primero, en este caso, no habría identificación porque no media el deslinde, y por tanto se desconoce cuál será la parte de la finca cuyo dominio ha de ser declarado. Y en cuanto al segundo, en ese caso, el título de propiedad ha sido negado en la instancia y se mantiene en el recurso.

**CUESTIONES**

**1. ¿Se podrá adoptar junto con la acción declarativa de dominio alguna medida de ejecución?**

Sí, ya que no es contradictoria la naturaleza y finalidad de la acción declarativa del dominio con la adopción de alguna medida de ejecución, pero siempre que no se trate de medidas que impliquen la reintegración de una posesión detentada, pero sí se podrán adoptar medidas tales como la cancelación del asiento registral, pues la adopción de este tipo de medidas no supone una extralimitación del órgano judicial en relación con lo pedido por las partes. Sobre este particular se pronuncia la **sentencia del Tribunal Supremo n.º 300/1994, de 5 de abril, ECLI:ES:TS:1994:2210.**

**2. ¿El testamento puede considerarse un título de propiedad para poder ejercitar la acción declarativa de dominio?**

No, el testamento por sí solo no es suficiente para justificar la adquisición de bienes determinados de la herencia. Para ello, es necesario hacer la liquidación de la misma. Es decir, hasta que se efectúa la partición por cualquiera de los modos admitidos en derecho no adquieren los herederos la propiedad exclusiva. Por lo tanto, únicamente con el testamento no se tiene un título de propiedad con el que se pueda pretender la declaración de dominio: «(...) una atribución en el testamento no basta para que el heredero se declare propietario», en este sentido se pronuncia la **sentencia del Tribunal Supremo n.º 112/1999, de 15 de febrero, ECLI:ES:TS:1999:971.**

**JURISPRUDENCIA**

**Sentencia del Tribunal Supremo n.º 1134/2023, de 11 de julio, ECLI:ES:TS:2023:3269**

**Asunto: requisitos de las acciones declarativas**

*«(...) debemos calificar la acción ejercitada como mero declarativa, como acertadamente se calificó por los órganos de instancia. Su admisibilidad, por tanto, está sujeta a los requisitos exigidos por la jurisprudencia respecto de tales acciones. Requisitos que la sentencia de esta sala 760/2011, de 4 de noviembre, concretó en los siguientes: (i) incertidumbre sobre la existencia, el alcance o la modalidad de una relación jurídica o, alternativamente, el temor fundado de futuro perjuicio; (ii) que la falta de certeza pueda ocasionar un perjuicio o lesión; y (iii) que no exista otra herramienta o vía útil para ponerle inmediatamente fin al estado de incertidumbre invocado. En este sentido, como recuerda la sentencia 131/2019, de 5 de marzo, y hemos reiterado en la núm. 906/2023, de 7 de junio, "toda acción declarativa ha de responder a la exigencia de un interés legítimo en quien la ejercita (sentencias 64/1999, de 5 de febrero, y 661/2005, de 19 de julio, entre otras)"».*

## ¿Qué diferencia a la acción declarativa de dominio de la acción reivindicatoria?

A diferencia de la acción reivindicatoria, **para ejercitar la acción declarativa de dominio no es necesario que el demandado posea la cosa**, ni que ostente título para poseerla; como ya hemos señalado, se ejercitará la acción contra aquel que formalmente cuestione el derecho del propietario, posea la cosa o no, pues no se trata de recuperarla. Por lo demás, tiene los mismos requisitos que la acción reivindicatoria.

A modo de ejemplo, mencionamos la **sentencia del Tribunal Supremo n.º 25/2001, de 17 de enero, ECLI:ES:TS:2001:183**, en la que se ejercita la acción declarativa de dominio cuando en realidad lo que se pretende es el reintegro de la posesión de una serie de fincas, ya que en el suplico de la demanda se pretende que «(...) los demandados sean condenados a reintegrar a la actora y ponerla en posesión inmediata de los bienes (...)», en conclusión, la acción correcta que habría que ejercitar sería la acción reivindicatoria y no la declarativa de dominio, como han hecho en este caso.

**RESOLUCIÓN RELEVANTE**

**Sentencia de la Audiencia Provincial de Almería n.º 1161/2023, de 21 de noviembre, ECLI:ES:APAL:2023:1679**

Asunto: diferencias entre la acción reivindicatoria y la acción declarativa de dominio

« (…)el éxito de la acción reivindicatoria exige El artículo 348 del Código Civil, en relación actualmente con el artículo 5.1 de la Ley 1/2000, de 7 de enero de Enjuiciamiento Civil, ampara o tutela el derecho de propiedad que se puede lograr especialmente a través de dos acciones distintas, aunque entrelazadas y frecuentemente confundidas, la propiamente reivindicatoria, que se da como protección del dominio frente a una privación o detentación posesoria de la cosa por otra persona distinta a su titular, encaminada fundamentalmente a recuperar la posesión en favor de aquél, y la acción meramente declarativa, la que no requiere para su ejercicio, que el demandado sea poseedor, teniendo únicamente por finalidad obtener la declaración de que el demandante es el propietario de la cosa, acallando a la parte contraria que se lo discute o pretende atribuírsele, sin aspiraciones de ejecución dentro del mismo proceso en aras a una reintegración de una posesión detentada. Es decir, la acción declarativa de dominio, según muy reiterada jurisprudencia, no requiere que el demandado sea poseedor, siendo suficiente que contravenga en forma efectiva el derecho de propiedad, pues dicha acción tiene como finalidad obtener la declaración de que el demandante es propietario de la cosa, acallando a la parte contraria que discute ese derecho o se lo atribuye (SS.TS de 2 abril 1979, 14 marzo 1989, 14 octubre 1991 y 10 julio 2003). Consecuencia de esta naturaleza, y como bien es sabido, pues una constante jurisprudencia lo pone de manifiesto (ss. TS 4 abril y 9 mayo 1997, 19 febrero 1998, 5 y 26 febrero 1999 o 5 junio 2000) la acción declarativa de propiedad, a diferencia de la reivindicatoria, requiere de la concurrencia de los siguientes requisitos:

1º) Que el accionante justifique su derecho de propiedad respecto de los bienes a que la acción se refiere, esto es, la existencia de un título que acredite la propiedad de la cosa, debiendo significarse que el "título" debemos conceptuarlo en el sentido natural de causa adquisitiva del derecho, independientemente del eventual instrumento en que se materialice (título formal), por ello no es imprescindible que consista en un instrumento público o en un documento privado, pudiendo acreditarse la propiedad por cualquier medio de prueba,

2º) Que se identifique plenamente la cosa que es sustrato y objeto de dicho derecho real (…).

3º) Que tal derecho, cuya declaración se solicita, sea contradicho, discutido o detentado por la persona del demandado, que de alguna forma contravenga de manera efectiva el derecho de propiedad, lo vulnere con actos de indiscutible realidad o adopte una posición frente al dominio que lo hagan dudoso o lo desconozca, arrogándoselo o discutiéndoselo en términos tales que resulte precisa su declaración judicial».

## ‖ ¿Qué finalidad se persigue con la acción declarativa de dominio?

La **finalidad** de la acción declarativa de dominio, conforme reiterada jurisprudencia, es la de obtener la declaración de que el demandante es propietario de la cosa, acallando a la parte contraria que discute ese derecho o se lo atribuye (**sentencia del Tribunal Supremo n.º 716/2003, de 10 de julio, ECLI:ES:TS:2003:4883**), siendo así una **acción de defensa y protección** cuyo ejercicio queda amparado en el contenido y reconocimiento del derecho de la propiedad que se dispone en el **artículo 348 del Código Civil** (**sentencia de la Audiencia Provincial de Lugo n.º 496/2020, de 23 de octubre, ECLI:ES:APLU:2020:692**).

De forma que, la acción declarativa de dominio **no pretende la condena del contrario**, sino que se declare por medio de sentencia la existencia de una determinada relación de derecho puesta en duda o discutida. No busca, por ello, la obtención del cumplimiento coercitivo del derecho, sino la puesta en claro del mismo, en tal sentido se pronuncia la **sentencia del Tribunal Supremo n.º 985/1994, de 8 de noviembre, ECLI:ES:TS:1994:19335**, o la **sentencia de la Audiencia Provincial de Barcelona n.º 66/2024, de 8 de febrero, ECLI:ES:APB:2024:1400**.

## ¿Quién está legitimado para ejercitar la acción declarativa de dominio?

Ostentará la legitimación activa el titular dominical actual, no pudiendo tenerla un titular que, aunque lo haya sido en un tiempo pasado, ha dejado de serlo en el momento en el que se plantea la demanda. En este sentido se pronuncian, entre otras, la **sentencia del Tribunal Supremo n.º 382/1995, de 24 de abril, ECLI:ES:TS:1995:2318** o la **sentencia de la Audiencia Provincial de A Coruña n.º 309/2023, de 31 de julio, ECLI:ES:APC:2023:2143**.

La **legitimación pasiva** únicamente la ostenta quien niegue el dominio del sujeto que ejercita la acción declarativa de dominio.

## ¿Cuál es el plazo de prescripción de la acción declarativa de dominio?

En palabras del **Tribunal Supremo en su sentencia n.º 540/2012, de 19 de noviembre, ECLI:ES:TS:2012:8856**, «(...) la **acción reivindicatoria como la declarativa de propiedad, en cuanto acciones de carácter real, prescriben sin más, si es sobre muebles, por el paso de seis años, y si es sobre inmuebles, por el de treinta**; de forma que, aunque nadie haya llegado a usucapir la cosa, tales acciones se extinguen de todos modos por respeto a un principio elemental de seguridad jurídica. Es cierto que, si alguien adquirió la cosa por usucapión antes de los seis o de los treinta años, tales acciones se habrán extinguido para el antiguo dueño desde que, por la usucapión del nuevo, perdió su propiedad, pero esto no constituye una prescripción extintiva —que sea la otra cara de la usucapión— sino simplemente una carencia de acción porque ya no se es dueño y en consecuencia se ha perdido el derecho.

Por tanto, aun a falta de usucapión ajena, por no haber completado el tiempo ningún poseedor y faltar la accesio possessionis, el usucapiente puede oponer frente a la reivindicatoria o frente a la acción declarativa de dominio la excepción de prescripción, porque como se ha señalado doctrinalmente "la prescripción extintiva es una pérdida [de la acción] sin adquisición, mientras que la usucapión es una adquisición que acarrea una pérdida"».

## ¿Quién es competente territorialmente para conocer de la acción declarativa de dominio?

De acuerdo con el artículo 52.1.1.º de la LEC:

«En los juicios que se ejerciten acciones reales sobre bienes inmuebles **será tribunal competente el del lugar en que esté sita la cosa litigiosa**.

Cuando la acción real se ejercite sobre varias cosas inmuebles o sobre una sola que esté situada en diferentes circunscripciones, será tribunal competente el de cualquiera de éstas, a elección del demandante».

**CUESTIÓN**

**Si la acción declarativa de dominio se plantea sobre una vivienda de protección oficial, ¿será competente el orden civil o el administrativo?**

El Tribunal Supremo da respuesta a esta cuestión en su **auto n.° 3/2024, de 29 de abril, ECLI:ES:TS:2024:5546A**, en el que concluye lo siguiente:

*«El objeto de la controversia planteada tanto en el proceso civil como en el proceso contencioso administrativo versa sobre la adquisición de la propiedad o dominio de una vivienda de protección oficial ya sea a través de la elevación a documento público de una compraventa o mediante la adquisición del inmueble por usucapión o prescripción adquisitiva, supuestos, ambos, contemplados en el art. 609 CC como formas de adquirir la propiedad sobre bienes inmuebles.*

*2. Por tanto, la competencia para conocer del asunto ha de corresponder, tal y como señala el fiscal en su informe, al orden jurisdiccional civil. Procede observar en este sentido lo siguiente:*

*2.1 La acción ejercitada ante el orden civil pretende que se declare el dominio de la actora sobre la vivienda por prescripción adquisitiva. Y la competencia para conocer de esta acción corresponde a los órganos del orden civil, por las siguientes consideraciones:*

*2.1.1 Conforme se desprende de lo dispuesto en el art. 43.2 Ley 33/2003, de 3 de noviembre, del Patrimonio de las Administraciones Públicas, quienes se encuentren perjudicados en cuanto a su derecho de propiedad y otros de naturaleza civil por actos administrativos dictados en procedimientos seguidos para el ejercicio de facultades y potestades administrativas que afecten a titularidades y derechos de carácter civil podrán ejercer las acciones pertinentes ante los órganos del orden jurisdiccional civil, previa reclamación en vía administrativa, ya que ante la jurisdicción contencioso-administrativa solo podrán ser recurridos aquellos actos por infracción de las normas sobre competencia y procedimiento, previo agotamiento de la vía administrativa.*

*(...)*

*3. En consecuencia, el conocimiento de la cuestión controvertida **no le corresponde al orden jurisdiccional contencioso-administrativo, sino al civil, aunque aquella esté relacionada con la actividad de la Administración pública**, como se desprende del art. 3.a) LRJCA; sin que proceda hacer pronunciamiento alguno sobre costas».*

## La acción negatoria

La acción negatoria puede definirse como aquella «Acción que puede ejercitar el propietario para obtener una declaración judicial de que un bien de que es titular no está sujeto a derechos o facultades que se atribuye un tercero. Normalmente se refiere a supuestos de derecho de servidumbre, pero puede utilizarse con carácter más general» (*DEJ RAE*).

La acción negatoria, al igual que las demás acciones de protección del dominio, a excepción de la acción reivindicatoria, no se menciona expresamente en el Código Civil, sino que debe inferirse del art. 348 del CC. Esta acción tiene como objetivo lograr la declaración de que la propiedad que ostenta el actor está libre de cargas, con el fin de conseguir que su derecho no se vea perturbado por injerencias sin justificar en su propiedad y que limitan su derecho. A este respecto la **SAP de Cuenca n. ° 342/2018, de 28 de diciembre, ECLI:ES:APCU:2018:525**, recoge que: «El derecho de uso y propiedad de todo inmueble, sea rústico o urbano, no puede ser objeto de limitación de forma unilateral y caprichosa, art. 348 del CC, y quien así actúa puede ver atacada su acción mediante el ejercicio de las acciones negatorias que impidan el mantenimiento de tal situación por quien se crea perjudicado o impedido en el libre ejercicio de su dominio, salvo las excepciones consignadas en los artículos 549 y siguientes del CC o porque voluntariamente así se haya convenido; por eso, salvo las servidumbres impuestas por la ley y cuyo objeto es la utilidad pública o el interés de los particulares, la constitución de un gravamen supone que quien lo padece haya consentido su establecimiento y quien de él se beneficia esté legitimado por dicho consentimiento para imponerlo».

El Tribunal Supremo ha analizado está acción en diferentes sentencias, pudiendo citar, a modo de ejemplo, la **STS n.° 347/2016, de 24 de mayo, ECLI:ES:TS:2016:2299**, que se pronuncia en los siguientes términos:

> «Esta acción **tiene por objeto que se declare que la cosa no está sometida a un derecho real de servidumbre del demandado y que se haga cesar el mismo**; presumiéndose que la propiedad es libre, será el demandado el que deberá probar la existencia de la servidumbre: todo ello lo recuerda la sentencia de 24 de marzo de 2.003 y no plantea la menor duda. A ello hay que añadir que el demandante, propietario, deberá acreditar la concreta perturbación que hace el demandado, como ejercicio de un derecho real: éste es el presupuesto de esta acción. Simplemente, pueden recordarse dos matices: que no es objeto de esta acción la simple perturbación material o de hecho, sin aparecer ejercicio alguno del derecho de servidumbre y que sí puede ser objeto de esta acción, ejercitándose como meramente declarativa, la declaración de que no hay servidumbre, aunque no se padezca perturbación alguna».

También podemos destacar la **sentencia de la Audiencia Provincial de León n.° 71/2017, de 10 de marzo, ECLI:ES:APLE:2017:268**, que, con relación al objeto de esta acción, nos dice que: «La acción negatoria de servidumbre responde al fin jurídico de consolidar y hacer efectivo el principio de integridad y de libertad de dominio, teniendo por exclusivo objeto proporcionar al dueño un medio legal para que se declare que su propiedad está libre de todo gravamen, frente a la inquietud o intromisión ajena normalmente cometida a base de atribuirse un derecho real sobre la cosa el perturbador pretendiendo que éste se abstenga de ulteriores actos derivados de tal atribución, por ello, al consistir la servidumbre en un gravamen restrictivo de los derechos de propiedad sobre derechos reales en beneficio de otro perteneciente a distinto dueño, corresponde la acción negatoria de servidumbre al dueño que por título legal pertenezca la finca sobre la que se pretende imponer el gravamen».

## ‖ Los requisitos de la acción negatoria de servidumbre

La jurisprudencia ha analizado en numerosas ocasiones los requisitos de la acción negatoria de servidumbre, partiendo de la **sentencia del Tribunal Supremo n.º 263/1995, de 27 de marzo, ECLI:ES:TS:1995:1829**, que en su fundamento de derecho cuarto recoge que: «(...) ha de partirse de la premisa previa de que para el éxito de toda servidumbre negatoria de servidumbre en general, y de paso en particular, que es la única que se ejercita en el proceso al que este recurso se refiere, es requisito ineludible que el actor pruebe que es propietario del camino por el que se halle establecido el paso, cuya presunta servidumbre pretende negar (...)».

En esta línea podemos citar como ejemplo la **SAP de Cantabria n.º 192/2022, de 4 de abril, ECLI:ES:APS:2022:459**, que establece dos requisitos para que prospere la acción negatoria:

- Que quien la ponga en práctica pruebe con título legal que le pertenece la propiedad del inmueble o predio que se pretende sirviente.

- Que dicho inmueble haya sido objeto de perturbación por el demandado en el goce de la propiedad, sin olvidar que, porque la propiedad se presume libre, debe ser quien sostenga la existencia de limitaciones quien debe asumir las consecuencias adversas de su falta de prueba (art. 217 de la LEC).

Con relación a la perturbación, la misma ha de ser realizada con la intención de ostentar un derecho real sobre el fundo (**SAP de Granada n.º 537/2023, de 22 de diciembre, ECLI:ES:APGR:2023:1652**).

---

**CUESTIÓN**

**¿Cuáles son las características de la acción negatoria?**

Citando la sentencia de la Audiencia Provincial de Salamanca n.º 83/2023, de 17 de febrero, ECLI:ES:APSA:2023:106, podemos decir que:

«*Las características de esta acción son, por tanto:*

*-La pretensión de cesación y/o abstención de perturbar el pacífico estado posesorio de un dominio, y*

*-Que dicha perturbación no sea inocua o por cualquier razón jurídica deba ser soportada. Todo ello como consecuencia de los principios de normal uso y normal tolerancia que deben entenderse implícitos en el art. 7.2 CC*».

---

## ‖ Legitimación activa y pasiva en la acción negatoria

La **legitimación activa**, como ya hemos adelantado, corresponde al propietario o titular del derecho real que se pretende proteger, y que como tal debe de probar con la demanda la mentada propiedad.

Cuando estemos en un supuesto de copropiedad, cualquiera de los propietarios tendría legitimación para actuar en beneficio de la comunidad, sin que sea exigible la demostración del consentimiento de todos los demás copropietarios. Así lo reconoce expresamente nuestro **Tribunal Supremo en su sentencia n.º 821/1995, de 28 de julio, ECLI:ES:TS:1995:4485**.

**CUESTIÓN**

**¿Puede ejercitar la acción negatoria el usufructuario?**

Sí, la *sentencia de la Audiencia Provincial de Granada n.° 544/2005, de 18 de julio, ECLI:ES:APGR:2005:1597*, reconoce expresamente esta posibilidad en los siguientes términos: «(...) en la acción negatoria, la legitimación activa ("ad causam"), corresponde al propietario, al condueño, al usufructuario del fundo y, "in genere", a quien posea la finca como suya (Sentencias del T.S. de 27 de Octubre de 1900 y de 4 de Mayo de 1963, entre otras) (...)».

Por su parte, la **legitimación pasiva** corresponde a «(...) cualquiera que se atribuya el ejercicio de un derecho real de servidumbre sobre un predio ajeno, o contra cualquier poseedor del fundo sirviente que niegue dicho derecho o ponga obstáculos a su ejercicio(...)» (**SAP de Granada n.° 788/2022, de 2 de diciembre, ECLI:ES:APGR:2022:1671**).

## ‖ Carga de la prueba en la acción negatoria

En relación a la carga de la prueba en la acción negatoria, conviene diferenciar los hechos que deben de ser probados por cada una de las partes.

El demandante debe acreditar que es el propietario o titular del derecho real que pretende defender, mientras que el demandado debe acreditar la existencia de los posibles gravámenes a su favor.

Esta exigencia de prueba al demandado encuentra su base en la presunción de que la propiedad se encuentra libre de cargas en función del art. 348 del CC que dispone que:

> «La propiedad es el derecho de gozar y disponer de una cosa o de un animal, sin más limitaciones que las establecidas en las leyes.
> El propietario tiene acción contra el tenedor y el poseedor de la cosa o del animal para reivindicarlo».

En este sentido se ha pronunciado el Tribunal Supremo en numerosas ocasiones, pudiendo citar como ejemplo la **STS n.° 573/2018, de 16 de octubre, ECLI:ES:TS:2018:3551**, que citando la sentencia recurrida recoge que:

> «Pues bien, presumiéndose libre la propiedad, no corresponde al dueño de la finca la carga de acreditar la no sujeción de la misma a servicumbre alguna, sino que es el colindante —demandado— el que habrá de alegar la existencia de cualquier posible gravamen si lo hubiere (sentencias 1024/2006, de 13 octubre y 347/2016, de 24 de mayo, y demás citadas por la parte recurrente) o, en su caso, mostrar su conformidad con dicha pretensión de libertad de la finca de la parte demandante, lo que no consta que hiciera ni siquiera cuando en la audiencia previa se planteó la cuestión, por lo que resulta procedente la declaración de que el fundo de la parte demandante no está sujeto a servidumbre en la que aparezca como predio dominante el de los demandados».

Con relación a la prueba del demandado cabe citar la **sentencia de la Audiencia Provincial de Guadalajara n.° 110/2024, de 23 de febrero, ECLI:ES:APGU:2024:131**, en la que se dice que:

> «(...) La sentencia de 24 octubre 2006 (recurso 20/2000), destacó la **necesidad de la existencia de un título o hecho constitutivo de la servidum-**

bre (título o hecho constitutivo que, en la litis, no se ha acreditado): "Como declara la STS de 21 de octubre de 1987, consistiendo la servidumbre en la atribución de un derecho real en cosa ajena, esta situación de poder debe apoyarse en un evidente título o hecho constitutivo que legitime su ejercicio, correspondiendo al que pretende la limitación del dominio ajeno la carga de la prueba"».

## CUESTIÓN

**¿Podría considerarse la escritura que recoja que el bien se adquiere libre de cargas prueba de la inexistencia de la servidumbre?**

No, tal y como ha recogido la Audiencia Provincial de Burgos, en su **sentencia n.º 207/2013, de 19 de julio, ECLI:ES:APBU:2013:626**: «Debe recordarse también como hizo el TS en S. de 20-12 - 1997 con cita de otras muchas anteriores, entre ellas, las de 2-6 - 1972, 30-12-1975, 13-5-1986 y 31-1-1990 que "el mero hecho de que en la escritura se expresara escuetamente que el bien se encontraba libre de cargas no puede ser considerado como una manifestación o expresión contraria a la existencia de servidumbre, ya que, es reiterada doctrina que declara que dicha manifestación ha de ser clara y terminante, sin que sea suficiente, para adoptar una solución contraria, el que en el documento de enajenación de cualquiera de las fincas se haga constar que se adquirió libre de cargas"».

## JURISPRUDENCIA

**Sentencia del Tribunal Supremo n.º 347/2016, de 24 de mayo, ECLI:ES:TS:2016:2299**

*«"Esta acción tiene por objeto que se declare que la cosa no está sometida a un derecho real de servidumbre del demandado y que se haga cesar el mismo; presumiéndose que la propiedad es libre, será el demandado el que deberá probar la existencia de la servidumbre: todo ello lo recuerda la sentencia de 24 de marzo de 2.003 y no plantea la menor duda. A ello hay que añadir que el demandante, propietario, deberá acreditar la concreta perturbación que hace el demandado, como ejercicio de un derecho real: éste es el presupuesto de esta acción. Simplemente, pueden recordarse dos matices: que no es objeto de esta acción la simple perturbación material o de hecho, sin aparecer ejercicio alguno del derecho de servidumbre y que sí puede ser objeto de esta acción, ejercitándose como meramente declarativa, la declaración de que no hay servidumbre, aunque no se padezca perturbación alguna".*

*A su vez, la servidumbre de paso voluntaria (la legal no se plantea aquí) se constituye por negocio jurídico («voluntad de los propietarios», dice el artículo 536, «título» dice el artículo 537) o, en su caso, por usucapión (artículos 537 y 538).*

*La sentencia de 10 marzo 1992 (recurso 678/1990) destaca que en la acción negatoria "el actor ha de probar la propiedad y el demandado el derecho al gravamen que se atribuye".*

*La sentencia del 24 octubre 2006 (recurso 20/2000) destaca la necesidad del título o hecho constitutivo de la servidumbre:*

*"Como declara la STS de 21 de octubre de 1987, consistiendo la servidumbre en la atribución de un derecho real en cosa ajena, esta situación de poder debe apoyarse en un evidente título o hecho constitutivo que legitime su ejercicio, correspondiendo al que pretende la limitación del dominio ajeno la carga de la prueba. Resulta, pues, indudable que la calificación de los hechos en que se apoya el reconocimiento del título constitutivo de la servidumbre constituye una quaestio iuris".*

*(...)*

*(...) la doctrina jurisprudencial (que ha sido recogida en el fundamento anterior)* **exigen para el triunfo de la acción negatoria la prueba de la propiedad de la parte demandante** *(acreditada y aceptada por las partes)* **y la falta de prueba del derecho real por la demandada** *(no alegada siquiera). La sentencia recurrida no se ha basado en forma alguna que justifique el título adquisitivo de la servidumbre de paso por la parte demandada, con lo que infringe el principio de libertad de la cosa objeto del derecho de propiedad, si no se prueba lo contrario (artículo 348) y no se ha probado en modo alguno (realmente, tampoco ha sido alegado) el derecho a la limitación que implica un derecho real de servidumbre de paso».*

## || Plazo de prescripción de la acción negatoria

El plazo de prescripción de las acciones reales aparece regulado en el art. 1963 del Código Civil:

«Las acciones reales sobre bienes inmuebles prescriben a los treinta años.
Entiéndese esta disposición sin perjuicio de lo establecido para la adquisición del dominio o derechos reales por prescripción».

Añadiendo el art. 1969 del mentado código que:

«El tiempo para la prescripción de toda clase de acciones, cuando no haya disposición especial que otra cosa determine, se contará desde el día en que pudieron ejercitarse».

---

**A TENER EN CUENTA.** En función de la servidumbre de que se trate, puede darse el caso de que se haya adquirido la misma por prescripción a los 20 años, tal y como establece el **art. 537 del CC.**

---

**CUESTIÓN**

**¿La prescripción de la acción negatoria implica la existencia de la servidumbre?**

No, puede darse el caso de que la acción negatoria haya prescrito, pero no se haya adquirido la servidumbre por prescripción.

# Las acciones de deslinde y amojonamiento

Las acciones de deslinde y amojonamiento generalmente van unidas y consisten en establecer, por un lado, los límites de una finca y, por otro, de marcarlos físicamente para delimitar la zona de ejercicio de las facultades de dominio o del derecho que ostente el actor sobre la finca.

# Acción de deslinde

De acuerdo con el artículo 384 del Código Civil:

«Todo propietario tiene derecho a deslindar su propiedad, con citación de los dueños de los predios colindantes.
La misma facultad corresponderá a los que tengan derechos reales».

Por ello, la facultad de deslinde consiste en la operación de marcar los límites entre dos o varias fincas, es decir, esta acción requiere que haya confusión de límites de forma que no se tenga conocimiento exacto de los mismos, y **no es viable si las fincas están perfectamente identificadas y delimitadas (sentencia del Tribunal Supremo n.º 132/2015, de 9 de marzo, ECLI:ES:TS:2015:691)**.

La **finalidad** del deslinde es la de determinar los límites de la propiedad para que el propietario tenga constancia sobre cuál es el ámbito en el que puede ejercer sus facultades.

---

**CUESTIÓN**

**¿Se puede proceder a la determinación física de una finca que se encuentra enclavada en otra mayor?**

Sí, la sentencia del Tribunal Supremo n.º 46/2016, de 11 de febrero, ECLI:ES:TS:2016:430 declara como **doctrina jurisprudencial** que cabe la posibilidad de que, mediante la aplicación en lo que corresponda de las normas reguladoras del deslinde (arts. 384 y ss. del Código Civil), pueda determinarse la situación física de una finca que se encuentra enclavada en otra mayor. Reza la sentencia literalmente, «En tal caso, pese que se trate de enclavar la finca en el terreno, no puede negarse el derecho a procurar la delimitación a que se dirige el deslinde, pues tal posibilidad ha de entenderse incluida en la formulación del artículo 384 del Código Civil (...)».

---

Es importante tener en cuenta que la acción de deslinde exige como presupuesto la confusión real de linderos, o inexistencia de datos físicos delimitadores de las fincas que hace necesario deslindar (**sentencia de la Audiencia Provincial de las Islas Baleares n.º 203/2024, de 27 de marzo, ECLI:ES:APIB:2024:804**). En este sentido podemos destacar la **sentencia de la Audiencia Provincial de A Coruña n.º 154/2024, de 26 de marzo, ECLI:ES:APC:2024:886**, en la que se establece que:

> «(...) No puede obviarse que una cosa es la diferencia entre la confusión de linderos y la forma de su determinación (mediante los criterios señalados en los artículos 385 y siguientes del Código Civil) y, otra, bien distinta, que sobre la base de unos linderos previamente determinados, se pretenda la recuperación de un terreno supuestamente invadido e incluido dentro de esos linderos determinados, pues entonces no hay deslinde previo que realizar, centrándose el problema en la prueba de que tales son los límites de la finca. La confusión de linderos constituye presupuesto indispensable para la práctica del deslinde, de suerte que no se puede venir en conocimiento exacto de la línea perimetral de cada finca, y por ello la acción no será viable cuando los inmuebles estén perfectamente identificados y delimitados, con la eliminación consiguiente de la situación de incertidumbre respecto la práctica extensión superficial de la cosa objeto de la propiedad y a la manifestación de un estado posesorio, que no serán obstáculo, ciertamente, al ejercicio de la acción reivindicatoria con fines restitutorios característicos o a la declarativa, para cuyo éxito habrán de mediar la cumplida demostración de los requisitos que una doctrina legal constante señala».

**RESOLUCIÓN RELEVANTE**

Sentencia de la Audiencia Provincial de Cáceres n.º 554/2023, de 18 de diciembre, ECLI:ES:APCC:2023:892

### Asunto: la confusión de lindes como presupuesto imprescindible

*«El Código Civil contempla y reconoce la acción de deslinde cuando, en el primer párrafo de su artículo 384, declara que todo propietario tiene derecho a deslindar su propiedad, con citación de los dueños de los predios colindantes, habiendo declarado el Tribunal Supremo, en Sentencia de fecha 12 de Diciembre de 2.005, que la **viabilidad de la acción de deslinde depende de la existencia de un estado de confusión de linderos**, en los términos que ha venido precisando una copiosa Jurisprudencia, que ha sido recogida por la Sentencia de 26 de Junio de 2.003, que tiene precedentes, entre otras muchas, en las de 3 de Abril de 1.999, en la que se dice que el deslinde procede **cuando los límites de los terrenos están confundidos de forma tal que no se puede tener conocimiento exacto de la línea perimetral de cada propiedad ni de su extensión**, como también viene a decir la Sentencia de 14 de Octubre de 1.991, o que encuentra, con diversos matices, expresión en Sentencias como las de 20 de Enero de 1.983 y las que en ella se citan, desde la de 14 de Enero de 1.936. En consecuencia, no es viable cuando los inmuebles están perfectamente identificados y delimitados (Sentencias de 21 de Junio de 1.997, 20 de Junio de 1.986, 20 de Enero de 1.983, 25 de Marzo de 1.980 y 7 de Julio de 1.980) ni cuando afecta a fincas que no están en linde incierta y discutida, como han dicho, entre otras, las Sentencias de 3 de Noviembre de 1.989, 16 de Octubre de 1.990, o de 27 de Enero de 1.995. En Sentencia de fecha 3 de Mayo de 2.004, ha establecido el Alto Tribunal que, según reiterada Jurisprudencia de esa Sala (Sentencia de 26 de Junio de 2.003 y las en ella citadas), la confusión de linderos constituye **presupuesto indispensable** para la práctica del deslinde, y por ello, la acción no será viable cuando los inmuebles se encuentren perfectamente identificados y delimitados, con la consiguiente eliminación de la incertidumbre respecto a la aparente extensión superficial del fundo y a la manifestación del estado posesorio. Por fin, la Sentencia del Tribunal Supremo de fecha 26 de Junio de 2.003 —con cita de la Sentencia del mismo Tribunal de fecha 3 de Abril de 1.999— significa que la acción de deslinde procede cuando los límites de los terrenos están confundidos, de forma tal que no se puede tener conocimiento exacto de la línea perimetral de cada propiedad ni su extensión, y en idénticos términos se pronuncia la Sentencia de 14 de Octubre de 1.991 añadiendo que se tiende a poner claridad en una linde incierta (Sentencias de 30 de Junio de 1.973, 27 de Mayo de 1.974 y de 27 de Abril de 1.981). A la existencia de la confusión de linderos como presupuesto de la acción de deslinde se refieren numerosas Sentencias del Tribunal Supremo. La Sentencia de 18 de Abril de 1.984, afirma que según declaró ese Tribunal en Sentencia de 20 de Enero de 1.983, la facultad de excluir, con los derechos que la integran de deslinde y cerramiento (artículos 384 y 388 del Código Civil), a fin de lograr la individualización del predio mediante la gráfica fijación de la línea de su polígono, evitando intromisiones, ha sido precisada en su finalidad y alcance por una Jurisprudencia reiterada que va desde la Sentencia de 14 de Enero de 1.936 a la de 27 de Abril de 1.981, pasando por las de 8 de Julio de 1.953, 9 de Febrero de 1.962, 2 de Abril de 1.965 y 27 de Mayo de 1.974, en el sentido de que la confusión de linderos constituye presupuesto indispensable para la práctica del deslinde, y por ello, **la acción no será viable cuando los inmuebles se encuentren perfectamente identificados y delimitados**, con la consiguiente eliminación de la incertidumbre respecto a la aparente extensión superficial del fundo y a la manifestación del estado posesorio, circunstancias que **no serán obstáculo ciertamente al ejercicio de la acción reivindicatoria».*

Asimismo, de acuerdo con el artículo 385 del Código Civil, el deslinde se hará en conformidad con los títulos de cada propietario y, a falta de títulos suficientes, por lo que resultare de la posesión en que estuvieren los colindantes. Por lo tanto, la determinación en el título de la superficie de cada una de las fincas constituye criterio prevalente a la hora de efectuar el deslinde (**sentencia del Tribunal Supremo n.º 298/2010, de 14 de mayo, ECLI:ES:TS:2010:2289**).

---

**CUESTIONES**

**1. ¿Qué ocurre si los títulos no determinasen los límites y no pudiese resolverse por la posesión ni por otro medio de prueba?**

En estos casos el art. 386 del CC dispone que el deslinde se hará distribuyendo el terreno objeto de la contienda en partes iguales.

**2. ¿Y si los títulos de los colindantes indican un espacio mayor o menor del que comprende la totalidad del terreno?**

En este supuesto el aumento o la falta se distribuirá proporcionalmente (art. 387 del CC).

---

Tal y como se recoge en el art. 1965 del Código Civil, la acción de deslinde es imprescriptible.

## Acción de amojonamiento

Amojonar significa poner mojones o señales de lo ya deslindado para, eventualmente, cerrar la heredad (**sentencia de la Audiencia Provincial de Baleares n.º 156/2014, de 26 de mayo, ECLI:ES:APIBA:2014:1105**).

La acción de amojonamiento o la actuación de amojonar o poner hitos o mojones en las líneas divisorias entre las propiedades, **es un *facere* material posterior a la previa acción de deslinde** puesto que, como se dice, el deslinde tendente a delimitar las divisiones o las líneas divisorias entre los predios colindantes, está perfectamente recogido en el Código Civil como una operación intelectual previa, para que una vez determinados cuales son los límites de las respectivas propiedades en conflicto se refleje en el terreno (**sentencia del Tribunal Supremo n.º 351/1998, de 17 de abril, ECLI:ES:TS:1998:2462**).

La noción jurídica de amojonamiento responde a la idea de delimitación, señalamiento, abalizamiento o separación que es propia de la palabra, encontrándose vinculada al concepto de deslinde, esto es, a la facultad inherente a todo propietario o titular de derecho real para fijar los lindes o límites del objeto sobre el que recae su derecho o delimitar físicamente dicho objeto. En efecto, por su propia naturaleza, el amojonamiento sirve para plasmar físicamente los límites de la propiedad y su ejecución material es una operación posterior y por lo tanto, consecuencia del deslinde, debiendo realizarse de conformidad con la previa resolución que lo fije; con este tenor se pronuncia la ya mencionada **sentencia de la Audiencia Provincial de Baleares n.º 156/2014, de 26 de mayo, ECLI:ES:APIBA:2014:1105.**

La acción de deslinde y amojonamiento puede realizarse:

- **Por acuerdo entre las partes**: aunque la ley no lo prevea expresamente, nada impide que las partes puedan llegar a un acuerdo sobre los límites de las fincas.

- Mediante expediente de jurisdicción voluntaria.
- Por medio de un **procedimiento contencioso**.

En conclusión, la acción de amojonamiento tiene la misma estructura que la acción de deslinde y consiste en que una vez realizado el deslinde el titular de la finca procederá a explicitar de forma visible los límites ya ciertos de la finca, mediante hitos o mojones. Se demarcará físicamente la finca definitivamente sobre esos límites en los que no hay incertidumbre.

## La protección de la propiedad mediante la tercería de dominio

Con la tercería de dominio, regulada en los artículos 595 y ss. de la Ley de Enjuiciamiento Civil, se pretende evitar la pérdida de titularidad como consecuencia de embargo o ejecución decretada por el juez en un procedimiento contra otro sujeto, ya que el deudor no es el verdadero titular del bien que pretende embargarse. De este modo, lo que se pretende es la declaración de dominio y el levantamiento del embargo.

Así pues, podemos conceptualizar la tercería de dominio como aquella acción que, ante el embargo de un bien, el tercero que alega ser propietario interpone para que se declare que él es el titular verdadero del derecho de propiedad y se alce el embargo trabado sobre la misma.

**CUESTIÓN**

**¿La tercería de dominio produce efectos de cosa juzgada con relación a la titularidad del bien?**

No, y así se recoge en el art. 603 de la LEC. Su naturaleza es la de incidente de la ejecución encaminado a decidir si procede la desafección o el mantenimiento del embargo. En este sentido se ha pronunciado la **Audiencia Provincial de Badajoz en la sentencia n.° 241/2020, de 31 de marzo, ECLI:ES:APBA:2020:383**:

*«(...) En efecto, su objeto se limita a determinar la pertenencia del bien y la procedencia del embargo a los únicos efectos de la ejecución en curso, sin que produzca efectos de cosa juzgada en relación con la titularidad del bien (...)».*

## Características intrínsecas de la acción de tercería de dominio

El Tribunal Supremo (auto n.° rec. 1360/2003, de 30 de enero, ECLI:ES:TS:2007:900A), se refiere a la naturaleza de la tercería de dominio, estableciendo que: «(...) la tercería de dominio tiene la naturaleza de un incidente en ejecución de sentencia que se encamina, directa y exclusivamente, a resolver sobre la idoneidad del bien objeto de la tercería para ser embargado, (...) la tercería de dominio no se concibe ya como proceso ordinario definitorio del dominio y con el efecto secundario del alzamiento del embargo del bien objeto de la tercería, sino como incidente, en sentido estricto, de la ejecución, encaminado directa y exclusivamente a decidir si procede la desafección o el mantenimiento del embargo. Se trata de una opción recomendada por la doctrina, que ofrece la ventaja de no conllevar una demora del proceso de ejecución respecto del bien correspondiente, demora que, pese a la mayor simplicidad de los procesos ordinarios de esta Ley, no puede dejar de considerarse a la luz de la doble instancia y sin que el nuevo régimen de ejecución provisional pueda constituir, en cuanto a la ejecución pendiente, una respuesta adecuada al referido problema».

---

**CUESTIÓN**

**¿Qué debemos entender por «incidente»?**

El concepto de «cuestión incidental» viene expresamente recogido en la Ley de Enjuiciamiento Civil a través de su **artículo 387**, donde se dispone que: «Son cuestiones incidentales las que, siendo **distintas de las que constituyan el objeto principal del pleito, guarden con este relación inmediata,** así como las que se susciten respecto de presupuestos y requisitos procesales de influencia en el proceso».

---

Sobre el carácter de incidente de la tercería cabe citar el **auto de la Audiencia Provincial de León n.º 87/2023, de 20 de julio, ECLI:ES:APLE:2023:891A**, en el que se recuerda que: «En ese sentido, señala la Sentencia del Tribunal Supremo de 18 de octubre de 2005, entre otras,: "Como declaran las sentencias de esta Sala de 18 de diciembre de 2000 y 10 de diciembre de 2002 'la tercería no es un procedimiento autónomo sino la incidencia de una ejecución abierta y en trámite, determinando siempre una oposición a diligencias de juicio ejecutivo en marcha, y, por tanto, una incidencia del mismo, que persigue, exclusivamente, la pretensión liberatoria del embargo de la cosa más que la atribución del derecho de propiedad (sentencias del Tribunal Supremo de 13 de diciembre de 1982, 20 de junio de 1986, 11 de abril de 1988, 4 de julio de 1989, 10 de octubre de 1996 y 29 de abril de 2000)'"».

Determinada la naturaleza de la acción de tercería de dominio, cabe advertir que tal y como ya precisaba el alto tribunal en su **STS n.º 91/1990, de 16 de febrero, ECLI:ES:TS:1990:1367**, esta tiene por finalidad principal, no ya la recuperación del bien, (que de ordinario está poseído por el propio tercerista), sino el levantamiento del embargo trabado sobre el mismo sustrayendo de un procedimiento de apremio bienes no pertenecientes al patrimonio del apremiado. En este sentido incide el **auto de la Audiencia Provincial de Málaga n.º 689/2023, de 20 de diciembre, ECLI:ES:APMA:2023:2746A**:

«Debe partirse de que la finalidad de la tercería de dominio no es reivindicar un bien sino **dejar sin efecto un embargo incorrectamente trabado sobre el bien perteneciente a un tercero al tiempo de la traba** (SSTS, Sala 1ª, 30 enero 1992 y 31 mayo 1993), y, por tanto, eliminar los efectos cautelares decretados sobre la cosa cuya propiedad aduce y acredita el tercero, esto es, que se alce el embargo decretado liberándole del mismo y del riesgo de su posterior adjudicación a favor del ejecutante (artículo 601 LEC); razón por la cual **no se discute ni resuelve en ella un juicio sobre a quién corresponde la verdad dominical sobre la cosa embargada, o la atribución del derecho de propiedad, sino si dicho embargo ha de continuar**, si la acción se desestima, o si ha de alzarse, si la misma se estima (SSTS, Sala 1ª, 13 diciembre 1982, 15 diciembre 1985, 11 abril 1988 y 4 julio 1989).

En este sentido es clara la exposición de Motivos de la Ley de Enjuiciamiento Civil cuando apunta lo siguiente: "La tercería de dominio no se concibe ya como proceso ordinario definitorio del dominio y con efecto secundaria del alzamiento del embargo del bien objeto de la tercería, sino como un incidente, en sentido estricto, de la ejecución, encaminado directa y exclusivamente a decidir si procede la desafección o el mantenimiento del embargo"; y en ese sentido el artículo 603 LEC expresamente declara que el auto que ponga fin al incidente "se pronunciará sobre la pertenencia del bien y la procedencia de su embargo a los únicos efectos de la ejecución en curso, **sin que produzca efectos de cosa juzgada en relación con la titularidad del bien**". De este modo si la razón primera de este juicio incidental de tercería de dominio es el alzamiento o no del embargo trabado es claro que el enjuiciamiento que en él se haga deberá tender única y exclusivamente a verificar la viabilidad o falta de fundamento del título, a partir de su aportación por el actor con el escrito de demanda (artículo 595 3 LEC), y de la contestación a la demanda dentro del término correspondiente (artículo 602 LEC), como presupuesto ineludible de esta clase de juicio, lo que permitirá al Juzgador resolver en consecuencia, valorando su corrección o no, lo que es tanto como dilucidar si el mismo tiene esa viabilidad demandada como base de la pretensión del tercero o si, por el contrario, está aquejado de cualquier vicio constitutivo o determinante de su eficacia, manteniendo o cancelando, en su caso, la traba, sin añadir o introducir pronunciamiento alguno complementario sobre declaración de dominio, entrega de bienes al tercerista o cancelación de posibles inscripciones registrales, cuestiones todas ellas que quedan fuera del procedimiento (artículo 603 LEC)».

## ¿Qué requisitos son necesarios para que la acción de tercería de dominio prospere?

De conformidad con las consideraciones sobre la tercería de dominio que prevé la Ley de Enjuiciamiento Civil en sus artículos 595 y siguientes, y siguiendo la línea expuesta por los magistrados de la **Audiencia Provincial de Madrid en su auto n.° 150/2013, de 7 de junio, ECLI:ES:APM:2013:2294A**, podemos destacar que son presupuestos y requisitos de la tercería de dominio los siguientes:

### || Existencia de un procedimiento de ejecución o apremio

En primer lugar, constituye presupuesto necesario para el ejercicio de una acción de tercería de dominio la existencia de un procedimiento de ejecución o apremio en el que se haya constituido un embargo sobre un bien cuya titularidad se atribuya al deudor (ejecutado) sin que este la ostente.

### || Ajeneidad de la deuda reclamada

Que el tercerista no esté vinculado en modo alguno, como sujeto pasivo, al pago del crédito para cuya efectividad se realizó el embargo. Es decir, que por su **ajenidad a la deuda reclamada** ostente respecto a ella la condición de tercero.

Tal y como podemos extraer de lo dispuesto por los magistrados del **Tribunal Supremo en su sentencia n.º 1199/2008, de 17 de diciembre, ECLI:ES:TS:2008:7100**, también resulta presupuesto de la tercería de dominio que el tercerista sea verdaderamente un tercero, es decir, una persona distinta de la embargada que sea el titular del derecho de propiedad de la cosa embargada. Así, en caso de no ser tal tercero (como es el caso de, por ejemplo, ser el tercerista una sociedad cuyos miembros sean los mismos que los de la sociedad embargada), no tiene sentido por faltar este presupuesto esencial.

## ‖ Principio de prueba por escrito

Que exista un justo título de dominio por parte del actor respecto del bien objeto de tercería, requiriéndose que, en el escrito de demanda, quien afirme ser dueño de un bien embargado aporte un principio de prueba por escrito del fundamento de su pretensión —legitimación activa—, sin que haya adquirido su derecho del ejecutado después de haberse trabado el embargo (**artículo 595 de la LEC**). Así pues, es importante tener en cuenta que, para que la acción de tercería de dominio prospere, **se exige prueba de que los bienes embargados al ejecutado lo han sido erróneamente, por formar parte, con anterioridad al momento de la traba, del patrimonio del tercerista.**

En este punto, cabe hacer especial mención del **auto de la Audiencia Provincial de Sevilla n.º 54/2018, de 26 de febrero, ECLI:ES:APSE:2018:368A**, en el que la sala desestima el recurso de apelación interpuesto por los terceristas contra el auto dictado por el juzgado de instancia, entendiendo acertada la decisión del juzgador *a quo* al rechazar de plano la demanda de tercería de dominio, fundándose en lo dispuesto en el **apartado 2.º del artículo 596.2 de la LEC**, por no acompañarse un principio de prueba por escrito del fundamento de la pretensión de los terceristas, habida cuenta que el título de dominio presentado por estos (compraventa) carece de eficacia frente al derecho real de hipoteca:

> «(...) pretenden los terceristas la eficacia de un título de compraventa, (escritura de 13 de marzo de 2002, cuya inscripción en el Registro de la Propiedad se practica el 15 de mayo de 2014), frente a un derecho real de hipoteca constituido por los titulares registrales el 7 de septiembre de 2004 e inscrito en el Registro de la Propiedad el 13 de diciembre de 2004, lo que implica el desconocimiento de la naturaleza real del derecho de hipoteca y del carácter constitutivo de la inscripción, y de los principios básicos registrales de, "Prior tempore potior iure" y de protección del tercero hipotecario del art. 34 de la LH. Por consecuencia, **carece totalmente de eficacia frente a la titular hipotecaria el titulo esgrimido, no constituyendo un principio de prueba por escrito fundamento de la pretensión de los terceristas**».

---

**A TENER EN CUENTA.** La carga de la prueba del derecho sobre el bien embargado que faculta para obtener el alzamiento del embargo pesa sobre el tercerista, quien deberá acreditar, sin margen de duda, el derecho que invoca, que constituye el presupuesto inexcusable para el éxito de su pretensión con arreglo a la normativa sobre la carga probatoria contenida en el **artículo 217 de la LEC (sentencia Tribunal Supremo n.º 333/2004, de 10 de mayo, ECLI:ES:TS:2004:3139).**

---

## ‖ Ejercicio de la acción contra el acreedor ejecutante

La acción de tercería de dominio deberá dirigirse contra el acreedor ejecutante. Si bien es lógico que en este punto se nos plantee la duda respecto a la necesidad de tener que dirigir también la demanda contra el ejecutado al que se le ha atribuido la titularidad del bien objeto de tercería. Sin embargo, en este sentido, tal y como establece el artículo 600 de la LEC, solo será necesario dirigir la demanda —además de frente al acreedor ejecutante— contra el ejecutado cuando el bien objeto de reivindicatoria haya sido por él designado:

> «La demanda de tercería se interpondrá frente al acreedor ejecutante y también frente al ejecutado cuando el bien al que se refiera haya sido por él designado.
>
> Aunque no se haya dirigido la demanda de tercería frente al ejecutado, podrá este intervenir en el procedimiento con los mismos derechos procesales que las partes de la tercería, a cuyo fin se le notificará en todo caso la admisión a trámite de la demanda para que pueda tener la intervención que a su derecho convenga».

## ‖ Que no se añadan pretensiones distintas al alzamiento del embargo

El objeto de la tercería es el alzamiento del embargo, no pudiendo añadirse ninguna otra pretensión. Por parte del ejecutante solo podrá pretenderse el mantenimiento del embargo o sujeción a la ejecución del bien objeto de la misma.

**CUESTIÓN**

**¿Cabe la acumulación de acciones en el ejercicio de la acción de tercería de dominio?**

No. De acuerdo con lo previsto en el **artículo 601 de la LEC**, en la tercería de dominio no se admitirán más pretensiones del tercerista que la dirigida al alzamiento del embargo (tampoco el ejecutante ni, en su caso, el ejecutado, podrán pretender en la tercería de dominio pretensión distinta al mantenimiento del embargo o sujeción a la ejecución del bien objeto de la tercería).

## ‖ Interposición en tiempo

Que la tercería se interponga una vez que se haya embargado el bien —*dies a quo*— y antes que, de acuerdo con la legislación civil, se produzca la transmisión del bien al acreedor o al tercero que lo adquiera en pública subasta —*dies ad quem*—. Así se desprende del contenido del artículo 596 de la LEC:

> «1. La tercería de dominio podrá **interponerse desde que se haya embargado el bien o bienes a que se refiera, aunque el embargo sea preventivo.**
>
> 2. El tribunal, mediante auto, **rechazará de plano y sin sustanciación alguna la demanda** de tercería de dominio a la que no se acompañe el principio de prueba exigido en el apartado 3 del artículo anterior, así como **la que se interponga con posterioridad al momento en que,** de acuerdo

con lo dispuesto en la legislación civil, **se produzca la transmisión del bien al acreedor o al tercero que lo adquiera en pública subasta»**.

El mentado artículo 596 de la LEC prevé que pueda interponerse desde que se haya embargado el bien o bienes, aunque ese embargo sea preventivo. Por tanto, el momento en el que puede interponerse es desde que se decreta el embargo del bien y hasta su transmisión al acreedor o al tercero que lo adquiera en pública subasta (**auto de la AP de Ávila n.º 82/2023, de 9 de noviembre, ECLI:ES:APAV:2023:291A**).

Así, vemos que, tal y como pone de manifiesto la **Audiencia Provincial de Huelva en su sentencia n.º 242/2017, de 27 de abril, ECLI:ES:APH:2017:258**, en el curso de una ejecución, el anterior adquiriente de una finca que no inscribió su transmisión (motivo por el que fue posible la anotación del embargo de la misma en una ejecución seguida contra otro) puede interponer con éxito una tercería dominio **antes de que tenga lugar la transmisión como consecuencia de la ejecución (art. 596 de la LEC)** para conseguir el alzamiento del embargo y la cancelación de su anotación (**art. 604 de la LEC**).

Sin embargo, **una vez transmitido el bien en la ejecución**, entran en juego las disposiciones recogidas en el **artículo 1473 del Código Civil** para el caso de doble venta. Así, de encontrarnos ante un bien inmueble, tendrá preferencia el adquiriente que antes lo inscriba en el Registro (en el mismo sentido de los principios hipotecarios reflejados en los **artículos 32** y **34 de la Ley Hipotecaria**).

En consecuencia, tal y como pone de manifiesto la sala de la **Audiencia Provincial de Alicante en su sentencia n.º 64/2016, de 16 de marzo, ECLI:ES:APA:2016:823**, resulta imprescindible, para que sea admisible la demanda de tercería de dominio, la interposición de la misma antes de que, de acuerdo con la legislación civil, se produzca la transmisión del bien al acreedor o al tercero que lo adquiera en pública subasta (*dies a quem)*:

---

**CUESTIÓN**

**En subasta judicial, ¿cuándo tendrá lugar, a efectos civiles, la transmisión?**

El Tribunal Supremo ha reiterado en varias ocasiones, entre ellas en la **sentencia n.º 869/2021, de 17 de diciembre, ECLI:ES:TS:2021:4764**, que debe entenderse producida la transmisión cuando se dicta el decreto de adjudicación. Así señala la mentada sentencia: «En la sentencia 414/2015, de 14 de julio, aclaramos que: (i) en nuestro sistema se hacía coincidir la consumación de la venta de bienes inmuebles en subasta con el otorgamiento de la escritura pública, porque el otorgamiento de dicha escritura equivale a la entrega de la cosa, en virtud de la tradición instrumental a que se refiere el artículo 1462 del Código Civil (sentencia, entre otras, de 10 diciembre 1991); (ii) pero una vez sustituida la necesidad de otorgar escritura pública por el auto de adjudicación, y ahora por el testimonio del secretario judicial (actual LAJ) del decreto de adjudicación, que comprende la resolución por la que se aprueba el remate y se expresa que se ha consignado el precio (art. 674 LEC, según redacción dada por Ley 13/2009, de 3 de noviembre), éste será el momento en que debe entenderse producida la transmisión del bien de acuerdo con lo dispuesto en la legislación civil».

---

# Interposición, sustanciación y efectos de la acción de tercería de dominio

## || Interposición de la demanda de tercería de domino

La tercería de dominio habrá de interponerse, de conformidad con lo prevenido en el artículo 599 de la LEC, ante el letrado de la Administración de Justicia responsable de la ejecución.

### CUESTIONES

### 1. ¿La admisión de la demanda de tercería supondrá la suspensión de la ejecución?

Sí, Pero solo respecto del bien objeto de tercería. Así lo prevé el **artículo 598 de la Ley de Enjuiciamiento Civil** al indicarnos que la admisión de la demanda de tercería solo suspenderá la ejecución respecto del bien a que se refiera, debiendo el letrado de la Administración de Justicia adoptar las medidas necesarias para dar cumplimiento a la suspensión acordada.

Asimismo, cabe advertir que el tribunal, previa audiencia de las partes si lo considera necesario, podrá condicionar dicha suspensión a que el tercerista preste caución por los daños y perjuicios que pudiera producir al acreedor ejecutante.

### 2. ¿Cabe la acumulación de acciones en el ejercicio de la acción de tercería de dominio?

No. De acuerdo con lo previsto en el **artículo 601 de la LEC**, en la tercería de dominio no se admitirán más pretensiones del tercerista que la dirigida al alzamiento del embargo, señalando el **auto de la Audiencia Provincial de Cádiz n.º 13/2024, de 25 de enero, ECLI:ES:APCA:2024:42A**, que la tercería de dominio «(...) tiene como único objeto el alzamiento o mantenimiento del embargo trabado, no siendo por tanto procedente efectuar otras alegaciones por las partes que las dirigidas a dicha pretensión ni resolver sobre cuestiones distintas de las establecidas legalmente».

### 3. ¿En qué momento puede interponerse una demanda de tercería de dominio?

El **artículo 596 de la LEC** prevé que pueda interponerse desde que se haya embargado el bien o bienes, aunque ese embargo sea preventivo. Se rechazarán aquellas tercerías que se interpongan con posterioridad al momento en que, de acuerdo con lo dispuesto en la legislación civil, se produzca la transmisión del bien al acreedor o al tercero que lo adquiera en pública subasta (**sentencia de la Audiencia Provincial de Alicante n.º 64/2016, de 16 de marzo, ECLI:ES:APA:2016:823**).

Hay que tener en cuenta que estarán prohibidas segundas o ulteriores tercerías sobre los mismos bienes, fundadas en títulos o derechos que poseyera el que la interponga al tiempo de formular la primera (**art. 597 de la LEC**).

### 4. ¿Cabe la tercería tácita a través de la personación en procedimientos?

No, y así lo recoge expresamente el **auto de la Audiencia Provincial de Tarragona n.º 293/2023, de 9 de noviembre, ECLI:ES:APT:2023:1449A**, en el que podemos leer que: «La formulación de la tercería de dominio exige la presentación de demanda (art.- 595 LEC), no caben presentaciones tácitas por personaciones en procesos (...)».

## || Competencia para conocer de la tercería dominio y su sustanciación

Hemos de comenzar poniendo de relieve que la reforma de la legislación procesal para la implantación de la nueva oficina judicial introducida por la

Ley 13/2009, de 3 de noviembre, modificó las previsiones contenidas en el artículo 599 de la LEC en el sentido de prever la interposición de la demanda ante el letrado de la Administración de Justicia responsable de la ejecución, desapareciendo así, en consecuencia, la competencia exclusiva del orden civil en materia de tercería de dominio.

De conformidad con lo antedicho, y a modo ejemplificativo, podemos hacer mención a la **sentencia de la Sala de lo Penal del Tribunal Supremo n.º 602/2017, de 25 de julio, ECLI:ES:TS:2017:3126**, a través de la cual la sala estima el recurso de casación formulado por la esposa de un condenado contra el auto que, en fase de ejecución de sentencia penal, denegaba la tramitación de la tercería de dominio interpuesta por la recurrente con respecto al vehículo decomisado en el procedimiento penal y que figuraba a nombre de la misma. Así, la sala acordó que la audiencia proceda a tramitar la demanda de tercería de dominio con respecto del vehículo del que se había visto privada la demandante.

Centrándonos en el ámbito civil, y en cuanto al procedimiento a seguir para su tramitación, la demanda de tercería de dominio se tramitará por las normas del juicio verbal (**artículo 599 de la LEC**), resolviéndose por el tribunal que dictó la orden general y despacho de la ejecución mediante auto (**artículo 603 de la LEC**), en el que el juzgador se pronunciará sobre la pertenencia del bien y la procedencia de su embargo **a los** únicos **efectos de la ejecución en curso sin que produzca efectos de cosa juzgada en relación con la titularidad del bien.**

**CUESTIONES**

**1. Admitida por el letrado de la Administración de Justicia la demanda de tercería de dominio, ¿qué efecto tendrá la no contestación a la misma por parte de los demandados?**

Si los demandados no contestaran la demanda de tercería de dominio, se entenderá que admiten los hechos alegados en ella (art. 602 de la LEC).

**2.- ¿Cabe recurrir en casación el auto desestimatorio de la acción de tercería de dominio?**

No. La sala del Tribunal Supremo ha reiterado su irrecurribilidad a consecuencia directa de la naturaleza de incidente de ejecución de sentencia que caracteriza a la tercería de dominio —incidente de ejecución de sentencia, encaminado, directa y exclusivamente, a resolver sobre la idoneidad del bien objeto de la tercería para ser ejecutado—. Dicho motivo supone que, inexcusablemente, a los efectos del **artículo 477 de la Ley de Enjuiciamiento Civil**, la resolución que lo decide no pone fin a la segunda instancia, careciendo por lo tanto de la condición de «sentencia que ponga fin a la segunda instancia» que exige dicho artículo: «Serán recurribles en casación las sentencias que pongan fin a la segunda instancia dictadas por las Audiencias Provinciales (...)». Por esta razón, tal y como ha puesto de relieve la sala de nuestro alto Tribunal (entre otros, **auto del Tribunal Supremo, rec. 1970/2014, de 16 de septiembre de 2015, ECLI:ES:TS:2015:6898A**) el artículo 603 de la LEC (precepto regulador de la resolución sobre la tercería de dominio) establece que esta adopte la forma de auto, pronunciándose únicamente con respecto a la pertenencia del bien y la procedencia de su embargo a los únicos efectos de la ejecución en curso, sin que produzca efectos de cosa juzgada en relación con la titularidad del bien.

Por tanto, para la LEC, la tercería de dominio tiene la naturaleza de incidente de ejecución, que concluye siempre mediante auto, siguiendo una modificación legislativa en consonancia con la evolución jurisprudencial que niega a aquella el carácter de acción reivindicatoria por cuanto su objeto es exclusivamente resolver sobre la idoneidad del bien objeto de la tercería para ser ejecutado. Ello determina, a los efectos del artículo 477 de la Ley de Enjuiciamiento Civil, la irrecurribilidad en casación de la resolución que decida aquel, ya que está limitado a sentencias dictadas en la segunda instancia por las audiencias provinciales y, además, no pone fin a una verdadera segunda instancia, no encontrándonos pues ante una resolución irrecurrible (**auto Tribunal Supremo, rec. 226/2014, de 21 de enero de 2015, ECLI:ES:TS:2015:111A**).

### 3.- ¿Frente a quien se interpondrá la demanda de tercería?

La demanda de tercería se **interpondrá frente al acreedor ejecutante y también frente al ejecutado cuando el bien al que se refiera haya sido por él designado.**

Aunque no se haya dirigido la demanda de tercería frente al ejecutado, podrá éste intervenir en el procedimiento con los mismos derechos procesales que las partes de la tercería, a cuyo fin se le notificará en todo caso la admisión a trámite de la demanda para que pueda tener la intervención que a su derecho convenga.

## || Efectos de la estimación de la tercería de dominio

La existencia de justo título de dominio por parte del actor junto con el cumplimiento del resto de los requisitos expuestos determinará la estimación de la demanda.

El auto que estime la tercería de dominio ordenará el alzamiento de la traba y la remoción del depósito, así como la cancelación de la anotación preventiva y de cualquier otra medida de garantía del embargo del bien al que la tercería se refiriera (**artículo 604 de la LEC**). No será posible —tal y como ya hemos adelantado— que, a través de dicho auto, se adopten decisiones ajenas a la finalidad de la tercería que, tal y como tiene declarado reiteradamente la jurisprudencia del Tribunal Supremo (entre otras, **STS n.º 486/2008, de 28 de mayo, ECLI:ES:TS:2008:2700**), persigue exclusivamente la liberación del derecho embargado en virtud de un título de idoneidad y entidad bastante para obtener el alzamiento total o parcial de la traba.

Asimismo, cabe hacer especial mención al **régimen que establece, en materia de costas, el propio párrafo segundo del artículo 603 de la LEC:**

«El auto que decida la tercería se pronunciará sobre las costas, con arreglo a lo dispuesto en los artículos 394 y siguientes de esta Ley. A los demandados que no contesten no se les impondrán las costas, salvo que el tribunal, razonándolo debidamente, aprecie mala fe en su actuación procesal teniendo en cuenta, en su caso, la intervención que hayan tenido en las actuaciones a que se refieren los apartados 2 y 3 del artículo 593».

Por último, también es importante señalar que para que ese dominio, una vez ya declarado, surta el efecto de que no se produzca el embargo sobre el bien (cuya titularidad no corresponde al deudor), el actor de la tercería de dominio debe inscribir su dominio en el Registro de la Propiedad. Esto se debe a que la doctrina jurisprudencial es unánime en que «(...) la anotación preventiva de embargo produce una afección de los terceros adquirentes o titulares de derechos reales sobre el bien embargado, cuando sus títulos tengan fecha posterior a la anotación y que la inmunidad que se predica se refiere únicamente a los títulos de fecha anterior, aunque se inscriban con posterioridad a la anotación» (STS n.º 208/2020, de 29 de mayo, ECLI:ES:TS:2020:1459). En este sentido, se entiende que la tercería de dominio entraría en los supuestos de inmunidad, no operando el embargo sobre el bien sobre el que se inscribió la anotación preventiva de embargo, en la medida en que la tercería de dominio es un título de fecha anterior. También se infiere que ha de inscribirse esa tercería de dominio, aunque sea con posterioridad, para que tenga los efectos mencionados *erga omnes*.

## Diferenciación de la tercería de dominio con otras acciones

Llegados a este punto, cabe preguntarse la diferencia existente entre la tercería de dominio y la tercería de mejor derecho toda vez que, debe tenerse en cuenta, que nos encontramos ante acciones diferentes:

- La **tercería de dominio** está encaminada a la **protección del dominio** frente a un embargo del que no es responsable el actor de la tercería.

- Por su parte, la **acción de tercería de mejor derecho protege un crédito que goza de preferencia** respecto del que se está ejecutando.

> **A TENER EN CUENTA.** Como hemos visto, la tercería de dominio encuentra su regulación en los **artículos 595 y siguientes** de la **Ley de Enjuiciamiento Civil**, mientras que, por su parte, la tercería de mejor derecho se encuentra regulada a través de los **preceptos 614 a 620 del mismo texto legal**.

Por último, cabe hacer especial mención al **criterio diferenciador de la acción de tercería de dominio con la acción reivindicatoria**. En este sentido, como viene siendo reiterado por la jurisprudencia del Tribunal Supremo, el criterio comparativo de dichas acciones viene dado en virtud de la naturaleza y finalidad de las mismas, manteniéndose por la doctrina que, mientras la acción reivindicatoria se interpone contra el poseedor no propietario, la acción de tercería de dominio va contra el ejecutante no poseedor, y (en su caso), contra el ejecutado, el cual, en muchas ocasiones, tampoco es poseedor (véase en este sentido, entre otras, **SAP de Alicante n.º 64/2016, de 15 de marzo, ECLI:ES:APA:2016:823**).

En el mismo sentido el **auto de la Audiencia Provincial de Murcia n.º 115/2023, de 27 de marzo, ECLI:ES:APMU:2023:650A** señala que «(...) conforme reiterada jurisprudencia (por todas, STS de 30 de noviembre de 2011), la tercería no es hábil como procedimiento contradictorio de dominio pues no tiende a la recuperación del bien sino al levantamiento del embargo (...)».

Así, la primera (acción reivindicatoria) pretende la adquisición o recuperación de la posesión, mientras que la finalidad de la segunda (acción de tercería de dominio) va dirigida exclusivamente al levantamiento del embargo trabado sobre el bien en litigio, o lo que es lo mismo, sustraer bienes del procedimiento de apremio por no pertenecer al apremiado.

## JURISPRUDENCIA

### Sentencia del Tribunal Supremo de 16 de febrero de 1990, ECLI:ES:TS:1990:13776

#### Asunto: finalidad y objeto de la acción de tercería de dominio

*«(...) la acción de tercería de dominio, aunque no se identifique con la reivindicatoria, presenta sensibles analogías con ella y tiene por finalidad principal, no ya la recuperación del bien, que de ordinario está poseído por el propio tercerista, sino el levantamiento del embargo trabado sobre el mismo (sentencias 29 de octubre de 1984, 15 de febrero de 1985, 21 de febrero y 9 de julio de 1987 y 11 de abril de 1988), sustrayendo de un procedimiento de apremio, bienes no pertenecientes al patrimonio del apremiado por no ser aquéllos los llamados a responder de las deudas contraídas por el ejecutado, sino los que realmente estén incorporados a su patrimonio a la hora de poner en marcha la acción garantizadora del cobro (sentencias citadas y las más recientes de 20 de marzo y 20 y 21 de junio de 1989) sin que valga en contra de esta doctrina, constantemente reiterada, ni el argumento del motivo 1.° del recurso, de que la eficacia frente a terceros del documento privado de compraventa ha de estimarse 92 por su acceso a un Registro público, con presentación después de la muerte de cualquiera de los que lo firmaron, ya que esta interpretación choca con el texto del artículo 1.227, ni le afecta el de los artículos 24 apartado 2.° y 71 de la Ley Hipotecaria, el uno referido a la procedencia de la anotación preventiva en los casos de embargo que se haya hecho efectivo en bienes inmuebles del deudor y el otro declarando la enajenabilidad de los bienes o derechos reales anotados sin perjuicio de los derechos del favorecido por la anotación, preceptos que no contemplan, como se aprende de su mera desinteresada lectura, la inmutabilidad de la anotación de embargo practicado sobre bienes pertenecientes a un tercero, como postula el recurrente en el 2° de los motivos de casación, igualmente condenado a perecer y seguido, con idéntico destino claudicante, por el tercero y último de los motivos del recurso en el que es traído, en apoyo de la permanencia de la anotación practicada, el mandato del artículo 34 y la presunción del artículo 38 también de la Ley Hipotecaria, sin parar mientras en que sobre el mero carácter presuntivo de esta norma, sujeta a prueba contraria (sentencias 21 de junio de 1982 y 28 de junio de 1988) el caso de la anotación preventiva de embargo está tan lejos de identificarse con el del 3.° de buena fe que adquiera a título oneroso del titular registral, que contempla el primero de los preceptos citados, como la atribución de rango preferente, que el recurrente pretende, para la anotación preventiva sobre los actos de disposición anteriores a su fecha no inscritos, olvidando, una vez más, que el embargo de los bienes del deudor, sólo puede recaer sobre los que éste tenga realmente incorporados a su patrimonio en tal momento (sentencia de 26 de septiembre de 1985) y que, en definitiva, el objeto de la tercería de dominio si ciertamente sujeto a limitaciones, sólo permite discutir en su ámbito los errores en la atribución de la titularidad del bien embargado y sometido a ejecución y que su designio es evitar que, con vulneración del artículo 1.911 del Código Civil, se haga transcender al patrimonio del tercerista responsabilidades patrimoniales ajenas».*

# El juicio verbal para la efectividad de derechos reales inscritos

A la hora de analizar las acciones más comunes que se utilizan para la defensa de los derechos reales, como por ejemplo la propiedad o el usufructo, es importante tener en cuenta el proceso previsto en el **artículo 250.1.7.° de la LEC**. Se trata de un juicio verbal de carácter sumario, basado en la presunción que otorga el principio de legitimación registral del artículo 38 de la Ley Hipotecaria a quien ostente un derecho real inscrito en el registro de la propiedad.

Nos encontramos ante un **proceso especial sumario** que tiene por **finalidad la efectividad de los derechos inscritos**.

Tal y como se analiza en el **auto de la Audiencia Provincial de Oviedo n.º 8/2024, de 25 de enero, ECLI:ES:APO:2024:185A**:

> «1. El art. 250.1.7 LEC establece que se decidirán en juicio verbal, cualquiera que sea su cuantía las acciones que, instadas por los titulares de derechos reales inscritos en el Registro de la Propiedad, demanden la efectividad de esos derechos frente a quienes se opongan a ellos o perturben su ejercicio sin disponer de título inscrito que legitime la oposición o la perturbación.
>
> 2. La norma citada es el trasunto procesal del art. 41 LH, que dispone que "las acciones reales procedentes de los derechos inscritos podrán ejercitarse a través del juicio verbal regulado en la Ley de Enjuiciamiento Civil, contra quienes, sin título inscrito, se opongan a aquellos derechos o perturben su ejercicio. Estas acciones, basadas en la legitimación registral que reconoce el art. 38, exigirán siempre que por certificación del registrador se acredite la vigencia, sin contradicción alguna, del asiento correspondiente".
>
> A su vez, el artículo 38 LH establece que "[a] todos los efectos legales se presumirá que los derechos reales inscritos en el Registro existen y pertenecen a su titular en la forma determinada por el asiento respectivo"».

En este proceso **se limitan las causas de oposición** y, además, otro aspecto que le otorga esta calificación de sumario es la **ausencia de cosa juzgada** de las sentencias que pongan fin al mismo.

Respecto a las causas tasadas de oposición, es el **artículo 444.2 de la LEC** el encargado de detallarlas. Este apartado ha sido modificado por el Real Decreto-ley 6/2023, de 19 de diciembre, con entrada en vigor el 20/03/2024, para eliminar el requisito de prestar caución por parte del demandado para poder oponerse a la demanda.

> «Artículo 444. Causas tasadas de oposición.
>
> (...) 2. En los casos del número 7 o del apartado 1 del artículo 250, la oposición del demandado únicamente podrá fundarse en alguna de las causas siguientes:
>
> 1.º Falsedad de la certificación del Registro u omisión en ella de derechos o condiciones inscritas, que desvirtúen la acción ejercitada.
>
> 2.º Poseer el demandado la finca o disfrutar el derecho discutido por contrato u otra cualquier relación jurídica directa con el último titular o con titulares anteriores o en virtud de prescripción, siempre que ésta deba perjudicar al titular inscrito.
>
> 3.º Que la finca o el derecho se encuentren inscritos a favor del demandado y así lo justifique presentando certificación del Registro de la Propiedad acreditativa de la vigencia de la inscripción.
>
> 4.º No ser la finca inscrita la que efectivamente posea el demandado».

La Ley Hipotecaria (LH) en su artículo 38 establece una presunción *iuris tantum* de la existencia de los derechos reales que aparecen inscritos, y se prevé que poseen plena legitimación para la posesión:

> «A todos los efectos legales se presumirá que los derechos reales inscritos en el Registro existen y pertenecen a su titular en la forma determinada

por el asiento respectivo. De igual modo se presumirá que quien tenga inscrito el dominio de los inmuebles o derechos reales tiene la posesión de los mismos.

Como consecuencia de lo dispuesto anteriormente, no podrá ejercitarse ninguna acción contradictoria del dominio de inmuebles o derechos reales inscritos a nombre de persona o entidad determinada, sin que, previamente o a la vez, se entable demanda de nulidad o cancelación de la inscripción correspondiente. La demanda de nulidad habrá de fundarse en las causas que taxativamente expresa esta Ley cuando haya de perjudicar a tercero (...)».

Continúa la LH estableciendo en el artículo 41 un proceso especial para quienes se vean perturbados de su legítima posesión y tengan su derecho real inscrito:

«Las acciones reales procedentes de los derechos inscritos podrán ejercitarse a través del juicio verbal regulado en la Ley de Enjuiciamiento Civil, contra quienes, sin título inscrito, se opongan a aquellos derechos o perturben su ejercicio. Estas acciones, basadas en la legitimación registral que reconoce el artículo 38, exigirán siempre que por certificación del registrador se acredite la vigencia, sin contradicción alguna, del asiento correspondiente».

Por ello, es necesario acudir a la LEC, en el artículo 250.1.7.º, para encontrar el proceso a seguir para garantizar la efectividad de los derechos reales inscritos, es decir, los trámites del juicio verbal:

«7.º La que, instadas por los titulares de derechos reales inscritos en el Registro de la Propiedad, demanden la efectividad de esos derechos frente a quienes se opongan a ellos o perturben su ejercicio, sin disponer de título inscrito que legitime la oposición o la perturbación».

En este sentido es interesante el análisis de la **sentencia de la Audiencia Provincial de Salamanca n.º 549/2011, de 23 de diciembre, ECLI:ES:APSA:2011:831:**

«No existe en la doctrina opinión unánime acerca de la naturaleza de este procedimiento; no obstante sí podemos decir que **se trata de un proceso declarativo especial y sumario que tiene por finalidad la efectividad de las acciones reales que dimanen de los derechos inmobiliarios inscritos, que vienen así dotados de una fuerza ejecutiva provisional.** Indiscutida es la nota de sumariedad, en cuanto que la "cognitio" del tribunal y las posibilidades de defensa están limitadas a los temas que pueden proponerse como causas de oposición (art. 444.2), lo que supone —y es consecuencia de la nota anterior— que la sentencia que se dicte no produce efectos de cosa juzgada (art. 447.3). Mediante este procedimiento, el titular según el Registro aspira a que la realidad extrarregistral se acomode a la verdad registral. Se trata, en definitiva, de **dar eficacia procesal a la presunción derivada del art. 38 LH haciendo que el titular registral pueda recuperar la posesión del bien inscrito a su nombre en el Registro** frente a actos de hecho perturbadores de terceros, dilucidando en cauce procesal sumario un conflicto entre lo que el Registro publica, es decir, el contenido de la inscripción, y la realidad extrarregistral.

Es fundamental entender que, dada la fuerza de la legitimación registral, y en la medida en que la inscripción está bajo la salvaguardia de los Tribunales y ha de mantenerse mientras no se pruebe su inexactitud, el poseedor demandado debe vencer aquella fuerza para lograr que esa verdad registral que el ordenamiento jurídico protege especialmente, ceda ante la acreditada posesión legítima del poseedor, que lo es si está respaldada por un título que merece también protección y está dotado de entidad suficiente para neutralizar la presunción legitimadora que el Registro avala. Si en los procesos de protección posesoria —los antiguos interdictos— incumbe proteger la realidad material de la posesión frente a perturbador, en el procedimiento del art. 250-1-7.º LEC (y 41 de la LH) la protección legal se orienta hacia lo que el Registro publica frente al perturbador que carece de título suficiente como para hacer que aquella verdad publicada haya de claudicar, siquiera provisionalmente».

**RESOLUCIÓN RELEVANTE**

**Sentencia de la Audiencia Provincial de Madrid n.º 527/2023, de 13 de diciembre, ECLI:ES:APM:2023:18500**

*«En la colisión entre la presunción de la titularidad del derecho, que deriva del art. 38 de la LH, y la posesión real y efectiva, que disfruta la persona contra la que se ejercita la acción del art. 41 de la precitada disposición general, salvo que se trate de un poseedor con título o amparado, a su vez, en otra inscripción registral, supuesto de la doble inmatriculación (art. 444.2.2 ° y 3° LEC), **prevalece la inscripción sobre el hecho posesorio** y, de esta forma, el titular registral podrá instar judicialmente la recuperación de una finca cuya mera tenencia material ostente otra persona, y siempre que no concurran los requisitos para la operatividad de la prescripción adquisitiva, que deba perjudicar al titular inscrito conforme al art. 36 de la LH, que no es el caso que nos ocupa.*

*En definitiva, el procedimiento del art. 41 de la LH participa de la naturaleza jurídica de los juicios especiales, en tanto en cuanto su específica finalidad radica en dar eficacia al contenido del registro, protegiendo la posición jurídica del titular registral, lo que explica las particularidades que presenta en su tramitación procesal sobre los denominados procesos declarativos ordinarios. Ostenta también las connotaciones propias de los procedimientos sumarios, toda vez que busca satisfacer una tutela rápida a través de su sustanciación por los cauces del juicio verbal (art. 250.1.7° LEC), se encuentran limitados los medios de defensa de los demandados (art. 444.2 LEC), y, en consecuencia, la cognición judicial, y la sentencia que se dicta carece de la eficacia propia de la cosa juzgada material, quedando siempre abierta la vía del juicio declarativo posterior (art. 447.3 LEC).*

*(...)*

*En cualquier caso, se trata de una presunción iuris tantum, en el sentido de que la protección que brinda el registro de la propiedad al titular inscrito cede ante la prueba en contrario de la concurrencia de los motivos de oposición contemplados en el art. 444.2 LEC (sentencia 429/2011, de 9 de junio, que cita, a su vez, la sentencia de 16 de julio de 2001), que no concurren en este caso como posteriormente veremos».*

## Requisitos del proceso judicial para la efectividad de derechos reales inscritos

Los requisitos de este tipo de proceso son:

1. La **existencia de un derecho inscrito titularidad de la parte actora**.
2. Que **se acredite el mismo mediante certificación registral**.
3. Que **el asiento esté vigente, sin que exista contradicción**.
4. Que **se dirija a quien perturba la posesión legítima**.
5. Que **no concurran ninguna de las causas previstas en el art. 444.2 de la LEC**.
6. Que **la finca se encuentre perfectamente identificada**.

Por otro lado, en lo que respecta a la posibilidad de que prospere la demanda, el artículo 439.2 de la LEC establece los casos en los que no será admitida:

- Cuando **no se expresen las medidas que se consideren necesarias para asegurar la eficacia de la sentencia que recayere**.

- Si, **salvo renuncia del demandante, que hará constar en la demanda, no se señalase en ésta la caución** que, conforme a lo previsto en el párrafo segundo del apartado 2 del artículo 64, ha de prestar el demandado, para comparecer y contestar. Hay que tener en cuenta que la caución ha sido eliminada del art. 444 de la LEC desde el 20 de marzo de 2024.

- Si no se **acompañase a la demanda certificación literal del registro de la propiedad que acredite expresamente la vigencia**, sin contradicción alguna, del asiento que legitima al demandante.

**A TENER EN CUENTA.** El art. 439 de la LEC ha sido modificado por la Ley 12/2023, de 24 de mayo, por el derecho a la vivienda, en vigor el 26/05/23, añadiendo dos nuevos apartados 6 y 7 en los que se incluyen nuevos requisitos de admisión:

«6. En los casos de los números 1.°, 2.°, 4.° y 7.° del apartado 1 del artículo 250, no se admitirán las demandas, que pretendan la recuperación de la posesión de una finca, en que no se especifique:

a) Si el inmueble objeto de las mismas constituye vivienda habitual de la persona ocupante.

b) Si concurre en la parte demandante la condición de gran tenedora de vivienda, en los términos que establece el artículo 3.k) de la Ley 12/2023, de 24 de mayo, por el derecho a la vivienda. En el caso de indicarse que no se tiene la condición de gran tenedor, a efectos de corroborar tal extremo, se deberá adjuntar a la demanda certificación del Registro de la Propiedad en el que consten la relación de propiedades a nombre de la parte actora.

c) En el caso de que la parte demandante tenga la condición de gran tenedor, si la parte demandada se encuentra o no en situación de vulnerabilidad económica (...)».

Añadiendo el apartado 7 que, si el demandante tiene la condición de gran tenedor, y la vivienda constituye vivienda habitual de la persona ocupante que se encuentre en situación de vulnerabilidad económica, no se admitirán las demandas en las que no se acredite que la parte actora se ha sometido al procedimiento de conciliación o intermediación que a tal efecto establezcan las Administraciones públicas competentes.

**RESOLUCIÓN RELEVANTE**

**Sentencia de la Audiencia Provincial de Madrid n.º 284/2019, de 30 de mayo, ECLI:ES:APM:2019:5281**

*«El procedimiento para la efectividad de derechos reales inscritos en el Registro de la Propiedad a que se refiere el artículo 250.1.7º de la Ley de Enjuiciamiento Civil, en relación con el artículo 41 de la Ley Hipotecaria y artículos 137 y 138 de su Reglamento, queda concebido para que el titular que inscribió en el Registro su dominio o derecho real sobre inmueble que implique posesión, uso o servicio, obtenga el mismo resultado que hubiera conseguido ejecutando una sentencia a su favor, en ejercicio de acción reivindicatoria, confesoria u otra real, por la vía ordinaria, debiendo dirigirse su acción contra quien o quienes obstaculicen la posesión o el ejercicio de dominio inscrito, sin derecho que les permitan realizar los hechos perturbadores, exigiéndose como presupuestos fundamentales para la estimación de la acción ejercitada a su amparo la concurrencia de los siguientes presupuestos:*

*a).- Que el accionante acredite su legitimación activa dimanante de su designación como titular registral del derecho ejercitado, según certificación, que acredite la vigencia del asiento sin contradicción;*

*b).- Que la acción ejercitada vaya dirigida contra quien aparezca como probado causante de la perturbación o despojo, y por ello, pasivamente legitimado en el proceso;*

*c).-Que no concurra ninguna de las causas taxativas señaladas en el artículo 444.2º de la Ley de Enjuiciamiento Civil, como motivos de oposición; y*

*d).- Que se dé una identidad entre la finca registrada a favor del accionante y aquélla objeto de los denunciados actos perturbadores o expoliadores, contra los que reacciona el titular registral.*

*Asimismo conviene recordar que la actuación de Jueces y Tribunales en esta clase de procesos sumarios al tratar sobre la existencia o no de la causa de oposición que se invoque, no puede desembocar en una declaración de derechos (...)».*

## ‖ Oposición a la demanda

Admitida a trámite la demanda se advertirá en primer lugar al demandado que en el **caso de no comparecer se procederá a dictar sentencia** acordando todas las actuaciones para garantizar la efectividad del derecho real inscrito.

Las **causas de oposición** vienen tasadas en el **artículo 444.2 de la LEC**, y son:

1. La falsedad de la certificación del registro u omisión en ella de derechos o condiciones inscritas, que desvirtúen la acción ejercitada.

2. Poseer el demandado la finca o disfrutar el derecho discutido por contrato u otra cualquier relación jurídica directa con el último titular o con titulares anteriores o en virtud de prescripción, siempre que ésta deba perjudicar al titular inscrito.

3. Que la finca o el derecho se encuentre inscrito a favor del demandado y así lo justifique presentando certificación del registro de la propiedad acreditativa de la vigencia de la inscripción.

4. No ser la finca inscrita la que efectivamente posee el demandado.

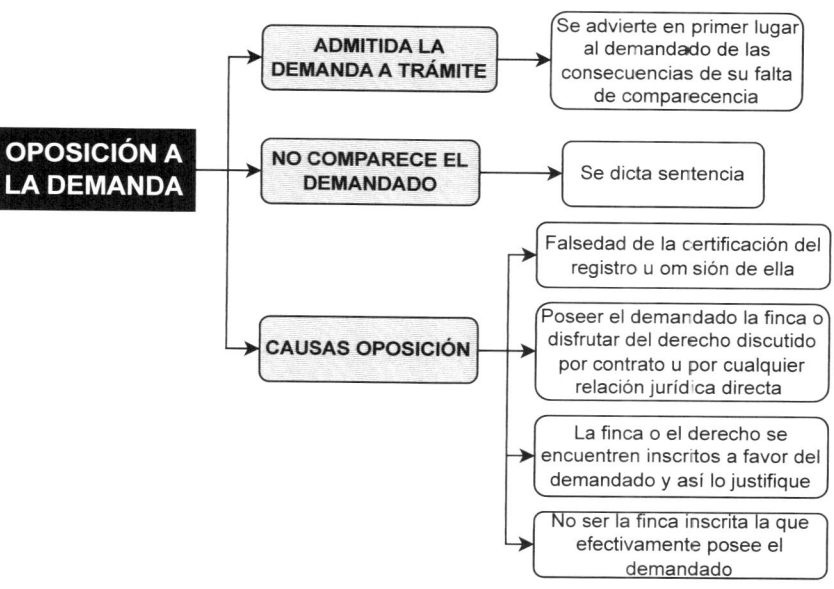

**CUESTIONES**

**1. ¿En la oposición a la demanda debe citarse expresamente cuál de las causas de oposición se está alegando?**

No, la Audiencia Provincial de Navarra, en su **sentencia n.° 68/2023, de 26 de enero, ECLI:ES:APNA:2023:650**, recoge lo siguiente: «Como ha señalado algún precedente de los Tribunales de Apelación (SAP Barcelona, sección 4ª, 477/2009, de 25 de septiembre), las defensas materiales a disposición del demandado contempladas en el citado art. 444.2 son taxativas y absolutamente limitadas, de acuerdo con la reiterada doctrina de la generalidad de las Audiencias Provinciales, más ello no supone necesariamente que el demandado haya de citar de manera expresa uno de los ordinales del art. 444.2, porque bastará con que los hechos invocados por la parte demandada en el acto de la vista del juicio verbal (ahora en la contestación o en las alegaciones complementarias o aclaratorias en la vista) como fundamento de su oposición a la pretensión actora puedan ser subsumidos en alguna de las causas tasadas previstas en aquel precepto, porque en caso contrario se podría vulnerar el derecho a la tutela judicial efectiva que proclama el art. 24.1 de la Constitución Española subordinando la eventual tutela de los derechos e intereses del demandado al cumplimiento de meras formalidades que no deben ser consideradas estrictamente necesarias para la obtención de esa tutela».

**2. ¿Podría plantearse la acción del art. 250.1.7 de la LEC si previamente se presentó una acción negatoria?**

Puede plantearse esta acción, si bien se estaría vinculado a lo resuelto en la resolución dictada en la acción negatoria, así, por ejemplo, la **sentencia de la Audiencia Provincial de Jaén n.º 607/2021, de 27 de mayo, ECLI:ES:APJ:2021:686**:

*«Por lo que se refiere a la cosa juzgada propiamente dicha resulta claro que este pleito versa sobre las mismas fincas que el anterior juicio ordinario sobre acción negatoria de servidumbres y en la Sentencia dictada por esta Audiencia en aquél procedimiento se dejó claro que por la propia naturaleza de la acción es preciso que tanto el que manifiesta ser titular del derecho correspondiente al predio dominante, como el que niega la existencia de la carga, ostenten la condición de titulares dominicales y que la relación jurídico-procesal debe constituirse mediante la intervención en las actuaciones de los propietarios de ambos fundos, precisando que la jurisprudencia establece que la viabilidad de toda acción negatoria de servidumbre requiere que el actor pruebe su derecho de propiedad. En dicha sentencia, confirmando la de primera instancia, se consideró que el actor (hoy demandado apelado) acreditó la titularidad de la finca sobre la que niega servidumbre a favor de la demandada (hoy demandante y apelante).*

*(...)*

*Sentado lo anterior, se comparte esencialmente la fundamentación de la sentencia recurrida en cuanto a la vinculación de lo resuelto en el procedimiento ordinario 399/2013, al existir identidad subjetiva clara, correspondiendo la parcela NUM002 al hoy demandado, en la extensión y forma mencionados, no existe perturbación de dominio alguna, y ello ha de conducir a la desestimación de la demanda. Siendo que en la sentencia dictada en primera instancia en el anterior proceso, se declaró probado que Gabriel es propietario en pleno dominio junto con su esposa Salvadora (...)».*

# ¿En qué consiste el procedimiento de tutela sumaria de la posesión?

El procedimiento de tutela sumaria de la posesión aparece regulado en el párrafo primero del **art. 250.1.4.º de la LEC**, que establece que se decidirán en **juicio verbal**, cualquiera que sea su cuantía, las demandas siguientes:

> «4.º Las que pretendan la tutela sumaria de la tenencia o de la posesión de una cosa o derecho por quien haya sido despojado de ellas o perturbado en su disfrute».

Por su parte, el Código Civil también recoge la protección a la posesión en su **artículo 441**:

> «En ningún caso puede adquirirse violentamente la posesión mientras exista un poseedor que se oponga a ello. El que se crea con acción o derecho para privar a otro de la tenencia de una cosa, siempre que el tenedor resista la entrega, deberá solicitar el auxilio de la Autoridad competente».

Con relación a los efectos de la posesión, el **art. 446 del CC** dispone que: «Todo poseedor tiene derecho a ser respetado en su posesión; y, si fuere inquietado en ella, deberá ser amparado o restituido en dicha posesión por los medios que las leyes de procedimiento establecen».

---

**A TENER EN CUENTA.** El párrafo segundo del art. 250.1.4.º regula **la tutela sumaria de la posesión de viviendas** que introdujo la Ley 5/2018, de 11 de junio, de modificación de la Ley 1/2000, de 7 de enero, de Enjuiciamiento Civil, en relación a la ocupación ilegal de viviendas en los siguientes términos: «Podrán pedir la inmediata recuperación de la plena posesión de una vivienda o parte de ella, siempre que se hayan visto privados de ella sin su consentimiento, la persona física que sea propietaria o poseedora legítima por otro título, las entidades sin ánimo de lucro con derecho a poseerla y las entidades públicas propietarias o poseedoras legítimas de vivienda social».

---

En palabras de nuestro Alto Tribunal: «(...) los procesos derivados de las acciones de tutela sumaria de la posesión del art. 250.1.4° LEC, son procesos cautelares, conservativos y dirigidos a la tutela de la posesión como hecho, con objeto de evitar por razones de orden público y paz social la defensa privada, y en los que no se discute ni el derecho de propiedad ni cualquier otro, que otorgue el mejor derecho a poseer, sino la realidad fáctica de la situación posesoria violentada» (**sentencia del Tribunal Supremo n.º 683/2020, de 15 de diciembre, ECLI:ES:TS:2020:4282**).

Tal y como recoge la **Audiencia Provincial de Madrid en su sentencia n.º 78/2024, de 27 de febrero, ECLI:ES:APM:2024:3100**: «Los procesos derivados de las acciones de tutela sumaria de la posesión del art. 250.1.4° de la LEC **amparan a cualquier poseedor o tenedor de la cosa mueble o inmueble, o derecho, contra cualquier acto de perturbación o despojo realizado por un tercero.** El objeto de la tutela es la posesión como situación de hecho, discutiéndose en ellos la realidad fáctica de la situación posesoria violentada (...)».

A la hora de acudir a este procedimiento hay que tener en consideración dos de sus principales características:

- **Únicamente se discute la posesión de mero hecho,** excluyendo cualquier controversia tanto sobre el dominio u otro derecho como sobre la calificación del título aducido por el poseedor despojado (cuestiones que habrán de resolverse en un proceso declarativo).

- **No tiene efectos de cosa juzgada.** No se pronuncia sobre el derecho que pueda justificar la posesión, que cabe dilucidar en un proceso declarativo posterior.

En este sentido la **STS n.º 16/2023, de 16 de enero, ECLI:ES:TS:2023:44,** señala que «(...) en el caso del juicio de la tutela sumaria de la tenencia o posesión de una cosa o derecho por quien haya sido despojado de ellos (art. 250.1.4 LEC), la ejecución de la sentencia estimatoria determina la inmediata reposición posesoria del actor, dejando para el juicio plenario posterior la discusión, y correlativa decisión judicial, sobre el mejor derecho de las partes a la posesión definitiva de la cosa o derecho controvertido objeto del proceso (...)».

## ‖ ¿Cuáles son los requisitos de esta acción?

Los requisitos de esta acción se han recogido jurisprudencialmente en numerosas ocasiones (por ejemplo en la **STS n.º 683/2020, de 15 de diciembre, ECLI:ES:TS:2020:4282**, o en el **ATS n.º 2970/2019, de 22 de septiembre de 2021, ECLI:ES:TS:2021:11914A**), y podemos destacar los siguientes:

1. Que el actor se halle en la posesión o en la tenencia de la cosa o derecho, entendida como situación de hecho ostensible, al margen de toda consideración sobre el título jurídico que pudiera ampararla; debe quedar establecida la concreta delimitación del ámbito material de lo poseído.

2. Que el actor haya sido inquietado o perturbado, o haya sido despojado de dicha posesión o tenencia. En este sentido hay que tener en cuenta que el art. 444 del CC establece que «Los actos meramente tolerados, y los ejecutados clandestinamente y sin conocimiento del poseedor de una cosa, o con violencia, no afectan a la posesión», estableciendo el **Tribunal Supremo en su sentencia n.º 683/2020, de 15 de diciembre, ECLI:ES:TS:2020:4282** que: «(...) como consecuencia de ello, se han venido negando las acciones de tutela sumaria de la posesión (antes interdictales) al usuario por mera tolerancia, cuando se trata de actos que supongan la utilización parcial y no continuada de la cosa. Pero cuando esas acciones recaen sobre un verdadero estado posesorio, que conlleva la utilización o disfrute de manera continuada y exteriorizada, esta Sala Primera ha admitido la procedencia de la acción que nos ocupa frente al despojante (sentencia 467/2016, de 7 de julio)».

3. Que la acción se dirija contra el causante del despojo, ya sea por haberlo realizado materialmente, o por haberlo ordenado.

4. Que la demanda se interponga antes de haber transcurrido un año desde el acto obstativo a la posesión de la cosa, plazo que se considera de caducidad. A este respecto la LEC es clara cuando recoge en su art. 439.1 que: «No se admitirán las demandas que pretendan retener o recobrar la posesión si se interponen transcurrido el plazo de un año a contar desde el acto de la perturbación o el despojo». En el mismo sentido, el art. 460.4 del Código Civil dispone que la posesión se perderá por la posesión de otro durante más de un año, aun en contra de la voluntad del antiguo poseedor.

---

**CUESTIÓN**

**¿Puede en apelación desestimarse la acción por caducidad si no se planteó la misma en instancia?**

La sentencia de la Audiencia Provincial de Madrid n.º 87/2023, de 21 de febrero, ECLI:ES:APM:2023:4443, considera que sí es posible dado que la caducidad puede ser apreciada de oficio en cualquier momento: «(...) no puede obviarse que la caducidad es instituto apreciable incluso de oficio y al propio tiempo el plazo para el ejercicio de la pretensión de tutela sumaria integra requisito de procedibilidad cuya ausencia no sólo puede ser apreciada al decidir sobre la admisión de la demanda, sino también en el momento de dictar sentencia, por lo que procede determinar su concurrencia».

## ‖ La legitimación activa y pasiva

Tal y como se deriva del primero de los requisitos expuestos, **la legitimación activa para ejercitar esta acción le corresponde al poseedor de hecho.**

En este sentido la **Audiencia Provincial de Granada en su sentencia n.º 41/2021, de 12 de febrero, ECLI:ES:APGR:2021:549** analiza esta legitimación en los siguientes términos:

> «(...) es indispensable para la viabilidad de la acción interdictal que el accionante se encontrase en posesión real de la cosa en el momento de producirse la perturbación o despojo pero dada la amplitud con que nuestro derecho sustantivo configura el instituto de la posesión ("tenencia de una cosa o disfrute de un derecho": art. 430 C.C.), la legitimación activa concurre en todo aquél que se encuentre en situación de señorío de hecho, con autonomía e independencia, respecto de una cosa susceptible de apropiación. Ser poseedor, por sí mismo y sin ningún otro título, inviste al sujeto del derecho a seguir siéndolo, a no ser privado de la situación fáctica de contacto con la cosa, sino por los medios jurídicos oportunos. En definitiva la doctrina unánimente entiende que, a efectos de la protección interdictal, resulta indiferente que la posesión sea reputada natural o civil, que se tenga en concepto de dueño o en otro distinto, que se funde en un derecho real o personal o que carezca de fundamento alguno».

Con relación a la **legitimación pasiva**, la ostenta **aquel que se oponga a la posesión del actor, bien sea perturbando la misma o despojándolo de ella**, es decir, la legitimación pasiva corresponde al causante jurídico de la lesión posesoria.

Sobre esto se pronuncia la reciente **sentencia de la Audiencia Provincial de Pontevedra n.º 59/2023, de 2 de febrero, ECLI:ES:APPO:2023:282,** que reconoce legitimación pasiva no solo a quien realiza los actos, sino también a quien ordena que se realicen los mismos:

> «(...) dada la naturaleza de la acción posesoria, esta ha de dirigirse frente a **quien personalmente o por medio de la actuación material de otro se opone a la posesión, despojando la que se quiere reponer**, en tanto la legitimación pasiva corresponde al causante jurídico de la lesión posesoria, y se basa, no en la titularidad del bien, que puede resultar beneficiado o favorecido por el ataque posesorio, sino en la conexión causal entre éste y el causante jurídico del mismo, aunque el aprovechamiento de las consecuencias ventajosas que la lesión posesoria comporta opera como dato indiciario de especial relevancia para inferir la autoría mediata, ya que la desposesión no se agota con el acto inicial de despojo, sino que se prolonga en el tiempo mientras subsista tal situación.
> La jurisprudencia ha atribuido la legitimación pasiva en los interdictos posesorios a las personas que ordenan ejecutar los actos perturbadores o por cuya cuenta se realizan; criterio jurisprudencial elaborado conforme a lo prevenido en el artículo 1652 de la Ley de Enjuiciamiento Civil de 1881, que exigía manifestar si los actos "los ejecutó la persona contra la que se

dirige el interdicto u otra por orden de ésta", considerando así legitimado pasivamente, tanto al autor por voluntad propia del despojo o perturbación, como a quien lo hubiera ordenado, en la medida en que tal actuación es de su responsabilidad, siendo el dato determinante la voluntad causante de la actuación, sin que esté legitimado quien pueda resultar indirecta o tangencialmente beneficiado por el ataque a la posesión si no ha participado en él, ya que su eficacia sólo alcanza frente a los que han cometido los actos perturbadores o de despojo o se aprovechan de modo exclusivo y directo de las consecuencias de los mismos».

## CUESTIÓN

### ¿En qué se diferencian la acción de tutela sumaria de la posesión y el desahucio por precario?

Para dar respuesta a esta cuestión podemos referirnos a la sentencia de la Audiencia Provincial de Oviedo n.º 151/2024, de 26 de marzo, ECLI:ES:APO:2024:1320, en la que se refiere a estas dos figuras con el siguiente tenor literal:

*«Como se ha señalado por las Audiencias, el art. 250 LEC distingue entre la acción por precario y la acción de tutela sumaria de la posesión (interdictal), aunque ambas estén encaminadas a la recuperación de la posesión, de forma que: (i) en el caso de la acción por precario (nº 2) la legitimación activa se reconoce a favor del dueño, usufructuario, o cualquier otra persona con "derecho a poseer", de acuerdo con la conocida doctrina jurisprudencial de esta sala (sentencias 21 de marzo de 1961 y 26 de abril de 1963), según la cual el desahucio en precario, para ser eficaz, ha de apoyarse en el fundamento, de parte del actor, de la posesión de la finca a título de dueño, usufructuario, o cualquier otro que le dé derecho a disfrutarla; (ii) por el contrario, en el caso del nº 4º, para el ejercicio de la acción de tutela sumaria de la posesión, se reconoce legitimación activa a quien haya sido despojado de ellas o perturbado "en su disfrute".*

*En consecuencia, en el precario se reconoce legitimación activa a quien tiene el ius possidendi, aunque no tenga el ius possessionis, como poder de hecho sobre la cosa. Por el contrario, en la acción interdictal de retener o recobrar, únicamente se reconoce legitimación activa a quien se encuentre en el disfrute de la cosa, y lo que pretenda sea una rápida protección para la continuación en el goce pacífico de la cosa, como situación de hecho, en la que haya sido perturbado o de la que haya resultado despojado».*

## RESOLUCIÓN RELEVANTE

### Sentencia de la Audiencia Provincial de Murcia n.º 247/2021, de 13 de septiembre, ECLI:ES:APMU:2021:2181

*«Establecido lo anterior, como señalan las sentencias de esta Sección nº 80/2020, de 9 de marzo de 2020, nº 188/2019, de 11 de junio de 2019, de conformidad con sus sentencia nº 327/2018, de 8 de octubre de 2018, con referencia a las sentencias de 14 de mayo y 1 de julio de 2010 y 13 de abril y 29 de Julio de 2011 y 14 de enero de 2015 y 26 de abril de 2016, y con las de la Sección 4 de esta Audiencia Provincial de 30 de abril y 21 de noviembre de 2008, la acción ejercitada en la demanda se sustancia mediante el llamado juicio verbal sobre tutela sumaria de la tenencia o posesión que "es un procedimiento sumario destinado a proteger la posesión actual como hecho de la posesión o tenencia, es decir, una situación de hecho, cualquiera que fuera su origen o naturaleza, contra el despojo consumado en daño del poseedor que, tutelando una apariencia jurídica, intenta restaurar la situación*

*primitiva, modificada arbitraria o unilateralmente por los particulares, tomándose la justicia por su mano, sin acudir a la vía establecida por el Derecho. Tales procesos al igual que los antiguos interdictos con el mismo objeto, se basan en la prohibición de vías de hecho contra el poseedor que consagran los artículos 441 y 446 CC. Su **ámbito** se limita a la posesión de mero hecho, con indiferencia del título en que se funde, y por tanto excluyendo el enjuiciamiento de toda cuestión compleja, como el derecho de propiedad o la existencia de cualquier otro derecho real como el derecho de servidumbre que, de ningún modo puede discutirse en esta vía, sino a través del proceso declarativo correspondiente. ...Los juicios posesorios deben centrarse en la situación de hecho de la posesión, no siendo el cauce adecuado para el examen de la existencia y contenido de un concreto derecho en sí mismo considerado.*

*Así, la Sentencia del Tribunal Supremo nº 1110/2008, de 25 de noviembre de 2008, declara que los interdictos son procesos posesorios que, al centrarse en la posesión de hecho, la sentencia **carece de fuerza de cosa juzgada**, no se pronuncia sobre el derecho que pueda justificar la posesión, que cabe dilucidar en un proceso declarativo ulterior. Y aun cuando se refiere a un proceso interdictal vigente la LEC de 1881, su naturaleza procesal no ha sido modificada por la nueva Ley de Enjuiciamiento Civil".*

*Conforme a la sentencia de esta Sección nº 327/2018, de 8 de octubre de 2018 citada que se refiere a las mismas sentencias, a tenor del art. 250.1.4º y del art. 446 C.C., la viabilidad de la acción de protección posesoria precisa la concurrencia de los cuatro siguientes requisitos, invariablemente exigidos en la práctica judicial: 1) La prueba de la posesión jurídica o de la mera tenencia, por parte del actor de la cosa sobre la que afirma haber sido privado. Requisito que implica tanto la legitimación activa, como la identificación de la cosa. 2) La existencia de una inquietud, perturbación o despojo de la cosa poseída, por parte de tercero cuya determinación supone la legitimación pasiva para soportar la acción sea causante directo, jurídico o impulsivo. 3) Que la protección interdictal se promueva antes del plazo de un año (art. 439.1º LEC, y 460 C.C.). 4) La existencia de actos de los que se infiera el ánimo de expoliar...". Según señala la citada sentencia de 30 de abril de 2008: "La acción interdictal puede tutelar, según la doctrina científica más avanzada y la mayoría de la Jurisprudencia llamada "menor", la posesión de las servidumbres discontinuas, como la de paso, entendida como el simple hecho de pasar, o sea, el ejercicio, manifestación o exteriorización de aquél derecho"».*

## ¿Qué acciones puede utilizar el usufructuario para defender su derecho?

Es importante tener en cuenta que este derecho real de propiedad puede encontrarse limitado por los derechos de terceros, pudiendo incluso el propietario otorgar facultades a otros, constituyendo otros derechos reales no plenarios sobre el bien, todo ello con la limitación de que tales cesiones no vacíen de contenido el derecho del propietario, que siempre ha de conservar alguna facultad sobre el bien en propiedad.

Cuando este límite en el derecho de propiedad sea el usufructo, conviene tener en cuenta que tanto el derecho a poseer, como el uso y disfrute del bien le corresponden al usufructuario, lo que conlleva que éste tenga legitimación para ejercitar determinadas acciones en su defensa.

Entre estas acciones podemos destacar las siguientes:

## ‖ La acción confesoria

La acción confesoria es aquella destinada a obtener de los tribunales la declaración de la existencia de un derecho real, como por ejemplo el usufructo, aunque su uso más extendido es para la defensa de las servidumbres, y la condena al demandado para que reconozca la misma y se abstenga de obstaculizarla.

## ‖ La acción de tutela sumaria de la posesión

Esta acción tiene como finalidad defender la tenencia o la posesión de una cosa o derecho, como por ejemplo un usufructo, por quien haya sido despojado de ellas o perturbado en su disfrute. Se trata de un procedimiento sumario, que no tiene efectos de cosa juzgada, por lo que no se entra a discutir sobre la existencia del usufructo, si no únicamente sobre su mera posesión de hecho.

Hay que tener en cuenta que para poder ejercitar el derecho, el usufructuario tendrá que encontrarse en posesión del bien, y en este sentido cabe citar la **sentencia de la Audiencia Provincial de Granada n.º 313/2014, de 19 de diciembre, ECLI:ES:APGR:2014:2109:**

> «Las acciones de tutela sumaria de la posesión en la nueva L.E.C., al igual que antes, tienen como fin inmediato la protección de una determinada situación posesoria. Se tramitan por el cauce del procedimiento verbal (art. 250-1-4º) con alguna particularidad (art. 439-1) y la sentencia no produce efecto de cosa Juzgada (art. 447-2).
>
> La acción interdictal encuentra su fundamento esencial en lo dispuesto en el art. 446 del C.C. que proclama la defensa de la posesión, disponiendo que todo poseedor tiene derecho a que se respete su posesión y si es inquietado, deberá ser protegido y restituido por los procedimientos legalmente previstos. La protección interdictal es efecto común a toda posesión y la legitimación activa se corresponde con la figura del poseedor, constituyendo un mecanismo jurídico al servicio del interés general de preservar la paz social y jurídica.
>
> De lo que acabamos de exponer se deduce que es indispensable para la viabilidad de la acción interdictal que el accionante se encontrase en posesión real de la cosa en el momento de producirse la perturbación o despojo y dada la amplitud con que nuestro derecho sustantivo configura el instituto de la posesión "tenencia de una cosa o disfrute de un derecho" (art. 430 C.C), la legitimación activa concurre en todo aquél que se encuentre en situación de señorío de hecho, con autonomía e independencia, respecto de una cosa susceptible de apropiación. Ser poseedor, por sí mismo y sin ningún otro título, inviste al sujeto del derecho a seguir siéndolo, a no ser privado de la situación fáctica de contacto con la cosa, sino por los medios jurídicos oportunos.
>
> Quien ejercita una acción **interdictal no tiene que probar su derecho a poseer pero si el hecho de la posesión**. En definitiva la doctrina unánimente entiende que, a efectos de la protección interdictal, resulta indiferente que la posesión sea reputada natural o civil, que se tenga en concepto de

dueño o en otro distinto, que se funde en un derecho real o personal o que carezca de fundamento alguno, pero debe ser poseedor, por sí mismo. Será poseedor interdictalmente protegido todo aquel sujeto que respecto de la cosa o derecho se halle en una aparente situación de señorío de hecho o poder efectivo sobre la cosa, exteriorizada y autónoma».

## || El juicio verbal para la efectividad de derechos reales inscritos

A través de este proceso especial sumario que tiene por finalidad defender la efectividad de los derechos inscritos, partiendo de la presunción de legitimidad que se recoge en el artículo 38 de la Ley Hipotecaria, se puede defender un usufructo, si bien al tratarse de un procedimiento especial y sumario no tiene efectos de cosa juzgada y sus causas de oposición se encuentran tasadas en la LEC.

## || El desahucio por precario

A través del desahucio por precario el usufructuario podrá recuperar la posesión del inmueble de la que se ha visto privado. El juicio verbal de desahucio por precario es uno de los procesos más utilizados por personas que se han visto despojadas de la posesión de un bien contra su voluntad, o que han tolerado o cedido voluntariamente y a título gratuito su posesión, pero ante la negativa del ocupante a devolver la posesión, se ven obligados a recurrir a este proceso judicial para conseguir la recuperación del mismo.

En estos casos estamos ante una situación de hecho que implica la utilización de un bien ajeno sin pagar renta o merced alguna, cuya posesión jurídica no le corresponde, aunque estemos en la tenencia del mismo y por tanto sin título que justifique el goce de la posesión, ya sea porque no se haya tenido nunca, ya sea porque habiéndolo tenido se pierda, o también porque otorgue una situación de preferencia, respecto a un poseedor de peor derecho (**STS n.º 27/2023, de 17 de enero, ECLI:ES:APIB:2023:164**).

A la persona que permanece en la vivienda ocupada se le conoce como «precarista» y para poder recuperar la posesión será necesario interponer un proceso de desahucio por precario, que se tramitará por los cauces del juicio verbal, tal y como establece el apartado 1.2.º del **artículo 250 de la LEC**:

> «1. Se decidirán en juicio verbal, cualquiera que sea su cuantía, las demandas siguientes:
>
> (...)
>
> 2.º Las que pretendan la recuperación de la plena posesión de una finca rústica o urbana, cedida en precario, por el dueño, usufructuario o cualquier otra persona con derecho a poseer dicha finca».

Este proceso tiene naturaleza plenaria y no sumaria, por lo que la sentencia que se dicte pone fin al proceso y genera plenos efectos de cosa juzgada.

Tal y como recoge el mentado art. 250 de la LEC la legitimación activa corresponde a quien ostenta el derecho a poseer la cosa, lo que implica que será el usufructuario, cuando exista, el que pueda solicitar auxilio a los juzgados instando este desahucio.

Cabe citar aquí la **sentencia de la Audiencia Provincial de Valencia n.º 166/2024, de 24 de abril, ECLI:ES:APV:2024:267**, en la que se hace referencia a las diferencias entre la legitimación activa a la hora de una acción reivindicatoria, y a la hora de un desahucio por precario, señalando que:«(...) el ámbito del juicio de desahucio por precario es totalmente distinto al de un juicio declarativo en el que se ejercita la acción reivindicatoria, ya que en el primero se pretende la mera reintegración posesoria de suerte que agota su objeto en el derecho a poseer, mientras que el segundo es mucho más ambicioso en cuanto que pretende un reconocimiento judicial de la propiedad al margen de un pronunciamiento en orden al reintegro de la posesión; y también lógicamente la legitimación activa es diferente en cuanto que la demanda de desahucio por precario puede ejercitarla quien ostenta la posesión real de la finca, ya a título de dueño, usufructuario, o cualquier otro que le dé derecho a disfrutarla, mientras que la legitimación para el ejercicio de la acción reivindicatoria corresponde exclusivamente al propietario no poseedor frente al poseedor no propietario. Por tanto, se trata de juicios declarativos (especial uno, plenario el otro) con objetos totalmente distintos».

**CUESTIONES**

**1. ¿Tiene el usufructuario legitimación para entablar una acción reivindicatoria?**

No. La jurisprudencia reconoce la legitimación para entablar esta acción al propietario y no al usufructuario. En este sentido podemos citar, por ejemplo, la sentencia de la Audiencia Provincial de Alicante n.º 52/2022, de 8 de febrero, ECLI:ES:APA:2022:92, en la que se señala que:

«*Efectivamente, según resulta del art. 348 del CCivil "el propietario tiene acción contra el tenedor y el poseedor de la cosa para reivindicarla", debiendo rechazar que nos encontremos ante un "juicio posesorio" pues, ni se han seguido los trámites del art. 250 de la LEC, ni en la demanda se hace referencia a otra cosa distinta que al ejercicio de una acción reivindicatoria, la cual, por su propia naturaleza, implica la recuperación de la posesión frente al poseedor no propietario que, sin título alguno pretenda mantenerse en la misma. Como dijera la STS 26/2003 de 24 de enero " la acción reivindicatoria, según reiteradísima jurisprudencia precisa, para prosperar, sendos requisitos relativos al demandado y a la cosa (son de especial interés las sentencias de 25 Jun. 1998 y 28 Sep. 1999). En cuanto al demandante, que es el propietario no poseedor, debe probar su derecho de propiedad; el demandado, poseedor no propietario, puede impedir el éxito de la acción probando su derecho a poseer..."*».

**2. ¿Y para una acción declarativa de dominio?**

Tampoco, nuevamente nos encontramos ante una acción que corresponde al propietario y no al usufructuario. Así lo podemos ver, por ejemplo, en la sentencia de la Audiencia Provincial de Jaén n.º 287/2021, de 21 de marzo, ECLI:ES:APJ:2021:376, en la que la acción declarativa de dominio la presenta una usufructuaria, y la sala recuerda su falta de legitimación, destacando que «(...) para el ejercicio de la acción declarativa de dominio o -también declarativa- de cualquier otro derecho, la legitimación queda reducida a quien afirme ser titular del mismo. Así resulta del artículo 348 del CC, precisando la STS de 24 de abril de 1995 que ha de tratarse del titular dominical actual».

## La acción confesoria

La acción confesoria aparece definida en el Diccionario del español jurídico de la RAE como aquella «Acción que tiene por objeto la salvaguarda del derecho de servidumbre y que se ejerce por quien se atribuye la existencia de dicho derecho sobre un predio ajeno. Es la acción contraria a la negatoria».

Es decir, la acción confesoria es la acción destinada a obtener de los tribunales la declaración de la existencia de una servidumbre (u otro derecho real), y la condena al demandado a que reconozca la misma y se abstenga de obstaculizarla.

**CUESTIÓN**

**¿Cabe el ejercicio de la acción confesoria para el reconocimiento de un derecho real de usufructo?**

Sí, y así lo recoge, por ejemplo, la sentencia de la Audiencia Provincial de Córdoba n.° 846/2023, de 29 de septiembre, ECLI:ES:APCO:2023:940, en la que se dice que: «(...) *la denominada acción confesoria es sustancialmente una acción declarativa de un derecho real limitado (usufructo, servidumbre etc.);* es decir, se trata de una acción declarativa de un gravamen impuesto sobre la propiedad de la cosa ajena; siendo de destacar, que esta acción tiene cabida entre las pretensiones declarativas a que se alude en el artículo 5 LEC (" se podrá pedir de los Tribunales... la declaración de la existencia de derecho y de situaciones jurídicas...")».

Su punto de partida lo encontramos en el art. 5 de la Ley de Enjuiciamiento Civil que señala:

«1. Se podrá pretender de los tribunales la condena a determinada prestación, **la declaración de la existencia de derechos y de situaciones jurídicas**, la constitución, modificación o extinción de estas últimas, la ejecución, la adopción de medidas cautelares y cualquier otra clase de tutela que esté expresamente prevista por la ley.

2. Las pretensiones a que se refiere el apartado anterior se formularán ante el tribunal que sea competente y frente a los sujetos a quienes haya de afectar la decisión pretendida».

También resulta de especial relevancia el art. 545 del Código Civil, que dispone:

«**El dueño del predio sirviente no podrá menoscabar de modo alguno el uso de la servidumbre constituida.**

Sin embargo, si por razón del lugar asignado primitivamente, o de la forma establecida para el uso de la servidumbre, llegara ésta a ser muy incómoda al dueño del predio sirviente, o le privase de hacer en él obras, reparos o mejoras importantes, podrá variarse a su costa, siempre que ofrezca otro lugar o forma igualmente cómodos, y de suerte que no resulte perjuicio alguno al dueño del predio dominante o a los que tengan derecho al uso de la servidumbre».

Su objeto, por tanto, es que se declare la existencia de un derecho real, no que se cree el mismo. Cabe traer aquí a colación la **sentencia de la Audiencia Provincial de Pontevedra n.° 56/2016, de 1 de febrero, ECLI:ES:APPO:2016:330**, que establece:

«En el caso, la acción principal ejercitada, acción confesoria de servidumbre, tiene por objeto la declaración de la existencia de un derecho de servidumbre y la condena al demandado a que la reconozca y respete, de manera que lo pretendido por el actor (la acción ejercitada) no es la constitución de una servidumbre de paso, sino que lo que persigue es que se declare un derecho de servidumbre que dice ostentar, consecuencia de ello y de entrada, se impone, la necesidad de acreditar el dominio del predio dominante, pues la titularidad de las servidumbres prediales viene determinada de forma mediata a través de la titularidad de dicho predio».

---

**A TENER EN CUENTA.** La acción confesoria pretende el reconocimiento de la existencia de un derecho existente, pero no su constitución. Así lo recoge la **sentencia de la Audiencia Provincial de Huelva n.º 234/2020, de 30 de abril, ECLI:ES:APH:2020:317**: «(...) el exclusivo objeto de este litigio era y es determinar si existe o no la servidumbre de paso defendida por la parte actora, y en absoluto la constitución forzosa de la misma (...)». Es decir, **se trata de una acción declarativa, no constitutiva.**

---

## || ¿Cuáles son los requisitos de la acción confesoria?

La jurisprudencia, véase como ejemplo la **sentencia de la Audiencia Provincial de Badajoz n.º 99/2019, de 19 de febrero, ECLI:ES:APBA:2019:117**, ha reconocido como requisitos de las acciones declarativas —entre las que se encuentra la acción confesoria— los siguientes:

- Que exista duda o controversia en torno a la situación jurídica que propugna el actor, tan fundada que pueda temerse por su seguridad.

- Que el peligro temido sea de tal naturaleza que la declaración judicial de existencia sea la única medida adecuada y posible para evitarlo.

- Que la acción se dirija contra la persona que, de un modo serio, formal, deliberado y solemne, discute el derecho al titular o no se allana a reconocerlo.

- Que el actor titular del derecho real limitativo de la propiedad ajena (*ius in re aliena*) no tenga el deber de soportar la perturbación, esto es, que el acto del demandado resulte ilegítimo.

- Que tales actos de perturbación se lleven a cabo con cierto carácter de permanencia, pues de lo contrario sería tan sólo aceptable una acción indemnizatoria que resarciera del perjuicio producido.

Tal y como recoge la mentada sentencia:

> «(...) es criterio jurisprudencial reiterado el de que sólo se ha conceder la acción confesoria cuando existe incertidumbre o discusión acerca de la realidad del derecho real limitativo del dominio, como es el derecho real de servidumbre, y no cuando nadie lo niega o lo discute, y ello por cuanto las acciones meramente declarativas, como es la acción confesoria, necesitan que el ejercicio de su acción se justifique por una necesidad de protección jurídica, existiendo, por tanto, un interés del demandante en que se clarifique su derecho frente al demandado que lo niega o desconoce (SSTS de 22 de septiembre de 1944 y 10 de marzo de 1961)».

## || Legitimación activa y pasiva en la acción confesoria

La **legitimación activa** para poder ejercitar la acción confesoria le corresponde al titular de un derecho real, como, por ejemplo, la servidumbre. Esta titularidad debe ser acreditada, siendo su falta de prueba motivo de desestimación de la acción.

El Tribunal Superior de Justicia de Galicia se ha pronunciado sobre esta legitimación en su **sentencia n.º 24/2011, de 27 de julio, ECLI:ES:TSJGAL:2011:6648**, en la que se recoge que:

> «La titularidad de las servidumbres prediales, de acuerdo con el artículo 530 del Código Civil, viene determinada de forma mediata, "ob rem", a través de la titularidad de la finca dominante y en consecuencia para poder ejercitar la acción confesoria será preciso acreditar el dominio del predio dominante ya que en el presente caso no se alude a ningún otro derecho real de goce o situaciones de mero hecho similares. **Si, pues, el accionante no prueba el título legitimador presentado, el de dominio, carecerá de legitimación "ad causam".**
>
> La legitimación —afirmábamos en nuestra sentencia 5/2009, de seis de marzo— es un presupuesto de carácter procesal (autos del Tribunal Supremo de 22 de enero y 5 de febrero de 2002, sentencias del T.S. de 12 de diciembre de 1998, 14 de julio y 14 de octubre de 2008), que **depende de la afirmación de la titularidad del derecho en cuestión**, de acuerdo con lo establecido en el artículo 10 de la Ley de Enjuiciamiento Civil, de tal manera que debe existir una coherencia jurídica entre la titularidad que se afirma y las consecuencias jurídicas que se pretenden. Por esta razón, el problema de la legitimación sólo puede ser resuelto desde el análisis de la relación jurídico material controvertida con respeto a la causa de pedir, si bien es asunto distinto y previo al examen de la determinación de la existencia del derecho discutido, de modo que se puede estar legitimado, pero carecer del derecho litigioso».

### CUESTIÓN

#### ¿Puede ejercitar la acción confesoria el nuevo propietario de una finca?

Sí, la acción confesoria tiene naturaleza real, no personal, por lo que, tal y como se recoge en la **sentencia de la Audiencia Provincial de Santa Cruz de Tenerife n.º 52/2023, de 14 de febrero, ECLI:ES:APTF:2023:94**, el nuevo propietario podría ejercitarla incluso respecto de hechos que hayan tenido lugar con anterioridad a la adquisición de su dominio, siempre y cuando la misma no haya prescrito.

Por su parte, la **legitimación pasiva** le corresponde al propietario, o a quien obstaculice o se oponga al ejercicio del derecho real.

Resulta ilustrativa la **sentencia de la Audiencia Provincial de Pontevedra n.º 596/2005, de 24 de noviembre, ECLI:ES:APPO:2005:970**, que recoge que:

> «La acción confesoria de servidumbre es la acción típica para la defensa de la servidumbre, constituyendo su finalidad tanto su declaración como su restitución, como es nuestro caso, esto es, que se ponga fin a una situación de hecho contraria a la misma.
>
> (...)

Corresponde la legitimación activa para su ejercicio, que constituye una rigurosa carga de la prueba, al titular actual del inmueble, al usufructuario conforme al art. 446 e incluso al arrendatario; y la legitimación pasiva la ostentará el dueño del predio sirviente o cualquier persona que se opusiera al ejercicio de la servidumbre».

**CUESTIÓN**

**¿Podría alegarse falta de legitimación pasiva si se hubiese demandado al marido, pero existieran capitulaciones matrimoniales otorgando el bien a la esposa no inscritas en el Registro de la Propiedad?**

La sentencia de la Audiencia Provincial de Valencia n.º 622/2007, de 22 de noviembre, ECLI:ES:APV:2007:3138 analiza esta cuestión y resuelve que: «(...) si bien es cierto que es reiterada la doctrina jurisprudencial que declara que la modificación del régimen económico matrimonial de sociedad de gananciales en el de separación de bienes solo puede perjudicar a terceros desde la fecha de la inscripción registral del acuerdo otorgado en capitulaciones matrimoniales, con lo que éstas, en principio no pueden perjudicar los derechos de tercero, también es cierto que ello es plenamente predicable de los derechos de crédito, pero no cuando se trata, cual es el caso que nos ocupa, de una acción real; en segundo lugar, porque siguiendo el hilo de lo acabado de exponer, se ha de significar que la acción ejercitada es una acción real dimanante de la servidumbre natural de aguas del art. 552 del C.C. en que la legitimación tanto activa como pasiva viene determinada por la titularidad de los predios inferior y superior, de forma que ni el dueño del predio inferior puede hacer obras que impidan esa servidumbre, ni el del superior obras que la agraven, con lo que la legitimación pasiva en este pleito solo puede venir referida a Dña. Asunción que es la actual propietaria del predio superior del que descienden las aguas pluviales al inferior de la parte actora (...)».

## ¿Cuáles son las diferencias entre la acción confesoria y la acción negatoria?

La principal diferencia entre la acción confesoria y la acción negatoria es que en el caso de la confesoria lo que se pretende es el reconocimiento del derecho real, mientras que, en la negatoria, se pretende precisamente lo contrario, es decir, la declaración de que no existe derecho real alguno sobre el bien.

En este sentido se ha pronunciado el **Tribunal Supremo en su sentencia n.º 603/2014, de 24 de octubre, ECLI:ES:TS:2014:4176**:

«Se ha ejercitado en el presente caso la acción confesoria, llamada así porque, en contraposición a la acción negatoria que tiene por objeto que se declare que la cosa no está sometida a un derecho real de servidumbre del demandado y que se haga cesar el mismo (sentencia de 24 marzo 2003, 13 octubre 2006), aquélla es la que corresponde al dueño del predio dominante, titular del derecho real de servidumbre contra quien le haya perturbado su ejercicio y tiene por objeto el reconocimiento del derecho real y la condena al demandado a que cese la perturbación (palabras literales de la sentencia de 2 junio 2004)».

## CUESTIONES

**1. En una demanda ejercitando la acción negatoria, ¿podría plantearse la acción confesoria vía reconvención?**

Sí, podría plantearse la acción confesoria mediante una reconvención como se recoge en la **sentencia del Tribunal Superior de Justicia de Galicia n.º 9/2009, de 1 de abril, ECLI:ES:TSJGAL:2009:4570**:

*«Dicha perspectiva procesal viene dada por la posición en el proceso de la demandada reconviniente, la cual frente a la acción negatoria ejercitada por la actora, se limita a efectuar alegaciones de fondo para que aquélla no prospere, no ejercitando la pertinente acción confesoria vía reconvención, circunscribiéndose ésta al ejercicio subsidiario (para el caso de que no se estimen sus alegaciones desestimatorias de la acción ejercitada por la actora) de la acción de constitución forzosa de la servidumbre por causa de enclavamiento».*

**2. Y si se trata de una demanda ejercitando la acción confesoria, ¿podría reconvenirse planteando una acción negatoria?**

Sí, la Audiencia Provincial de Pontevedra, en **sentencia n.º 596/2005, de 24 de noviembre, ECLI:ES:APPO:2005:970**, reconoce esta posibilidad, recalcando la importancia de realizar la reconvención en los términos recogidos en la LEC, para no generar indefensión a la parte contraria, y darle la posibilidad de oponerse.

# 6.
# ¿HIPOTECA INVERSA O VENTA DE NUDA PROPIEDAD?

## Hipoteca inversa y venta de nuda propiedad

En el mercado español han ido surgiendo una serie de figuras por las cuales se pretende convertir el valor de los inmuebles en una renta periódica. Se han creado orientado a las personas mayores o personas con discapacidad que no posean ingresos suficientes para cubrir sus necesidades o que quieren elevar su nivel de renta. El punto de partida se encuentra en que estas personas tengan una vivienda en propiedad.

## 6.1. Hipoteca inversa

El *Diccionario del Español Jurídico* define la hipoteca inversa como «Préstamo o crédito hipotecario del que el propietario de la vivienda realiza disposiciones, normalmente periódicas, aunque la disposición pueda ser de una sola vez, hasta un importe máximo determinado por un porcentaje del valor de tasación en el momento de la constitución. Cuando se alcanza dicho porcentaje, el mayor o dependiente deja de disponer de la renta y la deuda sigue generando intereses».

En esta figura lo habitual es que **la entidad recupere el crédito dispuesto más los intereses cuando el propietario fallece**. Esta recuperación puede realizarse por dos vías:

- Cancelación de la deuda por los herederos.

- Ejecución de la garantía hipotecaria por parte de la entidad de crédito.

Con relación a esta figura la disposición adicional primera de la Ley 41/2007, de 7 de diciembre, por la que se modifica la Ley 2/1981, de 25 de marzo, establece una serie de previsiones acerca de su regulación. En primer lugar, establece que a los efectos de la ley se entenderá por hipoteca inversa el préstamo o crédito garantizado mediante hipoteca sobre un bien inmueble que constituya la vivienda habitual del solicitante siempre que concurran los siguientes requisitos:

- El solicitante y los beneficiarios sean personas de edad igual o superior a los 65 años o afectadas de dependencia o personas a las que se le haya reconocido un grado de discapacidad igual o superior al 33 %.

- El deudor disponga del importe del préstamo o crédito mediante disposiciones periódicas o únicas.

- La vivienda haya sido tasada y asegurada contra daños.

Este tipo de hipotecas solo podrán ser concedidas por las entidades de crédito, los establecimientos financieros de crédito y por las entidades aseguradoras autorizadas para operar en España.

En el marco de transparencia y protección de la clientela las entidades deberán suministrar servicios de asesoramiento independiente a los solicitantes de este producto, teniendo en cuenta la situación financiera y los riesgos económicos derivados de la suscripción de este producto.

Cuando el deudor hipotecario fallezca sus herederos podrán cancelar el préstamo en el plazo estipulado abonando al acreedor hipotecario la totalidad de los débitos vencidos, con sus intereses, sin que el acreedor pueda exigir compensación alguna por la cancelación. En caso de que se haya estipulado en el contrato también podrá cancelarse al fallecimiento del último de los beneficiarios.

# 6.2. Venta de nuda propiedad o vivienda pensión

Esta figura **permite que la persona pueda vender su vivienda, pero continuar viviendo en ella**. En este caso, a diferencia de la hipoteca inversa, se transfiere la nuda propiedad, de tal forma que quien la compra adquiere la titularidad de la vivienda, aunque no podrá hacer uso de la misma ya que estará gravada con un derecho de usufructo que le corresponde al anterior propietario.

En cuanto a la constitución del usufructo puede acordarse:

- Usufructo vitalicio, esta opción es la más frecuente, y el mismo le permite el uso y disfrute de la vivienda hasta que fallezca.

- Usufructo temporal, esta modalidad otorga el uso y disfrute por un plazo determinado.

Con relación al pago del precio de la nuda propiedad también es posible que el mismo adquiera diversas modalidades, así es posible que se realice por:

- Pago único: de tal forma que el vendedor percibe el total del valor de la nuda propiedad en el momento de la operación.

- Renta vitalicia: con esta alternativa el vendedor transmite la nuda propiedad a cambio de recibir una renta vitalicia que dependerá del valor de la vivienda y de la esperanza de vida del usufructuario.

- Renta temporal: esta modalidad supone que el vendedor acuerda percibir una renta por un plazo determinado como contraprestación por la nuda propiedad de la vivienda.

> **A TENER EN CUENTA.** En los casos en que se opte por que el precio de la nuda propiedad se pague mediante renta, ya sea vitalicia o temporal, resulta aconsejable establecer una condición resolutoria para que en caso de impago de la renta el usufructuario pueda recuperar el pleno dominio sobre el bien.

Para determinar el valor de la nuda propiedad y fijar el precio podemos acudir al art. 26 de la Ley 29/1987, de 18 de diciembre, del Impuesto sobre Sucesiones y Donaciones, que a efectos fiscales establece una serie de reglas de cálculo.

Debemos señalar que el valor del derecho de nuda propiedad viene determinado por el valor del usufructo, de tal forma que el valor del derecho de nuda propiedad se computará por la diferencia entre el valor del usufructo y el valor total del bien.

Para calcular el valor del usufructo debemos diferenciar los supuestos de usufructo vitalicio y de usufructo temporal:

- Usufructo vitalicio: se estimará que el valor es igual al 70 % del valor total de los bienes cuando el usufructuario cuente menos de 20 años, minorando a medida que aumenta la edad, en la proporción de 1 % por cada año más, con el límite mínimo del 10 % del valor total.

- Usufructo temporal: se reputará proporcional al valor total de los bienes, en razón del 2 % por cada período de un año, sin exceder del 70 %.

> **A TENER EN CUENTA.** Para el cálculo de usufructo vitalicio se emplea la denominada «regla del 89» siendo la fórmula (89- edad del usufructuario) % x valor total del bien.

### CUESTIONES

**1. Z tiene 67 años y quiere vender la nuda propiedad de su vivienda, valorada en 150.000€. Quiere que la venta se efectúe con un usufructo vitalicio y que el comprador realice un pago único. ¿Cómo puede calcular el valor de la nuda propiedad?**

En este caso al estar ante un usufructo vitalicio debe utilizar la «regla del 89» y por tanto el valor de la nuda propiedad sería:

$$(89\text{-}67) \% = 22 \%$$

$$22\% \text{ de } 150.000 = 33.000 \text{ € (valor del usufructo)}$$

$$150.000 - 33.000 = 117.000 \text{ € (valor de la nuda propiedad)}$$

**2. Y en caso de que el usufructo se decida constituir por un plazo de 6 años, ¿cuál será el valor de la nuda propiedad?**

$$(2*6) \% = 12 \%$$

12% de 150.000 = 18.000 € (valor del usufructo)

150.000 - 18.000 = 132.000 € (valor de la nuda propiedad)

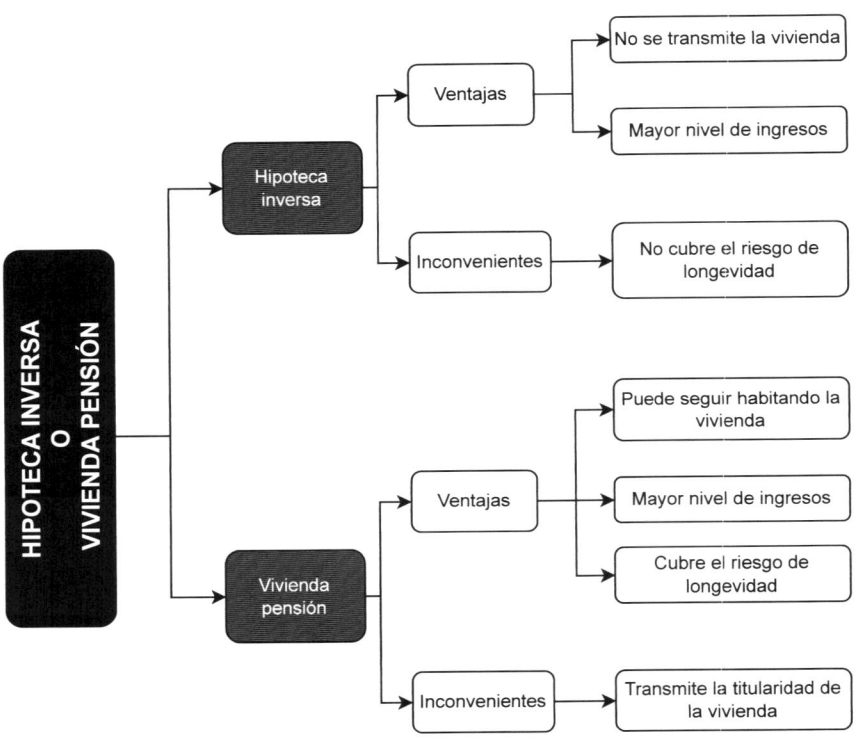

# 6.3. Otras figuras afines

## Cesión en alquiler

Esta figura supone que el propietario cede a una entidad la vivienda para que la alquile. La entidad que recibe la cesión se encarga de gestionar la vivienda y asume los riesgos y gastos que se originen del mantenimiento y reparación. A cambio de esta cesión el propietario recibe una renta que, por lo general, destina al pago de un servicio residencial.

La especialidad de esta opción es que el propietario mantiene la plena propiedad de la misma sin ningún tipo de carga.

## Hipoteca pensión

En este supuesto en realidad estamos ante dos negocios jurídicos: por un lado, un crédito hipotecario y por otro una renta vitalicia. La operación que se realiza en este caso es que el propietario suscribe un préstamo hipotecario sobre la vivienda y con el dinero de éste contrata un seguro de renta vitalicia.

En este caso la hipoteca que se contrate, durante la vida del propietario se mantendrá en período de carencia. En el momento en el que el propietario fallezca los herederos podrán optar en hacer frente a la deuda con el inmueble o heredar la propiedad asumiendo la deuda.

**CUESTIÓN**

**¿Qué es un período de carencia en la hipoteca?**

El período de carencia en la hipoteca es un período durante el que se aplaza el pago de capital o de los intereses o de ambos.

La pensión que se recibe por esta vía va a estar condicionada por el valor del bien inmueble y por la edad del que contrate el seguro de renta vitalicia, ya que éste supone que el asegurado recibirá una pensión —que puede abonarse mensual, trimestral o anualmente— cuya cuantía dependerá del capital total que se haya aportado, así como de la rentabilidad del propio seguro.

Este seguro también posibilita que se establezca, en cuanto a los herederos, una garantía por la que en el momento del fallecimiento se entregue el capital restante a los beneficiarios que establezca el asegurado.

# ANEXOS I.
## CASOS PRÁCTICOS

# Caso práctico | Extinción del usufructo vitalicio y consolidación con la nuda propiedad

## PLANTEAMIENTO

«A» era usufructuaria de una finca de la herencia de su marido. Tras fallecer esta, su hijo quiere hacer constar que le corresponde la propiedad plena del bien. ¿Qué pasos debe seguir?

## RESPUESTA

Para la cancelación en el Registro del usufructo de «A», debe **acreditarse su fallecimiento mediante el correspondiente certificado de defunción y la solicitud expresa del interesado en la cancelación**, previa acreditación de la liquidación y pago de los impuestos devengados por la cancelación.

La solicitud puede realizarse en **instancia privada**, mediante **firma legitimada** por Notario o ratificada ante el Registrador competente, acompañada del certificado de defunción y el documento acreditativo de la liquidación y pago de los impuestos.

En este sentido, los arts. 192 y 193 del Reglamento Hipotecario disponen:

### Artículo 192 del RH

«Cuando el usufructo y la nuda propiedad consten inscritos a favor de distintas personas en un solo asiento o en varios, **llegado el caso de extinción del usufructo, si no hubiere obstáculo legal, se extenderá una inscripción de cancelación de este derecho y de consolidación del usufructo con la nuda propiedad.**

Al margen de la inscripción de nuda propiedad se pondrá la oportuna nota de referencia».

### Artículo 193 del RH

«La **cancelación extensa se practicará en el libro y folio correspondientes, según su fecha, y contendrá las circunstancias siguientes:**

Primera. Número de la inscripción o letra de la anotación que se cancele.

Segunda. Causa o razón de la cancelación.

Tercera. Nombre, apellidos y circunstancias personales de los otorgantes o de la persona o personas a cuya instancia o con cuyo consentimiento se verifique la cancelación.

Cuarta. Clase del documento en cuya virtud se haga la cancelación y su fecha. Si fuese escritura, nombre y residencia del Notario autorizante; si documento judicial o administrativo, se determinará el Tribunal, Juzgado, Autoridad o funcionario público que la autorice y su residencia, y si solicitud privada, la circunstancia de haberse ratificado los interesados ante el Registrador y fe de conocimiento de éstos o de estar legitimadas las firmas.

Quinta. Expresión de quedar cancelado total o parcialmente el asiento correspondiente.

Sexta. Día y hora de la presentación en el Registro del documento en cuya virtud se verifique la cancelación, así como el número del asiento de presentación y tomo del DÍArio.

Séptima. Fecha de la cancelación y firma del Registrador.

Cuando tenga que registrarse una escritura de cancelación en diferentes Registros, se presentará en todos ellos, y al pie de la misma podrán los Registradores, por el orden respectivo, la nota correspondiente».

# Caso práctico | Usufructo y nuda propiedad: Ejemplos de valoración

## PLANTEAMIENTO

Son muchas las razones que pueden darse para que se haga necesario determinar el valor del usufructo y de la nuda propiedad (materia fiscal, capitalización del usufructo, constitución de una hipoteca, venta, etc.). Es por ello que a continuación expondremos la forma en la que puede calcularse el valor del usufructo y de la nuda propiedad.

## RESPUESTA

Para determinar el valor del usufructo y de la nuda propiedad debemos acudir al art. 26 de la Ley del Impuesto sobre Sucesiones y Donaciones conforme al cual se establece las siguientes reglas:

- El valor del usufructo temporal se reputará proporcional al valor total de los bienes, en razón del 2 por 100 por cada período de un año, sin exceder del 70 por 100.

- En los usufructos vitalicios se estimará que el valor es igual al 70 por 100 del valor total de los bienes cuando el usufructuario cuente menos de veinte años, minorando a medida que aumenta la edad, en la proporción de un 1 por 100 menos por cada año más, con el límite mínimo del 10 por 100 del valor total.

- El valor del derecho de nuda propiedad se computará por la diferencia entre el valor del usufructo y el valor total de los bienes. En los usufructos vitalicios que, a su vez, sean temporales, la nuda propiedad se valorará aplicando, de las reglas anteriores, aquella que le atribuya menor valor.

Con base a lo anterior expondremos un ejemplo de cada supuesto que facilite la comprensión práctica.

### Ejemplo de cálculo del usufructo temporal

Una persona establece sobre un inmueble valorado en 250.000 € un usufructo temporal de 7 años.

Fórmula: (2 * n.º de años) % * valor del bien = valor del usufructo

(2 * 7) % * 250.000 = 35.000 €

### Ejemplo de cálculo de usufructo vitalicio

Una persona fallece dejándole a su viuda de 53 años el usufructo vitalicio de una vivienda valorada en 180.000 €.

En estos casos para simplificar el cálculo se emplea denominada «regla del 89» por lo que:

Fórmula: (89 - edad del usufructuario) % * valor del bien = valor del usufructo

(89 - 53) % * 180.000 = 64.800 €

### Ejemplo cálculo de nuda propiedad

Una persona es el nudo propietario de una vivienda valorada en 250.000 € sobre esta tiene constituido un usufructo vitalicio valorado en 90.000 €, como quiere constituir una hipoteca sobre la nuda propiedad quiere saber el valor de la misma.

**Fórmula:** valor del inmueble - valor del usufructo = valor de la nuda propiedad

$$250.000 € - 90.000 € = 160.000 €$$

# Caso práctico | Derecho de retracto en la venta de usufructo

## PLANTEAMIENTO

«A» es propietaria del 50 % de una vivienda y usufructuaria del otro 50 %. Por otro lado «B» es el propietario del otro 50%. «A» vende su derecho de usufructo a «X», por lo que «B» pretende ejercitar como copropietario su derecho de retracto, ¿es posible el retracto del derecho de usufructo?

## RESPUESTA

No. En cuanto a la posibilidad de que el usufructuario pueda vender su derecho debemos señalar que esta facultad aparece expresamente reconocida en el art. 480 del Código Civil, que establece:

> «Podrá el usufructuario aprovechar por sí mismo la cosa usufructuada, arrendarla a otro y enajenar su derecho de usufructo, aunque sea a título gratuito, pero todos los contratos que celebre como tal usufructuario se resolverán al fin del usufructo, salvo el arrendamiento de las fincas rústicas, el cual se considerará subsistente durante el año agrícola».

Por otro lado, el derecho de retracto del copropietario está previsto en el art. 1522 del CC:

> «El copropietario de una cosa común podrá usar del retracto en el caso de enajenarse a un extraño la parte de todos los demás condueños o de alguno de ellos.
> Cuando dos o más copropietarios quieran usar del retracto, sólo podrán hacerlo a prorrata de la porción que tengan en la cosa común».

Sin embargo, la posibilidad de retracto no se traslada a los supuestos de venta del usufructo y ello porque el usufructo no es propiedad, sino el derecho a ejercer una de las facultades que la integran: el derecho de uso y disfrute sobre la cosa. En este sentido se ha manifestado la **SAP de Málaga n.º 462/2021, de 13 de julio, ECLI:ES:APMA:2021:3331**, que remitiéndose a lo interpretado por el Tribunal Supremo señala:

> «Así lo ha interpretado nuestro Tribunal Supremo, precisamente en la resolución que menciona el recurrente en su escrito, Auto de 18 de abril de 2006, n.º de recurso 1177/2005, que como primer requisito sustancial del retracto entre comuneros exige que quien lo ejercita sea copropietarios de la cosa común, de la que otro u otros condueños hayan vendido sus partes. Esto es, no cabe que lo enajenado o transmitido sea el derecho real de usufructo, sino que necesariamente ha de ser la propiedad.
> En consecuencia, y al margen de la regulación que el derecho foral de alguna Comunidad Autónoma haya dado sobre el tema, reconociendo al nudo propietario un derecho de adquisición preferente sobre el usufructo trasmitido,

nuestro Código Civil no prevé tal supuesto, por lo que hemos de concluir que no procede el retracto de comuneros sobre un derecho de usufructo, es decir, no procede en los supuestos de concurrencia del derecho de propiedad, con derechos reales limitativos del dominio, como es el usufructo».

# Caso práctico | ¿Puede el nudo propietario solicitar la división de la cosa común cuando existe un usufructo?

## PLANTEAMIENTO

En el caso de que la nuda propiedad de una finca sea titularidad de varios copropietarios, y además exista algún usufructuario ejerciendo su derecho de uso, si uno de los copropietarios quiere ejercitar su derecho a la división de la cosa común, ¿puede solicitar la división aun existiendo un usufructuario? ¿Debe demandar a este o solo a los copropietarios?

## RESPUESTA

En estos casos la jurisprudencia ha entendido en numerosas ocasiones que el copropietario puede ejercitar su derecho a dividir la cosa común, si bien el usufructuario no tiene legitimación pasiva cuando se ejercita la acción de división de la cosa común.

El punto de partida lo encontramos en el art. 400 del Código Civil, que en su párrafo primero dispone que: «Ningún copropietario estará obligado a permanecer en la comunidad. Cada uno de ellos podrá pedir en cualquier tiempo que se divida la cosa común».

A esto habría que añadir lo regulado en el art. 405 del Código Civil, según el cual la división de una cosa común no perjudicará a tercero, que conservará los derechos reales (en este caso el usufructo) que le pertenecieran antes de hacer la partición.

En este sentido podemos citar la **sentencia de la Audiencia Provincial de Las Palmas de Gran Canaria n.° 551/2020, de 25 de noviembre, ECLI:ES:APGC:2020:2736**, en la que en un supuesto similar concluye que:

> «Como dice la STS 02-04-2008, n.° 258/2008, rec. 9/2001 en relación a un supuesto similar en el que se pretendía la división de una finca que estaba gravada con usufructo sobre una cuota indivisa,
>
> "La división de la cosa común afecta a los copropietarios, como dice el artículo 400 del Código Civil (ningún copropietario estará obligado a permanecer en la comunidad) y no alcanza a quien no lo sea, como puede ser el titular de un derecho real, como dispone el artículo 405 (la división de una cosa común no perjudicará a tercero, el cual conservará los derechos...reales que le pertenecieran....). En definitiva, la división de la cosa común afecta a los comuneros, no a los terceros y la titular de un derecho de usufructo no forma parte de la comunidad y es ajena a la división; en la actio communi dividundo carece de legitimación pasiva. En consecuencia, débese estimar su recurso de casación y asumiendo la instancia (art. 1715.1.3.° LEC) desestimar la demanda en lo referente a ella"
>
> Sin embargo es de tener en consideración que aunque el usufructuario carece de legitimación pasiva para soportar el ejercicio de la acción, si embargo, como quiera que su derecho puede verse comprometido por el ejercicio de la acción goza de la facultad de actuar (libremente) como parte demandada en el procedimiento(…)».

Otro ejemplo lo encontramos en la **sentencia de la Audiencia Provincial de Madrid n.º 298/2018, de 20 de junio, ECLI:ES:APM:2018:8710**, en la que se señala:

«A dichos efectos, hemos de remitirnos al art. 392 C.Civil, según el cual "Hay comunidad cuando la propiedad de una cosa o un derecho pertenece pro indiviso a varias personas", sin aludir a los usufructuarios; por otra parte, los arts. 400 y 401 C.Civil se refieren a los propietarios y copropietarios como los únicos legitimados para pedir la división de la cosa común, no mencionando a los usufructuarios.

El Tribunal supremo se ha pronunciado reiteradamente sobre la nula intervención del usufructuario en la división de la cosa común, así, en sentencias de 20 de abril de 1988 y 28 de febrero de 1991, se expresa en los siguientes términos: "el usufructuario de cuota indivisa de una cosa en copropiedad no se ve perjudicado por la división de la expresada cosa común, en cuanto su derecho real se mantiene subsistente y se concreta e individualiza, por imperativo legal, en la parte que se adjudique al dueño o propietario, por lo que, en principio, dicho usufructuario carece de acción para intervenir, activa o pasivamente, en el proceso encaminado a realizar la expresada división, salvo el caso de que ésta se hubiere efectuado en fraude de sus derechos", puntualizando en la sentencia de 15 de marzo de 1993 que "la acción divisoria sólo requiere el concurso de los copropietarios" y en sentencia de 6 de junio de 1997 que "La acción de división debe resolverse únicamente entre los condueños de la cosa común". En definitiva, atendiendo a los preceptos del C.Civil y a la jurisprudencia del Tribunal Supremo, concluimos que entre el usufructuario y el nudo propietario no existe comunidad de bienes(...)».

A modo de conclusión cabe citar la **sentencia de la Audiencia Provincial de Salamanca n.º 276/2020, de 11 de junio, ECLI:ES:APSA:2020:322**:

«(...) la división de la cosa común afectará únicamente a los derechos que los comuneros tengan sobre la cosa común, y por ello, como indica la doctrina del Tribunal Supremo, la existencia de derechos de uso u usufructo sobre el bien común no priva a los propietarios de la posibilidad de instar la división de la cosa común, ya que dicha división ha de respetar los derechos del usuario o usufructuario (Sentencias del Tribunal Supremo de 16 de diciembre de 1995, 8 de marzo de 1999, 27 de junio de 2007 y 5 de febrero de 2013, entre otras)».

# Caso práctico | Conforme al Código Civil, ¿puede el cónyuge viudo, instituido heredero universal, participar en la elección del modo de satisfacer el usufructo vidual?

## PLANTEAMIENTO

Mediante testamento A establece como heredero universal a su cónyuge X al que así mismo le reconoce el derecho de usufructo vidual sobre el tercio de mejora, además se reconoce como legitimario a su hijo Z.

El legitimario decide capitalizar el usufructo a lo que el cónyuge viudo se opone y alega su condición de heredero para poder participar de la decisión sobre la forma de satisfacer el usufructo.

¿Puede el cónyuge viudo participar en la elección de la forma de satisfacer el usufructo por tener la condición de heredero?

## RESPUESTA

No, ya que al tratarse de una carga sobre la porción hereditaria del legitimario la facultad de elección solo se le concede a éste por ser el afectado. Así lo ha señalado el Tribunal Supremo en la **sentencia n.º 955/2000, de 25 de octubre, ECLI:ES:TS:2000:7705**:

> «(…) la opinión científica, en general, considera que la facultad de elegir una de estas formas expresadas en el artículo 839 corresponde a los herederos, sean voluntarios o forzosos, testados o abintestato, o, incluso, legatarios afectados por el usufructo legal del viudo, ya sean descendientes, ascendientes o colaterales del causante o, incluso, extraños al mismo, y tanto si dicha cuota vidual recae sobre el tercio de mejora como en el de libre disposición, y desde esta óptica, en consonancia a que la mención de "herederos" se refiere sólo a los "afectados" por el usufructo de la viuda, a quienes compete la posibilidad de elegir entre las distintas opciones establecidas en el artículo 839, al tratarse de una carga sobre su porción hereditaria, es preciso entender que a ellos exclusivamente les está permitida la facultad de elección, que no se facilita a la recurrente, dado que ella es la beneficiaria de la cuota vidual usufructuaria, con independencia de la institución de heredera universal verificada por el causante en su testamento, todo ello en consonancia con el texto de artículo 839, que sólo permite la elección a los "herederos que tienen que satisfacer al cónyuge su parte de usufructo" (…)».

**A TENER EN CUENTA.** Este caso se fundamenta en la regulación del usufructo vidual establecido en el Código Civil, en las comunidades autónomas donde exista derecho autonómico sobre esta materia habrá que atender a su regulación propia.

# Caso práctico | ¿Debe el usufructuario realizar las reparaciones ordinarias si no hace uso del usufructo?

## PLANTEAMIENTO

Sobre una finca rústica hay constituido un derecho de usufructo, la finca tiene un almacén de aperos cuya vida útil de los materiales empleados en su construcción ha finalizado siendo necesario que se realice una reparación del mismo. El nudo propietario interpone demanda para que el usufructuario realice las obras de reparación necesarias. El usufructuario responde a la demanda alegando que no ha disfrutado nunca del usufructo del inmueble por lo que no le corresponde realizar las obras ya que, además, entiende que las mismas exceden de lo que ha de considerarse reparación ordinaria por el desgaste del uso.

En el caso planteado, ¿debe el usufructuario realizar las obras que se le requieren?

## RESPUESTA

Para dar una solución a la cuestión planteada resulta de interés la **sentencia del Tribunal Supremo n.º 250/2018, de 25 de abril, ECLI:ES:TS:2018:1486**.

En primer lugar, resulta irrelevante que el usufructuario no haya hecho uso del almacén en ningún momento, ya que —según palabras del Alto Tribunal— la obligación de realizar el usufructuario las reparaciones se mantiene durante toda la vida del usufructo y que nace con el inicio del derecho de usufructo y no con la entrada en posesión de la cosa:

> «La obligación legal del usufructuario de realizar las reparaciones ordinarias impuesta por el art. 500 CC es configurada en nuestro ordenamiento como una auténtica obligación exigible durante toda la vida del usufructo, porque el nudo propietario tiene interés en que la cosa objeto de usufructo no se deteriore. Es una obligación que nace con el inicio del derecho del usufructo y no con la entrada en posesión de la cosa y su fundamento es el propio deber de conservar y cuidar diligentemente los bienes usufructuados (art. 497 CC)».

En segundo lugar, las reparaciones a que está obligado el usufructuario son aquellas que exijan los desperfectos producidos por el uso natural de las cosas y las necesarias para su conservación. Por tanto, el nudo propietario no puede exigir las que supongan mejoras o incrementen el valor de la cosa, delimitando el Tribunal Supremo las reparaciones exigibles, señalando:

> «El art. 500.2 CC define las reparaciones ordinarias como las que exijan los deterioros o desperfectos que procedan del uso natural de las cosas y sean indispensables para su conservación. El nudo propietario, por tanto, no podría pedir mejoras, obras que incrementen el valor de la cosa dada en usufructo, pero sí las reparaciones indispensables para su conservación, las que permitan continuar disfrutando de la cosa en el estado que se recibió para mantener su función y utilidad. El nudo propietario tampoco podría exigir la reparación de los deterioros naturales y consustanciales al uso adecuado de la cosa conforme a su destino (art. 481 CC)».

# Caso práctico | ¿Qué ocurre cuando hay dos cousufructuarios y uno de ellos fallece?

## PLANTEAMIENTO

X e Y son cousufructuarios de una vivienda. X fallece dejando como heredero al nudo propietario de la vivienda sobre la que tenía la mitad del usufructo. ¿Qué ocurre con ese usufructo? ¿Se extingue con la muerte? ¿Acrece el usufructo de Y o lo hereda el propietario?

## RESPUESTA

A pesar de que una de las causas de extinción del usufructo es la muerte del usufructuario, en este caso, al existir un cousufructuario vivo, será este el que vea acrecido su derecho, pasando a ser titular exclusivo del usufructo.

En este sentido podemos citar la **sentencia de la Audiencia Provincial de Pontevedra n.º 499/2021, de 25 de noviembre, ECLI:ES:APPO:2021:2780**, que en un supuesto en el que la nuda propietaria residía en la vivienda con uno de los usufructuarios, cuando este fallece dejándola como heredera, considera que tiene derecho a seguir residiendo en la vivienda ya que hereda el usufructo, algo que la audiencia descarta al entender que el usufructuario que sobrevive pasaría a ser titular del derecho de usufructo al 100 % y, por tanto, que tiene legitimación activa para ejercitar la acción de desahucio por precario:

> «(…) dispone al art. 521 Cc, que: "El usufructo constituido en provecho de varias personas al tiempo de su constitución, no se extinguirá hasta la muerte de la última que sobreviviere", lo que significa que, no resultando del título constitutivo otra cosa, como es el caso, fallecido uno de los cousufructuarios, éste deja de ser titular del mismo, pero no se produce la constitución de una situación de cotitularidad entre quien continua disfrutando del derecho real y el nudo propietario, sino que "el usufructo no se extingue hasta la muerte del último usufructuario que sobreviviere". El usufructo acrece a favor del cousufructuario sobreviviente, de manera que persiste entero hasta la muerte del último. En el supuesto de usufructo múltiple contemplado por el citado artículo 521, la muerte de uno de los usufructuarios, que en el artículo 513.1 actúa como causa de extinción del derecho, aquí supone sólo pérdida del mismo para su titular, correspondiendo su porción vacante en el usufructo al cousufructuario que sobrevive, quedando al margen el nudo propietario y los herederos del fallecido, como una manifestación del derecho de acrecer, que en vía de principio corresponde en todo llamamiento conjunto y solidario o como un supuesto normal de la fuerza expansiva de las cotitularidades en los derechos elásticos o absolutos, que se expanden como consecuencia de la desaparición de la limitación que la concurrencia con los demás producía (vid. sentencias del Tribunal Supremo de 29 de marzo de 1.905, 8 de marzo de 1.958 y 24 de abril de 1.976)"».

# Caso práctico | ¿Puede ejecutarse un usufructo?

## PLANTEAMIENTO

Un nudo propietario ha tenido conocimiento de que su propiedad ha sido embargada por una deuda del usufructuario. Ante esto procede a plantear una tercería de dominio alegando la propiedad del bien, y el juzgado la estima y ordena levantar el embargo. ¿Puede el acreedor solicitar que el embargo continúe exclusivamente por el usufructo o no podría ejecutarse este de manera independiente?

## RESPUESTA

Sí, el acreedor puede solicitar que el embargo se lleve a cabo sobre el usufructo ya que se trata de un derecho transmisible no solo de manera voluntaria sino también forzosa. Además, quién plantea la tercería de dominio puede hacerlo solo con respecto a la nuda propiedad, no sobre el usufructo pues no es titular de este derecho.

En este sentido resuelve la **Audiencia Provincial de Vigo en su auto n.º 305/2011, de 22 de diciembre, ECLI:ES:APPO:2011:1520A,** en el que se analizan distintas sentencias en supuestos similares:

«SEGUNDO: La SAP Toledo de 23 de marzo de 1995 al abordar la cuestión estableció que "los actores, en cuanto nudo propietarios de las fincas embargadas, están activamente legitimados para solicitar el alzamiento del embargo, en la medida que ostentan un título, en el sentido del art. 1.537 LEC/1881, protegible por esa vía procesal (tercería de dominio)... Ahora bien, el alcance de esa legitimación viene dado por la amplitud del derecho que esgrimen como fundamento de la demanda de tercería, lo que significa que el embargo no puede ser alzado sino en lo que sea suficiente para preservar el título de los terceristas de la lesión que se derivaría si permanecieran entre los bienes ejecutados. Por tanto, si el título que esgrimen los terceristas como basamento de su acción es el derecho de nuda propiedad sobre las fincas embargadas, es evidente **que la estimación de la tercería se ha de traducir en el alzamiento del embargo en la medida en que afecta a la nuda propiedad de los actores, pero manteniendo la traba en lo que toca al derecho de usufructo de los ejecutados**, porque no hay razón alguna para excluir de la traba al derecho de usufructo, puesto que continúa perteneciendo a don Laureano . y doña María Dolores ., demandados en el juicio ejecutivo n.º 7/1993".

Asimismo, la SAP Barcelona S 8 Feb. 1993, expresa que nada obsta a que lo pretendido en la tercería sea cosa distinta de un derecho real, pues, en principio, **todo aquello que puede ser objeto de embargo debería ser posible objeto de una demanda de tercería**, y que la tercería ni es una acción reivindicatoria ni envuelve una acción de tal característica, ni siquiera tiende a la declaración del dominio, sino que se trata de un incidente o expediente procesal destinado a alzar el embargo trabado de modo erróneo y cuyo objeto reside en establecer si el embargo decretado resulta o no procedente.

La STS 19 de mayo 1997, citada en el recurso de apelación, resuelve un supuesto análogo al de autos, en el que por el Juzgado también había decretado el embargo de la totalidad de una finca y la demanda de tercería se planteó por los nudos propietarios, ya que los transmitentes (embargados) se había reservado el usufructo. La sentencia estima la demanda en cuanto a la nuda propiedad y mantiene el embargo del usufructo, que los transmitentes (embargados, deudores, padres de los terceristas) se habían reservado, puntualizando lo siguiente: "en cuanto a la estimación de la tercería del dominio respecto a la nuda propiedad, nada hay que añadir a lo resuelto por la sentencia de la Audiencia. En relación con la concreción de tal estimación a la nuda propiedad, manteniendo el embargo del usufructo, como hace la misma sentencia, e hizo el Registro de la Propiedad, se estima correcto, lo que implica la desestimación de este motivo de casación, por dos razones. En primer lugar, **el usufructo no es un derecho personalísimo sino transmisible, cuya transmisión no sólo puede ser voluntaria sino también forzosa**, tal como se desprende del art. 480 CC, sin perjuicio de la extinción, que contempla el mismo artículo y el art. 513, y ha sido materia de diversas sentencias, aunque no referidas a casos como el presente, sino a arrendamiento: STS 3 Mayo 1988, 9 Junio 1990, 20 Diciembre 1991 y 23 Febrero 1995. En segundo lugar, **los terceristas están legitimados activamente para la acción de tercería de dominio, que lleva consigo la declaración de propiedad (en este caso, la nuda propiedad) del bien embargado. Pero no cabe ejercerla respecto al usufructo, pues aquellos terceristas no son titulares de tal derecho real**, sino que lo son sus padres (que les transmitieron la propiedad reservándose el usufructo), siendo precisamente el padre uno de los demandados en la presente tercería de dominio"».

Concluye la sentencia aplicando la jurisprudencia en la materia al caso concreto, estableciendo que mantener el embargo sobre el usufructo no infringe ningún principio de derecho inmobiliario registral, y revocando la sentencia de instancia que alzaba el embargo, para en su lugar ordenar que se limite el alzamiento del embargo a la nuda propiedad.

# ANEXO II.
## FORMULARIOS

# Demanda de resolución de contrato por extinción de usufructo

## AL JUZGADO DE PRIMERA INSTANCIA DE [LUGAR]

**Don/Doña** [NOMBRE PROCURADOR CLIENTE] procurador/a de los tribunales y de **don/doña** [NOMBRE CLIENTE], en virtud de poder (notarial / *apud acta*) a mi favor conferido, bajo la dirección letrada de **don/doña** [NOMBRE ABOGADO CLIENTE] colegiado/a número [NÚMERO] por el ICA de [LUGAR], ante el juzgado comparezco y, como mejor proceda en derecho,

## DIGO

Que mediante la presente interpongo **DEMANDA DE RESOLUCIÓN DE CONTRATO POR EXTINCIÓN DE USUFRUCTO** contra **don/doña** [NOMBRE_PARTE_CONTRARIA], mayor de edad, con domicilio en [DOMICILIO_PARTE_CONTRARIA] y DNI [NÚMERO].

Y ello con base en los siguientes

## HECHOS

**PRIMERO.-** Mi cliente/a es el/la propietario/a del inmueble [DESCRIPCIÓN].

(Se acompaña como **documento n.º** [NÚMERO] nota simple del registro de la propiedad).

**SEGUNDO.-** Como se observa en la anterior documental, el inmueble se encuentra gravado por un derecho de usufructo a favor de don/doña [NOMBRE_PARTECONTRARIA].

**TERCERO.-** El/La usufructuario/a del inmueble, procedió a suscribir un contrato de arrendamiento con la hoy demandada, por la que se establecía [ESPECIFICAR].

(Se acompaña como **documento n.º** [NÚMERO] copia del contrato de arrendamiento).

**CUARTO.-** En fecha [FECHA] falleció el/la usufructuario/a, por lo que el arrendamiento descrito ha quedado extinto, de conformidad con lo dispuesto en el art. 13.2 de la Ley de Arrendamientos Urbanos (LAU) en relación con lo dispuesto en los artículos 480 y 513 del Código Civil (CC).

(Se acompaña como **documento n.º** [NÚMERO] certificado de defunción de don/doña [NOMBRE]).

**QUINTO.** Pese a que a la parte demandada se le notificó el fallecimiento de el/la usufructuario/a, así como la finalización del arrendamiento, la adversa, haciendo caso omiso, no ha procedido a abandonar el inmueble, en el plazo que se le ha otorgado.

A estos hechos son de aplicación los siguientes,

# FUNDAMENTOS DE DERECHO

### PRIMERO.- JURISDICCIÓN Y COMPETENCIA

La jurisdicción civil es la que debe conocer del presente procedimiento, de conformidad con lo estipulado en los **arts. 9, 21 y concordantes de la LOPJ**, así como lo establecido en al **art. 36 de la LEC**.

Asimismo, es competencia de los juzgados a los que me dirijo, objetivamente, de conformidad con el **art. 45 de la Ley de Enjuiciamiento Civil (LEC)**, territorialmente, de conformidad con lo dispuesto en el **artículo 52.1.7 de la Ley de Enjuiciamiento Civil**.

### SEGUNDO.- CAPACIDAD Y LEGITIMACIÓN

Las partes tienen la capacidad suficiente conforme al **artículo 6 y siguientes de la Ley de Enjuiciamiento Civil**.

La legitimación activa corresponde a mi representado en calidad de propietario del inmueble, y la demandada la legitimación pasiva como poseedora del inmueble sin título justificativo.

### TERCERO.- REPRESENTACIÓN

Esta parte comparece representada por medio de procurador y asistida de letrado, de conformidad con lo expuestos en los **arts. 23 y 31 de la LEC**.

### CUARTO.- PROCEDIMIENTO

El proceso se tramitará por los cauces del declarativo verbal, en virtud del artículo 250.1.1.º de la Ley de Enjuiciamiento Civil, que determina la sustanciación por el juicio verbal «Las que versen sobre reclamación de cantidades por impago de rentas y cantidades debidas y las que, igualmente, con fundamento en el impago de la renta o cantidades debidas por el arrendatario, o en la expiración del plazo fijado contractual o legalmente, pretendan que el dueño, usufructuario o cualquier otra persona con derecho a poseer una finca rústica o urbana dada en arrendamiento, ordinario o financiero o en aparcería, recuperen la posesión de dicha finca».

**Arts. 437 y siguientes de la Ley de Enjuiciamiento Civil**, en cuanto a las normas que regulan el juicio verbal.

### QUINTO.- CUANTÍA

De conformidad con lo establecido en el **art. 251 de la LEC**, concretamente en el apartado 2.º, estableciéndose el valor del inmueble en [CUANTÍA] €, desprendida la misma de [DESCRIPCIÓN].

### SEXTO.- FONDO DEL ASUNTO

El arrendamiento constituido por el usufructuario se extingue en el momento que se extingue el derecho de usufructo, tal como establece los artículos:

- **Art. 13.2 de la LAU:** «Los arrendamientos otorgados por usufructuario, superficiario y cuantos tengan un análogo derecho de goce sobre el inmueble, se extinguirán al término del derecho del arrendador, además de por las demás causas de extinción que resulten de lo dispuesto en la presente ley».

- **Art. 480 del CC:** «Podrá el usufructuario aprovechar por sí mismo la cosa usufructuada, arrendarla a otro y enajenar su derecho de usufructo, aunque sea a título gratuito, pero todos los contratos que celebre como tal usufructuario se resolverán al fin del usufructo, salvo el arrendamiento de las fincas rústicas, el cual se considerará subsistente durante el año agrícola».

Con relación a la interpretación del art. 13.2 de la LAU la jurisprudencia señala que la extinción del arrendamiento se produce *ex lege* como consecuencia de la desaparición del derecho que ostenta el usufructuario ya que el usufructuario no puede transmitir derechos con duración mayor al suyo propio, tal como ha señalado la **STS n.º 21/2018, 17 de enero, ECLI:ES:TS:2018:55:**

«(...) Pero el usufructuario no puede transmitir a otros derechos de más duración que el que a él le corresponde (art. 480 CC y, para el arrendamiento de vivienda, art. 13 LAU, conforme al cual, los arrendamientos otorgados por el usufructuario se extinguirán al término del derecho del arrendador).

Con la extinción del usufructo desaparece el presupuesto del que dependía la subsistencia del contrato de arrendamiento, porque ya no existe un derecho a usar y disfrutar los bienes en exclusiva que hasta entonces correspondía a la usufructuaria que otorgó el contrato, y los herederos del premuerto tienen derecho a la posesión en la parte de los bienes atribuible a su causante. Por consiguiente, los herederos del cónyuge premuerto que no otorgaron el contrato de arrendamiento están legitimados para hacer valer la extinción del contrato y solicitar el cese del uso de la vivienda por el arrendatario».

Esta interpretación la acoge la **SAP de Madrid n.º 284/2023, de 3 de julio, ECLI:ES:APM:2023:11998,** la cual señala:

«En relación a la interpretación de ese precepto, es importante destacar que la jurisprudencia coincide en señalar que se trata de una resolución automática "ex lege", como consecuencia de que desapareció el derecho que ostentaba la usufructuaria para poder suscribir ese contrato. Por tanto, los demandantes podrían válidamente suscribir un nuevo contrato, pero no ampararse en una pretendida subrogación que nunca se produjo, cuando sus propios actos lo desmienten, en tanto, en cuanto que expresaron en el citado burofax que el contrato había quedado resuelto, de conformidad con lo establecido en la propia cláusula tercera.

En este sentido, la sentencia de esta Audiencia Provincial de Madrid, Sección 19.ª, de 7 de noviembre de 2019 (ECLI:ES:APM:2019:15684) señalaba que " el contrato se extinguió (...) por la muerte de la usufructuaria, y se establece en el artículo 480 del Código Civil y también en el mencionado artículo 13.2 de la Ley de Arrendamientos Urbanos de 1994, sin posibilidad de tácita reconducción"».

El usufructo ha finalizado ya que, tal como señala el art. 513 del CC:

«El usufructo se extingue:

1.º Por muerte del usufructuario.

2.º Por expirar el plazo por el que se constituyó, o cumplirse la condición resolutoria consignada en el título constitutivo.

3.º Por la reunión del usufructo y la propiedad en una misma persona.

4.º Por la renuncia del usufructuario.

5.º Por la pérdida total de la cosa objeto del usufructo.

6.º Por la resolución del derecho del constituyente.

7.º Por prescripción».

Por tanto, se dan todas las circunstancias tendentes a la estimación de la pretensión solicitada, por lo que se debe proceder a la solicitud peticionada.

## SÉPTIMO.- COSTAS

Le deberán ser aplicables a la adversa en virtud del **art. 394 de la LEC,** máxime existiendo un requerimiento previo al cual se ha hecho caso omiso.

### OCTAVO.- *IURA NOVIT CURIA*

En todo lo no invocado resulta de aplicación el principio *iura novit curia*, plasmado en el párrafo segundo del punto primero del artículo 218 de la Ley de Enjuiciamiento Civil, en virtud del cual serán aplicables las demás normas que sean de pertinente, especial o general aplicación, y que el juzgador podrá tener en cuenta de oficio sin necesidad de que hayan sido previamente alegados o invocados por alguna de las partes intervinientes

Por todo lo expuesto,

### SUPLICO AL JUZGADO:

Que teniendo por presentado este escrito junto con sus copias y documentos que se adjuntan, se sirva admitirlo, y teniendo por interpuesta **DEMANDA DE RESOLUCIÓN DE CONTRATO POR EXTINCIÓN DE USUFRUCTO**, señale día y hora para la celebración del juicio con citación de las partes, y, tras los trámites legales pertinentes, se dicte sentencia por la que, estimando la demanda, se declare haber lugar a la resolución del contrato por extinción del contrato, condenando a el/la demandado/a a estar y pasar por tal declaración, condenándola a desalojar la vivienda descrita en el presente escrito, dejándola libre y expedita a disposición de la parte actora, bajo apercibimiento que tendrá lugar el lanzamiento, imponiéndole las costas del presente procedimiento.

Por ser Justicia que pido, en [LUGAR] a [FECHA]

[FIRMA_ABOGADO] [FIRMA_PROCURADOR]

**OTROSÍ DIGO:** Siendo intención de esta parte cumplir con todos los requisitos legales, a tenor de lo previsto en el artículo 231 de la Ley de Enjuiciamiento Civil, se solicita se le diere traslado de cualquier defecto que adoleciere la presente demanda, para la inmediata subsanación de la misma.

### SUPLICO AL JUZGADO:

Que tenga por efectuada la anterior manifestación a los efectos oportunos.

Por ser justicia que pido, fecha y lugar *ut supra*

[FIRMA_ABOGADO] [FIRMA_PROCURADOR]

# Demanda de juicio verbal civil sobre tutela sumaria de la posesión. (Proveniente de usufructo)

## AL JUZGADO DE PRIMERA INSTANCIA DE [LOCALIDAD]

**Don/Doña** [NOMBRE_PROCURADOR], procurador/a de los tribunales, colegiado n.º [NÚMERO_COLEGIADO/A] en nombre y representación de **don/doña** [NOMBRE_CLIENTE], mayor de edad, con DNI [NÚMERO] y domicilio en [DIRECCIÓN] según consta acreditado por medio de poder [notarial/apud acta], bajo la dirección letrada de **don/doña** [NOMBRE_ABOGADO], colegiado número [NÚMERO] del ICA de [LOCALIDAD], ante el Juzgado comparezco y, como mejor proceda en derecho,

## DIGO

Que, siguiendo instrucciones de mi mandante por medio del presente escrito vengo a formular **DEMANDA DE JUICIO VERBAL SOBRE TUTELA SUMARIA DE LA POSESIÓN** contra don/doña [NOMBRE_PARTE_CONTRARIA], mayor de edad, con domicilio en [DIRECCIÓN] y provisto de DNI [NÚMERO], y todo ello con base en los siguientes:

## HECHOS

**PRIMERO.-** Mi mandante es usufructuario/a de la siguiente finca:

- Terreno urbano de [NÚMERO] metros cuadrados ubicado en la Urbanización [DESCRIPCIÓN] de [LOCALIDAD], etc.

- INSCRIPCIÓN: La finca descrita consta inscrita en el Registro de la Propiedad de [LUGAR], al tomo [NÚMERO], libro [NÚMERO], folio [NÚMERO], sección [NÚMERO].

- Se acompaña como documento n.º [NÚMERO] nota simple.

- PROPIEDAD: La finca descrita pertenece a don/doña [NOMERE_PARTE_CONTRARIA] según resulta de la escritura otorgada ante el notario de [LOCALIDAD] don/doña [NOMBRE_NOTARIO], el día [DÍA] de [MES] de [AÑO].

- TÍTULO: El título de mi mandante tiene su origen en testamento/contrato según resulta de la escritura otorgada ante el notario de [LOCALIDAD] don/doña [NOMBRE_NOTARIO], el día [DÍA] de [MES] de [AÑO].

- Se acompaña como documento n.º [NÚMERO].

**SEGUNDO.-** Mi representado/a disfrutaba del bien [DESCRIPCIÓN], desde el [DÍA] de [MES] de [AÑO], hasta que el [DÍA] de [MES] de [AÑO], momento en el que fue privado/a de dicho disfrute por la parte demandada poseyéndolo y destinándolo a [VIVIENDA_HABITUAL/OTROS] (1).

Mi representado/a, ha sufrido daños al ser despojado/a del bien que poseía en usufructo.

Se adjunta como prueba, el documento n.º [NÚMERO].

**TERCERO.-** El/La demandado/a [SÍ/NO] se halla en situación de vulnerabilidad económica (2), lo que se acredita mediante la aportación de [ESPECIFICAR] (3) anexo al presente escrito como documento n.º [NÚMERO].

**CUARTO.-** Esta parte [SÍ/NO] ostenta la condición de gran tenedora en los términos que establece el artículo 3.k) de la Ley 12/2023, de 24 de mayo, por el derecho a la vivienda. *(En caso de no ostentar la condición de gran tenedor, adjuntar certificación del Registro de la Propiedad (4)).*

**QUINTO.-** Tras numerosos intentos por parte de mi mandante de satisfacer extraprocesalmente el conflicto surgido, lo que se demuestra mediante la aportación de [ESPECIFICAR] como documento n.º [NÚMERO] (5) el resultado ha sido en todo caso negativo, por lo que esta parte se ve obligada a presentar la presente demanda. *(O en su caso: Se acredita el sometimiento de la cuestión al preceptivo trámite de conciliación previa regulado en el art. 439.7 LEC mediante la aportación de [ESPECIFICAR] como documento n.º [NÚMERO] (6)).*

**SEXTO.-** Por todo ello, ejercita esta acción para la tutela de la tenencia de la finca descrita en el hecho primero, por lo que exige que la parte demandada, cese en su actividad y respete el derecho de usufructo de mi representado/a.

A los anteriores hechos le resultan de aplicación los siguientes,

## FUNDAMENTOS DE DERECHO

### PRIMERO.- JURISDICCIÓN Y COMPETENCIA

De conformidad con el artículo 36 de la Ley de Enjuiciamiento Civil (LEC), será competente para el conocimiento de estos asuntos, el orden jurisdiccional civil.

Siendo competente el presente Juzgado de Primera Instancia, de acuerdo con el artículo 52.1.1.º de la LEC «En los juicios en que se ejerciten acciones reales sobre bienes inmuebles será tribunal competente el del lugar en que esté sita la cosa litigiosa (...)».

### SEGUNDO.- CAPACIDAD Y LEGITIMACIÓN

Ambas partes se encuentran capacitadas de acuerdo con los artículos 6 y siguientes de la LEC.

La legitimación activa le corresponde a mi representado en virtud del artículo 10 del mismo texto legal.

### TERCERO.- REPRESENTACIÓN Y POSTULACIÓN

Esta parte actúa representada por procurador/a y asistida de abogado/a, de conformidad con los artículos 23 y 31 de la LEC.

### CUARTO.- PROCEDIMIENTO

Conforme al artículo 250.1.4.º de la LEC, corresponde tramitar este asunto según las normas previstas para el juicio verbal.

El juicio verbal se tramitará conforme a lo estipulado en los artículos 437 y siguientes de la LEC.

### QUINTO.- FONDO DEL ASUNTO

Mi representado/a, goza de un derecho de uso y disfrute de un bien propiedad de la parte demandada. La constitución de dicho derecho se ajusta a la legalidad perfectamente, por lo que el derecho de mi representado/a debe ser respetado completamente, ya que, existen los derechos de uso y disfrute, que permiten al beneficiario usar y disfrutar de un bien, sin ser privado de ello por ninguna persona.

El que realice actos que perjudiquen este derecho deberá ser castigado, porque estará obrando en contra de un derecho legal.

El derecho de usufructo se regula en el artículo 467 del Código Civil y siguientes. Los derechos del usufructuario se recogen en el artículo 471 y siguientes del Código Civil. Entre esos derechos se recoge el de la posibilidad de usar y disfrutar de un bien cedido en usufructo. Por medio de esta acción el usufructuario pretende la recuperación de la plena posesión de la vivienda conforme a lo establecido en el art. 250.1.4.º de la LEC.

> «Las que pretendan la tutela sumaria de la tenencia o de la posesión de una cosa o derecho por quien haya sido despojado de ellas o perturbado en su disfrute.
> Podrán pedir la inmediata recuperación de la plena posesión de una vivienda o parte de ella, siempre que se hayan visto privados de ella sin su consentimiento, la persona física que sea propietaria o poseedora legítima por otro título, las entidades sin ánimo de lucro con derecho a poseerla y las entidades públicas propietarias o poseedoras legítimas de vivienda socia ».

Procede el ejercicio de esta acción al haberse producido la privación de la posesión de la parte actora sin su consentimiento, la adecuación de esta vía en casos como el presente ha sido establecida por sentencias como la **SAP de Asturias n.º 396/2021, de 28 de octubre, ECLI:ES:APO:2021:3369**:

> «La acción que se ejercía tenía por fin recobrar la posesión de la que el actor se decía indebidamente privado a causa de la ocupación por el contrario de aquella vivienda. Y el procedimiento entablado era el previsto en el art. 254.1.4.ª, párrafo segundo, de la Ley de Enjuiciamiento Civil, que autoriza -por lo que aquí importa- a la persona física que sea propietaria o poseedora legítima por otro título a pedir por esta vía la inmediata recuperación de la plena posesión de una vivienda o parte de ella, siempre que se haya visto privada de la misma sin su consentimiento, dando lugar así a un remedio procesal específico basado en una situación -dice la exposición de motivos de la Ley 5/2018 de 11 de junio, por la que se introdujo esa especialidad procesal-, distinta del precario, dado que en los supuestos de ocupación ilegal no existe tal precario, puesto que no hay ni un uso tolerado por el propietario o titular del legítimo derecho de poseer, ni ningún tipo de relación previa con el ocupante". Y, con ello, es cierto también que, como resulta del precepto citado y de los arts. 437.3 bis, 441.1 bis y 444.1 bis, de la Ley procesal, el ámbito de discusión del procedimiento se ciñe a la constatación de la existencia de un título suficiente del actor para poseer la vivienda y la ausencia de otro que ampare al ocupante para permanecer en ella, con un pronunciamiento que, en todo caso, carece de eficacia de cosa juzgada (447.3.º)».

Mi representado se encuentra plenamente legitimado para el ejercicio de esta acción ya que su condición de usufructuaria le otorga la posesión pudiendo entablar las acciones que estime precisas para la defensa de su derecho frente a cualquiera que intente perturbar su posesión.

### SEXTO.- COSTAS

Se solicita la condena a costas del demandado, tal y como establece el artículo 394 de la Ley de Enjuiciamiento Civil.

Por todo lo expuesto,

**SUPLICO AL JUZGADO:**

Tenga por presentado este escrito, con sus copias y documentos que lo acompañan, se sirva admitirlo y tenga por formulada **DEMANDA DE JUICIO VERBAL SOBRE TUTELA SUMARIA DE LA POSESIÓN** contra don/doña [NOMBRE_PARTE_CONTRARIA] y, previos los trámites legales oportunos, se dicte sentencia en virtud de la cual se condene al demandado a devolver la posesión de la finca a mi mandante advirtiéndole que en el supuesto de no hacerlo, se procederá al oportuno lanzamiento, con todas las consecuencias legales a ello inherentes, incluidos los daños y perjuicios que se causen al actor, y todo ello con expresa imposición de costas a la parte demandada.

Por ser justicia que pido, en [CIUDAD] a [DÍA] de [MES] de [AÑO]

[FIRMA_ABOGADO] [FIRMA_PROCURADOR]

**PRIMER OTROSÍ DIGO:** siendo intención de esta parte cumplir con todos los requisitos legales, a tenor de lo previsto en el artículo 231 de la Ley de Enjuiciamiento Civil, se solicita se le diere traslado de cualquier defecto que adoleciere la presente demanda, para la inmediata subsanación de la misma.

En su virtud,

**SUPLICO AL JUZGADO:**

Tenga por realizada la anterior manifestación a los efectos legales oportunos.

Por ser justicia, fecha y lugar *ut supra*

[FIRMA_ABOGADO] [FIRMA_PROCURADOR]

---

(1) Indicar si la finca objeto de *litis* es la vivienda habitual de la parte demandada a los efectos de dar cumplimiento a lo dispuesto en el nuevo apartado 6, letra a) del del art. 439 de la LEC, introducido con la entrada en vigor de la Ley 12/2023, de 24 de mayo, por el derecho a la vivienda.

(2) Con arreglo al art. 439.6.c) de la LEC En el caso de que la parte demandante tenga la condición de gran tenedor, si la parte demandada se encuentra o no en situación de vulnerabilidad económica.

(3) Debe acreditarse la concurrencia o no de vulnerabilidad conforme en alguna de las formas establecidas en el art. 439.6 de la LEC:

   – Documento acreditativo, de vigencia no superior a tres meses, emitido, previo consentimiento de la persona ocupante de la vivienda, por los servicios de las Administraciones autonómicas y locales competentes en materia de vivienda, asistencia social, evaluación e información de situaciones de necesidad social y atención inmediata a personas en situación o riesgo de exclusión social que hayan sido específicamente designados conforme la legislación y normativa autonómica en materia de vivienda.

   – La declaración responsable emitida por la parte actora de que ha acudido a los servicios indicados anteriormente, en un plazo máximo de cinco meses de antelación a la presentación de la demanda, sin que hubiera sido atendida o se hubieran iniciado los trámites correspondientes en el plazo de dos meses desde que presentó su solicitud, junto con justificante acreditativo de la misma.

   – El documento acreditativo de los servicios competentes que indiquen que la persona ocupante no consiente expresamente el estudio de su situación económica en los términos previstos en la legislación y normativa autonómica en materia de vivienda. Este documento no podrá tener una vigencia superior a tres meses.

(4) En caso de indicarse que no se ostenta la condición de gran tenedor, a efectos de corroborar tal extremo, se deberá adjuntar a la demanda certificación del Registro de la Propiedad en el que consten la relación de propiedades a nombre de la parte actora (art. 439.6.b) de la LEC).

(5) Adjuntar comunicaciones en las que se demuestre el intento de acuerdo amistoso.

(6) Establece el art. 439.7 de la LEC que «En los casos de los números 1.°, 2.°, 4.° y 7.° del apartado 1 del artículo 250, en el caso de que la parte actora tenga la condición de gran tenedora en los términos previstos por el apartado anterior, el inmueble objeto de demanda constituya vivienda habitual de la persona ocupante y la misma se encuentre en situación de vulnerabilidad económica conforme lo previsto igualmente en el apartado anterior, no se admitirán las demandas en las que no se acredite que la parte actora se ha sometido al procedimiento de conciliación o intermediación que a tal efecto establezcan las Administraciones Públicas competentes, en base al análisis de las circunstancias de ambas partes y de las posibles ayudas y subvenciones existentes en materia de vivienda conforme a lo dispuesto en la legislación y normativa autonómica en materia de vivienda». El intento de conciliación debe acreditarse por las formas que establece el propio precepto:

– La declaración responsable emitida por la parte actora de que ha acudido a los servicios indicados anteriormente, en un plazo máximo de cinco meses de antelación a la presentación de la demanda, sin que hubiera sido atendida o se hubieran iniciado los trámites correspondientes en el plazo de dos meses desde que presentó su solicitud, junto con justificante acreditativo de la misma.

– El documento acreditativo de los servicios competentes que indique el resultado del procedimiento de conciliación o intermediación, en el que se hará constar la identidad de las partes, el objeto de la controversia y si alguna de las partes ha rehusado participar en el procedimiento, en su caso. Este documento no podrá tener una vigencia superior a tres meses.

# Oposición al recurso de apelación contra sentencia estimatoria de tutela sumaria de la posesión

**Procedimiento:** [ESPECIFICAR]

**Autos:** [NÚMERO/AÑO]

## A LA AUDIENCIA PROVINCIAL DE [PROVINCIA]

**Don/Doña** [NOMBRE_PROCURADOR_CLIENTE], procurador/a de los tribunales y de **don/doña** [NOMBRE_CLIENTE], según tengo acreditado en los autos de juicio [ESPECIFICAR] señalados con el número [NÚMERO] bajo la dirección letrada de **don/ doña** [NOMBRE_ABOGADO_CLIENTE], ante esta Audiencia comparezco y como mejor proceda en derecho,

## DIGO

El día [FECHA] fue notificada resolución del letrado de la Administración de Justicia dando traslado a esta parte para formular oposición al recurso de apelación interpuesto por la parte adversa frente a la sentencia dictada el [FECHA] por el [JUZGADO] en el proceso [ESPECIFICAR], cuyo fallo es el siguiente:

«[INSERTAR FALLO]»

Que, mediante el presente escrito vengo a formular **OPOSICIÓN AL RECURSO DE APELACIÓN** de conformidad con lo prevenido en el art. 461 LEC y con base en las siguientes,

## ALEGACIONES

### PRIMERA.- OPOSICIÓN AL MOTIVO CORRELATIVO

Esta parte entiende que la resolución que se recurre es ajustada a derecho en este pronunciamiento por las siguientes razones [DESCRIPCIÓN].

### SEGUNDA.- SOBRE LA LEGITIMACIÓN ACTIVA

Esta parte ostenta la legitimación activa para el ejercicio de la acción de tutela sumaria de la posesión en virtud de su condición de [ESPECIFICAR] que le otorga la posesión del bien y por tanto ha de ser respetado en el ejercicio de esa posesión conforme al art. 446 del CC que establece:

«Todo poseedor tiene derecho a ser respetado en su posesión; y, si fuere inquietado en ella, deberá ser amparado o restituido en dicha posesión por los medios que las leyes de procedimiento establecen».

Así mismo la **SAP de Asturias n.° 376/2022, de 19 de octubre, ECLI:ES:APO:2022:3370**, señala, con relación a la legitimación de la acción prevista en el art. 250.1.4.° de la LEC, lo siguiente:

«(...) no ofrece dudas la adecuación del procedimiento posesorio entablado, que es el previsto por el art. 250.1.4.ª, párrafo segundo, de la Ley procesal, que autoriza -por lo que aquí importa- a la persona física que sea propietaria o poseedora legítima por otro título a pedir por esta vía la inmediata recuperación de la plena posesión de una vivienda o parte de ella, siempre que se haya visto privada de la misma sin su consentimiento, dando lugar así a un remedio procesal específico basado en una situación —dice la exposición de motivos de la Ley 5/2018 de 11 de junio, por la que se introdujo esa especialidad procesal—, distinta del precario, dado que en los supuestos de ocupación ilegal no existe tal precario, puesto que no hay ni un uso tolerado por el propietario o titular del legítimo derecho de poseer, ni ningún tipo de relación previa con el ocupante" (...)».

## TERCERA.- VALORACIÓN DEL MEJOR DERECHO

La parte contraria pretende probar que tiene un mejor derecho para poseer la cosa, sin embargo debemos recordar que el proceso seguido por el juzgado de primera instancia n.º [NÚMERO] de [LOCALIDAD] es un proceso de tutela sumaria de la posesión por el que tan solo se debe dispensar protección a la posesión que se ha visto perturbada, sin valorar el mejor derecho para la posesión. Este límite de conocimiento se debe a la naturaleza sumaria de la acción, tal como ha declarado el Tribunal Supremo en sentencias como:

**STS n.º 149/2022, de 28 de febrero, ECLI:ES:TS:2022:792:**

«Como es sabido, el objeto de tal clase de acciones se limita a la discusión del hecho posesorio (ius possesionis) y no sobre el mejor derecho a la posesión (ius possidendi), materia ésta última ajena a la sumariedad propia de los procedimientos posesorios. Se ha dicho, con razón, que en ellos se trata de salvaguardar la "paz jurídica", con la finalidad de impedir que los ciudadanos se tomen la justicia por su mano en vez de acudir a los órganos jurisdiccionales; mientras que el juicio declarativo ulterior se encamina a la consecución de la "paz justa", resolviendo, de forma plenaria y definitiva, a quien corresponde el derecho controvertido».

Y, más recientemente, la **STS n.º 16/2023, de 16 de enero, ECLI:ES:TS:2023:44:**

«"En efecto, en el caso del juicio de la tutela sumaria de la tenencia o posesión de una cosa o derecho por quien haya sido despojado de ellos (art. 250.1.4 LEC), la ejecución de la sentencia estimatoria determina la inmediata reposición posesoria del actor, dejando para el juicio plenario posterior la discusión, y correlativa decisión judicial, sobre el mejor derecho de las partes a la posesión definitiva de la cosa o derecho controvertido objeto del proceso; mientras que, en el supuesto del juicio sumario de suspensión de obra nueva (art. 250.1.5.º LEC), el acogimiento de la demanda genera, como única consecuencia jurídica, la ratificación de la suspensión ya acordada, discutiéndose en el declarativo posterior el derecho a la demolición de la obra o a continuarla hasta su conclusión, con plena cognición judicial, así como con las garantías que ofrece todo juicio plenario frente al sumario anterior».

Por lo expuesto,

## SUPLICO A LA AUDIENCIA:

Que tenga por presentado este escrito, lo admita y tenga por formulado **ESCRITO DE OPOSICIÓN** al recurso de apelación interpuesto por don/doña [NOMBRE_PARTE_CONTRARIA] y, tras ello, dicte resolución por la que desestime el recurso de apelación presentado de adverso y confirme en su integridad la sentencia n.º [NÚMERO] dictada en el seno de este procedimiento, con expresa imposición de costas a la parte apelante.

Es justicia que pido en [LOCALIDAD], a [DÍA] de [MES] de [AÑO].

[FIRMA_ABOGADO/A] [FIRMA_PROCURADOR/A]

# Recurso de apelación contra sentencia estimatoria de tutela sumaria de la posesión

Procedimiento: [NÚMERO/AÑO]

## A LA AUDIENCIA PROVINCIAL DE [PROVINCIA]

Don/Doña [NOMBRE_PROCURADOR], procurador/a de los tribunales, en nombre y representación de **don/doña** [NOMBRE_CLIENTE] y **don/doña** [NOMBRE_CLIENTE], según consta debidamente acreditado en autos del Procedimiento [NÚMERO/AÑO], bajo la dirección letrada de **don/doña** [NOMBRE_LETRADO], colegiado/a n.º [NÚMERO] del Ilustre Colegio de Abogados de [LOCALIDAD], ante la Audiencia comparezco y como mejor proceda en derecho,

## DIGO

Que en fecha de [FECHA] fue notificada a esta parte la sentencia n.º [NÚMERO] dictada el [FECHA] por el Juzgado de Primera Instancia n.º [NÚMERO] de [LOCALIDAD]. Toda vez que la resolución contraviene los intereses de mis representados/as, mediante el presente escrito vengo a INTERPONER, en el plazo de veinte días que me ha sido conferido al efecto ex art. 458 de la LEC, **RECURSO DE APELACIÓN** de conformidad con las siguientes,

## ALEGACIONES

**PRIMERA.-** El juzgado consideró como HECHOS PROBADOS que:

- Don/Doña [NOMBRE_PARTE_CONTRARIA] disfrutaba en calidad de usufructuario/a de la finca [DESCRIPCIÓN] sita en [UBICACIÓN], propiedad de don/doña [NOMBRE_CLIENTE].
- El [DÍA] de [MES] de [AÑO], don/doña [NOMBRE_PARTE_CONTRARIA] fue privado/a de dicho disfrute por don/doña [NOMBRE_CLIENTE] poseyéndolo y destinándolo a [ESPECIFICAR].
- (...)

Respetuosamente sostenemos que la sentencia recurrida infringe los siguientes preceptos:

- [ESPECIFICAR]
- [ESPECIFICAR]

Los errores a los que aludimos han dado lugar a una sentencia perjudicial para los intereses de mis patrocinados/as, dado que [ESPECIFICAR].

**SEGUNDA.-** MOTIVOS DE APELACIÓN (1)

I.- [EJEMPLO] **INFRACCIÓN DEL ART. 439 de la LEC**

**Art. 439.1 de la LEC:** «No se admitirán las demandas que pretendan retener o recobrar la posesión si se interponen transcurrido el plazo de un año a contar desde el acto de la perturbación o el despojo».

Este plazo es de caducidad tal como han declarado los tribunales en sentencias como la **SAP de Jaén n.° 934/2023, de 18 de septiembre, ECLI:ES:PAJ:2023:1072:**

«Como exponíamos en sentencia de 31-1-17, en el cómputo del plazo de un año que el art. 1968.1.° en relación con el art. 460 Cc establece para el ejercicio de la acción y que efectivamente es de caducidad habrá de partirse como día inicial del primero de los actos de despojo o de atentado a la posesión aun cuando fuesen varios.

Así lo declara la SAP Córdoba, Secc. 1.ª de 2-3-16, por citar alguna reciente, según la cual "el plazo de un año que establece el artículo 439-1 LEC es, como pacíficamente había venido considerado admitido por la generalidad de la jurisprudencia menor al amparo del artículo 1653 de la anterior Ley procesal, un plazo de caducidad, con la consecuencia de ser apreciable de oficio y su imposibilidad de interrupción, tratándose de un requisito de procedibilidad, que impide el ejercicio de la acción interdictal, que puede ser apreciado ab limine litis o en el momento de dictar sentencia, si se ha acreditado su transcurso a lo largo del procedimiento, incumbiendo la carga de la prueba de que no ha transcurrido al actor o interdictante, iniciándose su cómputo en el momento en que se ha producido el acto de despojo, y el mismo se realiza de fecha a fecha, conforme a lo dispuesto en el artículo 5 del Código Civil, siendo la razón de ser de la existencia de dicho plazo, la extinción del derecho mismo que se pretende proteger, pues conforme a lo dispuesto en el artículo 460-4 del CC la posesión se pierde por la posesión de otro, aun contra la voluntad de su antiguo poseedor, si la nueva posesión hubiese durado más de un año. Ha de insistirse respecto al dies a quo, que tanto el antiguo art. 1653 LEC de 1881, como el actual art. 439.1 LEC, no dejan lugar a dudas, el transcurso de un año ha de computarse desde el acto de la perturbación o el despojo".

Citamos, en idéntico sentido y a título de ejemplo, la sentencia de esta Sala de 3-6-15 o la SAP de Asturias, Secc. 7.ª de 5-2-04; SAP Pontevedra, Secc 1 de 9- 12-10, SAP de Baleares, Sección 5.ª de 9-5-16, o la SAP de Córdoba, Secc. 1.ª de 18-6-16. Es decir, lo determinante para apreciar el cómputo del plazo de la caducidad habrá de ser el momento en que se produjo el despojo o la perturbación inicial».

Tal como ya señaló esta parte en la contestación a la demanda, el momento del despojo no se produjo en el momento aducido en la demanda, sino que el mismo se produce [ESPECIFICAR] por lo que cuando la contraparte presentó la demanda había transcurrido el plazo de un año establecido legalmente para el ejercicio de la acción de tutela sumaria de la posesión.

La infracción del art. 439.1 LEC en la que incurre la sentencia apelada motiva que el presente recurso haya de ser estimado, con la consiguiente revocación de la resolución recurrida y la restitución de la finca a su legítimo/a poseedor/a, don/doña [NOMBRE_CLIENTE].

## II.- [EJEMPLO] INFRACCIÓN DE LAS NORMAS SOBRE LA PRUEBA (ART. 217 de la LEC)

### Art. 217 de la LEC:

«(...) 2. Corresponde al actor y al demandado reconviniente la carga de probar la certeza de los hechos de los que ordinariamente se desprenda, según las normas jurídicas a ellos aplicables, el efecto jurídico correspondiente a las pretensiones de la demanda y de la reconvención.

3. Incumbe al demandado y al actor reconvenido la carga de probar los hechos que, conforme a las normas que les sean aplicables, impidan, extingan o enerven la eficacia jurídica de los hechos a que se refiere el apartado anterior (...)».

Sentencia de la Audiencia Provincial de Salamanca, n.º 161/2023, de 27 de marzo, ECLI:ES:APSA:2023:162:

«Los requisitos para interponer la acción interdictal de recobrar, como hemos indicado más arriba, son:

1) Que se acredite sin lugar a dudas cumplidamente, la realidad de la situación posesoria que en la demanda se invoca.

2) Que quede justificado el acto de perturbación o despojo de la posesión o la concreta conducta imputada al demandado que raciona mente ponga en peligro el pacífico disfrute de tal posición.

3) Que uno u otra haya acaecido dentro del período de tiempo de un año anterior a la promoción del interdicto.

El transcurso de un año desde que se produjo la nueva situación posesoria o desde que se modificó la que antes existía.

Especial mención requiere el elemento intencional o "animus spoliandi". Para que proceda el interdicto de retener o recobrar la posesión se requiere que el demandado realice los actos perturbatorios o de despojo con ánimo de inquietar o despojar, no estando comprendidos en este caso los actos ejecutados en la creencia racional de que se ejercita un legítimo derecho, y ello por estar faltos del "animus spoliandi" aún cuando objetivamente considerados pudieran implicar un despojo o una perturbación posesoria, y si bien es cierto que este ánimo de inquietar o de despojar hay que presumirlo siempre en quién realiza los actos atentatorios al derecho ajeno, a no ser que pruebe cumplidamente la causa de justificación o de exclusión del dolo, puede acreditarse en el procedimiento que los demandados realizaron su actuación en la creencia de que los poseedores les autorizaban».

Conforme al art. 217 de la LEC le corresponde al actor probar la concurrencia de los requisitos necesarios para la prosperabilidad de la acción, tal como ha señalado la **SAP de Lugo n.º 125/2024, de 14 de marzo, ECLI:ES:APLU:2024:180:**

«(...) Para la prosperabilidad de este interdicto se requiere la concurrencia de los siguientes requisitos: a) Que el actor se halle en la posesión pacífica de la cosa o en el disfrute del derecho cuando se produce la perturbación o el despojo; b) Que haya sido despojado de dicha posesión o tenencia o perturbado en ella, expresando con claridad y precisión los actos exteriores en que consiste el despojo o la perturbación, estando presidida la actividad del que realiza los actos de despojo por un animus spoliandi que se concreta en hechos materiales encaminados a la privación total o parcial del goce de la cosa poseída o a la alteración del estado anterior que se pretende restablecer mediante el interdicto de recobrar; c) Que se presente la demanda antes de transcurrir un año desde que se produjo el acto de despojo o perturbación (art. 439.1 de la LEC de 2000, en relación con los arts. 460-4 y 1968-1.º del Código Civil). La concurrencia de todos estos requisitos ha de ser probada por el actor, conforme a lo dispuesto en el art. 217 LEC. De las anteriores consideraciones, se deduce que la parte actora, de conformidad con la regla de la carga de la prueba que establece el artículo 217 de la Ley de Enjuiciamiento Civil, ha de acreditar no su derecho de propiedad sobre el inmueble que refiere, o cualquier otro que legitime su uso, sino que lo poseía con anterioridad y por un acto injusto e intencional del demandado ha sido despojado del mismo o perturbado en su posesión pacífica e integral"».

La infracción de las normas sobre la prueba en la que incurre la sentencia apelada consiste en *(error en la carga de la prueba/inadmisión de pruebas decisivas (2) /etc.)*, puesta de manifiesto al [ESPECIFICAR]. Esto motiva que el presente recurso haya de ser estimado, con la consiguiente revocación de la resolución recurrida y la restitución de la finca a su legítimo/a poseedor/a, don/doña [NOMBRE_CLIENTE].

III.- (...)

(...)

**TERCERA.- MEDIOS DE PRUEBA**

De conformidad con lo dispuesto en el art. 460 de la LEC en relación con el art. 270 de la misma norma (3) interesamos la práctica de:

- – INTERROGATORIO DE PARTE: [ESPECIFICAR]
- – DOCUMENTAL: [ESPECIFICAR]
- – TESTIFICAL: [ESPECIFICAR]
- – PERICIAL: [ESPECIFICAR]
- – (...)

Por lo expuesto,

**A LA AUDIENCIA SUPLICO:**

Que, recibidos los autos, dicte resolución por la que, estimando este recurso de apelación, revoque íntegramente la sentencia de [FECHA], recaída en los autos [DESCRIPCIÓN] seguidos ante el Juzgado de Primera Instancia de [LOCALIDAD], declarando ajustadas a derecho las pretensiones de este recurso, con condena en costas a la parte contraria.

Por ser justicia que pido en [CIUDAD], a [DÍA] de [MES] de [AÑO].

[FIRMA_ABOGADO/A] [FIRMA_PROCURADOR/A]

**PRIMER OTROSÍ DIGO:** de conformidad con el apartado tercero de la disposición adicional 15.ª de la LOPJ esta parte ha consignado la cantidad de 50 euros en la cuenta de depósitos del juzgado, como se acredita mediante la copia del justificante de ingreso que aportamos como documento n.º [NÚMERO].

En su virtud,

**SUPLICO:**

Que tenga por efectuada la anterior manifestación a los efectos oportunos.

Es justicia que pido en el lugar y fecha *ut supra*.

[FIRMA_ABOGADO/A] [FIRMA_PROCURADOR/A]

**SEGUNDO OTROSÍ DIGO:** siendo intención de esta parte cumplir con todos los requisitos legales, a tenor de lo previsto en el artículo 231 de la Ley de Enjuiciamiento Civil, se solicita se le diere traslado de cualquier defecto que adoleciere el presente escrito, para la inmediata subsanación de este.

Por ello,

**SUPLICO:**

Que tenga por efectuada la anterior manifestación a los efectos oportunos.

Es justicia que pido en el lugar y fecha *ut supra*.

[FIRMA_ABOGADO/A] [FIRMA_PROCURADOR/A]

---

(1) Añadir de forma justificada cuantas infracciones concurran en el caso concreto.

(2) En caso de alegar inadmisión en instancia de prueba decisiva, habrá que expresar que se interpuso el oportuno recurso de reposición y la correspondiente protesta en el acto de juicio.

Asimismo, si esta denegación comportó una vulneración del derecho fundamental a la tutela judicial efectiva (art. 24 CE), deberá tenerse en cuenta la **sentencia del Tribunal Constitucional n.º 128/2017, de 13 de noviembre, ECLI:ES:TC:2017:128**: «La garantía constitucional del artículo 24.2 CE no cubre cualquier irregularidad u omisión procesal, sino únicamente aquellos casos en los cuales la prueba fuera decisiva en términos de defensa. En concreto, para que este derecho pueda entenderse vulnerado, la denegación de la prueba debe ser imputable al órgano judicial y, además, la prueba denegada debe ser decisiva en términos de defensa, siendo carga del recurrente la de justificar la indefensión sufrida. Esta exigencia implica, por una parte, que el recurrente debe demostrar la relación entre los hechos que se quisieron y no se pudieron probar y las pruebas inadmitidas o no practicadas; y, por otra parte, que debe argumentar el modo en que la admisión y la práctica de la prueba objeto de la controversia habrían podido tener una incidencia favorable a la estimación de sus pretensiones. Sólo en tal caso —comprobado que el fallo del proceso a quo pudo, tal vez, haber sido otro si la prueba se hubiera practicado—, podrá apreciarse también el menoscabo efectivo del derecho de quien por este motivo solicita el amparo constitucional».

(3) **Art. 460 de la LEC**: «1. Sólo podrán acompañarse al escrito de interposición los documentos que se encuentren en alguno de los casos previstos en el artículo 270 y que no hayan podido aportarse en la primera instancia.

2. En el escrito de interposición se podrá pedir, además, la práctica en segunda instancia de las pruebas siguientes:

1.ª Las que hubieren sido indebidamente denegadas en la primera instancia, siempre que se hubiere intentado la reposición de la resolución denegatoria o se hubiere formulado la oportuna protesta en la vista.

2.ª Las propuestas y admitidas en la primera instancia que, por cualquier causa no imputable al que las hubiere solicitado, no hubieren podido practicarse, ni siquiera como diligencias finales.

3.ª Las que se refieran a hechos de relevancia para la decisión del pleito ocurridos después del comienzo del plazo para dictar sentencia en la primera instancia o antes de dicho término siempre que, en este último caso, la parte justifique que ha tenido conocimiento de ellos con posterioridad».

# Demanda de acción declarativa de dominio

## AL JUZGADO DE PRIMERA INSTANCIA DE
[LOCALIDAD] **QUE POR TURNO CORRESPONDA**

**Don/Doña** [NOMBRE_PROCURADOR_CLIENTE], procurador/a de los Tribunales, en nombre y representación de **don/doña** [NOMBRE_CLIENTE], mayor de edad, con domicilio en [DESCRIPCIÓN] según acredito mediante [COPIA DE ESCRITURA PÚBLICA/PODER APUD ACTA], comparezco ante este juzgado bajo la dirección letrada de don/doña [NOMBRE_ABOGADO_CLIENTE], colegiado/a número [NÚMERO] por el ICA de [LOCALIDAD], y como mejor proceda en derecho,

## DIGO

Por medio del presente escrito, formulo demanda de **PROCEDIMIENTO ORDINARIO**, contra don/doña [NOMBRE_PARTE_CONTRARIA] vecino/a de [DOMICILIO_PARTE_CONTRARIA] **SOBRE ACCIÓN DECLARATIVA DE DOMINIO**, en base a los siguientes,

## HECHOS

**PRIMERO.-** Mi representado/a es propietario/a de la finca, inscrita en el Registro de la Propiedad de [CIUDAD], que a continuación se describe:

- Urbana/Rústica: parcela de terreno en término de [LOCALIDAD] al sitio de [LOCALIDAD], calle [NOMBRE], número [NÚMERO]. Consta de una superficie de parcela de [NÚMERO] metros cuadrados. Linda al norte [NOMBRE] al sur [NOMBRE] al este [NOMBRE] y al oeste [NOMBRE].

- Título: el de compra a don/doña [NOMBRE] en escritura otorgada ante el notario de [CIUDAD], don/doña [NOMBRE_NOTARIO] el [DÍA][MES][AÑO], con el número [NÚMERO] de orden de su protocolo.

- Inscripción: Registro de la Propiedad de [CIUDAD], tomo [NÚMERO], libro [NÚMERO], folio [NÚMERO], finca [NÚMERO], inscripción [NÚMERO].

- Referencia Catastral: [DESCRIPCIÓN].

- Cargas: libre de cargas y gravámenes, y al corriente de pago de todo tipo de gastos e impuestos.

- Se acompaña título de propiedad, plano de la finca y certificación registral como documento n.° [NÚMERO] y n.° [NÚMERO].

**SEGUNDO.-** La posee en virtud de compraventa realizada en escritura pública de fecha [FECHA] ante el notario don/doña [NOMBRE_NOTARIO] transmitida por don/doña [NOMBRE] e inscrita en el Registro arriba citado en fecha [FECHA]; que en dicha escritura se hizo constar que dicha finca se transmitía libre de cargas o servidumbres transmitiéndose el uso pacífico de la misma.

**TERCERO.-** El demandado/a don/doña [NOMBRE_PARTE_CONTRARIA], y pese a lo expuesto en el apartado anterior, considera la existencia de un título de propiedad a su favor sobre dicha finca, que basa en [DESCRIPCIÓN], habiendo ejercitado los siguientes actos de perturbación sobre la legítima propiedad de mi mandante consistentes en [DESCRIPCIÓN].

Se adjuntan a la demanda los siguientes documentos en aras a probar este hecho segundo: documento n.º [NÚMERO].

**CUARTO.-** Fracasados los intentos de mi representado para establecer de mutuo acuerdo con el demandado la inexistencia de ningún título de propiedad a su favor sobre la finca, y dirigiéndose al mismo un burofax en fecha [DÍA][MES][AÑO]siendo su contestación negativa a llegar a ningún acuerdo, no le queda a esta parte otro remedio que instar la presente demanda.

Se acompaña dicho burofax como documento n.º [NÚMERO].

A los anteriores hechos son de aplicación los siguientes,

## FUNDAMENTOS DE DERECHO

### PRIMERO.- JURISDICCIÓN Y COMPETENCIA

Corresponde a la jurisdicción civil, con arreglo a lo establecido en los artículos 9.2 y 21.1 de la Ley Orgánica del Poder Judicial.

Es competente el Juzgado al que me dirijo conforme al artículo 52.1.1.º de la Ley de Enjuiciamiento Civil.

### SEGUNDO.- CAPACIDAD

Las partes ostentan la capacidad procesal necesaria conforme lo establecido en los artículos 6 y siguientes de la Ley de Enjuiciamiento Civil.

### TERCERO.- LEGITIMACIÓN

La legitimación activa corresponde a mi patrocinado en su condición de propietario de la finca sobre la que el demandado pretende la existencia de derecho de propiedad según establece el artículo 348 del Código Civil. Por su parte, la legitimación pasiva al demandado en su condición de tercero detentador del título.

### CUARTO.- REPRESENTACIÓN

Está representado el actor/a por el procurador/a que suscribe, habilitado para ejercer en el territorio del Juzgado al que nos dirigimos, y asimismo asistido del letrado el Ilustre Colegio de Abogados de [LOCALIDAD], tal y como exigen los artículos 23 y 31 de la Ley de Enjuiciamiento Civil.

### QUINTO.- CUANTÍA

La cuantía del procedimiento es de [NÚMERO] euros, conforme lo establecido en la regla 2.ª del artículo 251 de la Ley de Enjuiciamiento Civil.

### SEXTO.- PROCEDIMIENTO

La acción debe tramitarse conforme las normas del juicio ordinario según establece el artículo 249.2 de la Ley Enjuiciamiento Civil al exceder la cuantía de la presente demanda de 15.000 euros (1).

### SÉPTIMO. FONDO DEL ASUNTO

Es aplicable al presente caso el artículo 348 del Código Civil que establece el derecho del propietario de una cosa o de un animal a gozar y disponer de ella, sin más limitaciones que las establecidas en la ley y que el propietario tiene acción contra el tenedor y poseedor de la cosa o del animal para reivindicarla.

Así, con la presente acción declarativa de dominio se solicita la declaración de pertenecer la finca al demandante, que es la persona que ostenta el justo título de propiedad.

Admitida por la jurisprudencia del Tribunal Supremo, se diferencia de la acción reivindicatoria en que no exige que el demandado se halle en posesión de la cosa y, en consecuencia, no implica una condena a la restitución de la misma.

Según la jurisprudencia, los requisitos para que prospere la acción declarativa de dominio, son los siguientes:

a) que el actor justifique su derecho de propiedad en base a títulos legítimos de dominio;

b) que se identifique plenamente y sin ningún género de dudas, el bien objeto de reclamación, dándose por cumplidos dichos requisitos en el presente caso.

Siendo así la acción declarativa del dominio una acción que trata de conseguir la constatación de la propiedad, no exigiéndose que el demandado sea poseedor. Dicha acción tiene como finalidad la simple declaración de la propiedad ce la cosa, acallando a la parte contraria que discute ese derecho.

Mentando jurisprudencia del Tribunal Supremo, en la **SAP de Cáceres n.º 55/2024, de 8 de febrero, ECLI:ES:APCC:2023:63**, se expone lo siguiente:

«Adelantado lo anterior el Tribunal Supremo, Sala 1.ª, en Sentencia de fecha 19 de Julio de 2.012, ha establecido, en términos literales, lo siguiente: "En este sentido, la acción declarativa de dominio, como su propio nombre indica, va dirigida a obtener la mera declaración de existencia de la titularidad dominical, sin impetrar la condena a la restitución de la cosa. Su objeto, por tanto, se concreta en la verificación de la realidad del título, lo que la hace especialmente indicada en los supuestos de perturbación sin despojo de la posesión, o de inquietación de la misma, así como en aquellos casos en los que se persigue integrar títulos incompletos o defectuosos de dominio; sobre todo en orden a su acceso al Registro de la Propiedad. De esta forma, la acción declarativa de dominio se proyecta como una acción de defensa y protección del derecho real, cuyo ejercicio queda amparado en el contenido y reconoc miento que del mismo se dispone en el artículo 348 del Código Civil; respecto del derecho de propiedad, como derecho paradigmático en el campo de los derechos reales. Con lo que se exige para su aplicación los mismos requisitos que para el ejercicio de la acción reivindicatoria salvo, como resulta lógico, el requisito de la posesión contraria del demandado que, por definición, no se contempla en el objeto de esta acción, de suerte que debe demostrarse el dominio de la cosa y su identificación; por todas, la Sentencia del Tribunal Supremo de 2 de Noviembre de 2.006. (...) La prueba del dominio viene referida al acto de adquisición del mismo y como questio facti se remite a la prueba del título que, en sentido material, viene a describir todo acto o negocio jurídico capaz de determinar la producción de efectos jurídicos de carácter real. Esta prueba no se realiza de una forma apriorística, ni tasada, de modo que hay que estar a las reglas generales en la materia en orden a la demostración de un derecho mejor y más probable que el del demandado, pudiéndose valer del juego de las presunciones, particularmente de la contemplada en el artículo 38 de la Ley Hipotecaria, esto es, de la possessio ad usucapionem, si bien con un alcance iuris tantum dado el carácter no tabular que tiene la usucapión en nuestro sistema registral. En todo caso, en la confrontación de los medios de prueba, y dado el objeto y finalidad de la acción, deben tener preferencia aquellos que impliquen o favorezcan un título hábil para adquirir el dominio"».

En el caso planteado, han quedado acreditados los dos requisitos antes expuestos, mediante los documentos que se acompañan junto con la demanda. Así, el demandante ha presentado el título de propiedad que demuestre su condición de propietario sobre la finca.

Igualmente se ha presentado la certificación registral que determina la inexistencia de cargas o gravámenes sobre la finca y un plano, donde se recoge de forma expresa la identificación de la finca.

### OCTAVO.- COSTAS

Corresponde declarar la condena en costas del demandado conforme a lo establecido en el art. 394 de la LEC.

Por lo expuesto,

### SUPLICO AL JUZGADO:

Que, teniendo por presentada esta demanda junto con sus documentos y copias de todo ello, por el/la letrado de la Administración de Justicia se sirva admitirla y tenerme por personado y parte en la representación que ostento y por formulada demanda de **JUICIO ORDINARIO** contra don/doña [NOMBRE_PARTE_CONTRARIA], y previos los trámites legales el tribunal dicte sentencia declarando como legítimo propietario de la finca [NOMBRE] a don/doña [NOMBRE_CLIENTE], condenando a dicho demandado a estar y pasar por la anterior declaración y todo ello con expresa condena de costas del procedimiento a la parte demandada.

Por ser justicia que se pide en [LOCALIDAD] a [FECHA].

[FIRMA_ABOGADO] [FIRMA_PROCURADOR]

**OTROSÍ DIGO:** siendo intención de esta parte cumplir con todos los requisitos legales, a tenor de lo previsto en el artículo 231 de la Ley de Enjuiciamiento Civil, se solicita se le diere traslado de cualquier defecto que adoleciere la presente contestación a la demanda, para la inmediata subsanación de la misma.

En su virtud,

### SUPLICO AL JUZGADO:

Que tenga por efectuada la anterior manifestación a los efectos oportunos.

Por ser justicia, fecha y lugar *ut supra.*

[FIRMA_ABOGADO] [FIRMA_PROCURADOR]

---

(1) El RD-ley 6/2023, de 19 de diciembre, modifica el artículo 249.2 de la LEC con entrada en vigor el 20/03/2024. El extracto mostrado en este formulario constituye la versión vigente desde esa fecha.

# Recurso de apelación frente a sentencia estimatoria de la acción reivindicatoria

**Procedimiento:** [ESPECIFICAR]

**Autos:** [NÚMERO]

## A LA AUDIENCIA PROVINCIAL DE [PROVINCIA]

**Don/Doña** [NOMBRE_PROCURADOR], procurador/a de los tribunales, en nombre y representación de **don/doña** [NOMBRE_CLIENTE], según consta debidamente acreditado en autos del Procedimiento [NÚMERO/AÑO], bajo la dirección letrada de **don/doña** [NOMBRE_LETRADO], colegiado/a n.º [NÚMERO] del Ilustre Colegio de Abogados de [LOCALIDAD], ante la Audiencia comparezco y como mejor proceda en derecho,

## DIGO

Que en fecha de [FECHA] fue notificada a esta parte la sentencia n.º [NÚMERO] dictada el [FECHA] por el Juzgado de Primera Instancia n.º [NÚMERO] de [LOCALIDAD]. Toda vez que la resolución contraviene los intereses de mi representado/a, mediante el presente escrito vengo a INTERPONER, en el plazo de veinte días que me ha sido conferido al efecto ex art. 458 de la LEC, **RECURSO DE APELACIÓN** de conformidad con las siguientes,

## ALEGACIONES

**PRIMERA.-** El juzgado consideró como hechos probados que:

- Don/Doña [NOMBRE_PARTE_CONTRARIA] es el legítimo propietario de la finca [DESCRIPCIÓN] sita en [UBICACIÓN].
- Se considera que ha adquirido la propiedad por medio de testamento.

Respetuosamente sostenemos que la sentencia recurrida infringe los siguientes preceptos

- [ESPECIFICAR]
- [ESPECIFICAR]

Los errores a los que aludimos han dado lugar a una sentencia perjudicial para los intereses de mi patrocinado/a, dado que [ESPECIFICAR].

**SEGUNDA.- MOTIVOS DE APELACIÓN**

**I.-** [EJEMPLO] **FALTA DE LEGITIMACIÓN ACTIVA**

La parte recurrida no está legitimada activamente para el ejercicio de la acción reivindicatoria por cuanto la misma no posee la cualidad de propietario del bien cuya posesión es reivindicada.

La sentencia de primera instancia fundamenta la legitimación activa al entender que don/doña [NOMBRE_PARTE_CONTRARIA] ha adquirido la propiedad del bien por medio de testamento. Con todos los respetos y a los efectos de la defensa, el juzgado incurre en error en la valoración de la prueba y vulneración de la doctrina del Tribunal Supremo.

Si bien es cierto que el testamento otorgado por don/doña [NOMBRE], el [FECHA] instituye como heredero a don/doña [NOMBRE_PARTE_CONTRARIA] no puede entenderse que el mismo haya adquirido la propiedad, ya que no se ha realizado la partición de la herencia.

El art. 1068 del CC establece que «La partición legalmente hecha confiere a cada heredero la propiedad exclusiva de los bienes que le hayan sido adjudicados».

En cuanto a la interpretación manifestada la Audiencia Provincial de Madrid, con remisión a la doctrina establecida por el Tribunal Supremo, establece en la **sentencia n.º 382/2023, de 18 de octubre, ECLI:ES:APM:2023:15454**:

> «En ese periodo, tras la muerte del causante se forma una comunidad hereditaria entre los herederos, en los que todos ellos tienen derecho a una cuota abstracta sobre los bienes y derechos de la herencia, pero no sobre un porcentaje de los bienes ni mucho menos una propiedad exclusiva sobre cada bien que compone el acervo hereditario.
>
> Es solo con la partición, cuando esa titularidad abstracta se concreta en bienes determinados, los que le son específicamente adjudicados a cada uno de los herederos con carácter exclusivo o en proindivisión. Por eso, el Artículo 1.068 Código Civil establece que " La partición legalmente hecha confiere a cada heredero la propiedad exclusiva de los bienes que le hayan sido adjudicados".
>
> La Sentencia del Tribunal Supremo de 15 de febrero de 1999 explica bien este fenómeno al establecer que: "El testamento por sí solo no es suficiente para justificar la adquisición de bienes determinados de la herencia, mientras no se haga la liquidación de la misma y, por consecuencia de ella, la partición y adjudicación a cada interesado de su parte correspondiente...dice la sentencia de 5 de noviembre de 1992, que recoge una reiterada doctrina jurisprudencial; hasta que no se efectúa la partición por cualquiera de los modos admitidos en derecho no adquieren los herederos la propiedad exclusiva...añade la de 31 de enero de 1994. El demandante, pues, no tiene título de propiedad para pretender la declaración de dominio de una vivienda, pues sólo tiene un derecho abstracto al 35 por ciento del contenido de la herencia, sin que por la partición y adjudicación se haya especificado aquél, en el sentido de determinarlo en bienes o derechos concretos, es decir, al demandante no se le ha sustituido el derecho abstracto sobre una cuota de la comunidad, por un derecho concreto sobre bienes o derechos determinados. Tal como dice el art. 1068 del Código civil la partición legalmente hecha confiere a cada heredero la propiedad exclusiva de los bienes que le hayan sido adjudicado; lo que recalca la sentencia de 16 de mayo de 1991 en el sentido de que, como dice literalmente, una atribución en el testamento no basta para que el heredero se declare propietario."».

II.- (1)

**TERCERA.- PRUEBA**

Conforme a lo dispuesto en el art. 460 de la LEC interesamos la práctica de las siguientes pruebas (2):

– [ESPECIFICAR]
– [ESPECIFICAR]

Por lo expuesto,

**SUPLICO A LA AUDIENCIA**:

Que tenga por presentado este escrito, lo admita junto con sus documentos y copias, tenga por interpuesto **RECURSO DE APELACIÓN** contra la resolución n.º [NÚMERO] y, tras los trámites legales oportunos, dicte resolución por la que estimando este recurso de apelación revoque íntegramente la de [FECHA], recaída en los autos [DESCRIPCIÓN] seguidos ante el Juzgado de Primera Instancia de [LOCALIDAD], declarando ajustadas a derecho las pretensiones de este recurso, con condena en costas a la parte contraria.

Por ser justicia que pido en [LUGAR] a [FECHA]

[FIRMA_ABOGADO] [FIRMA_PROCURADOR]

**PRIMER OTROSÍ DIGO**: de conformidad con el apartado tercero de la disposición adicional 15.ª de la LOPJ esta parte ha consignado la cantidad de 50 euros en la cuenta de depósitos del juzgado, como se acredita mediante la copia del justificante de ingreso que aportamos como documento n.º [NÚMERO].

En su virtud,

**SUPLICO**:

Que tenga por efectuada la anterior manifestación a los efectos oportunos.

Es justicia que pido en el lugar y fecha *ut supra*.

[FIRMA_ABOGADO] [FIRMA_PROCURADOR]

**SEGUNDO OTROSÍ DIGO**: siendo intención de esta parte cumplir con todos los requisitos legales, a tenor de lo previsto en el artículo 231 de la Ley de Enjuiciamiento Civil, se solicita se le diere traslado de cualquier defecto que adoleciere el presente escrito, para la inmediata subsanación de este.

Por ello,

**SUPLICO**:

Que tenga por efectuada la anterior manifestación a los efectos oportunos.

Es justicia que pido en el lugar y fecha *ut supra*.

[FIRMA_ABOGADO] [FIRMA_PROCURADOR]

---

(1) Añadir de forma justificada cuantas infracciones concurran en el caso concreto.

(2) El art. 460 de la LEC establece:

«1. Sólo podrán acompañarse al escrito de interposición los documentos que se encuentren en alguno de los casos previstos en el artículo 270 y que no hayan podido aportarse en la primera instancia.

2. En el escrito de interposición se podrá pedir, además, la práctica en segunda instancia de las pruebas siguientes:

1.ª Las que hubieren sido indebidamente denegadas en la primera instancia, siempre que se hubiere intentado la reposición de la resolución denegatoria o se hubiere formulado la oportuna protesta en la vista.

2.ª Las propuestas y admitidas en la primera instancia que, por cualquier causa no imputable al que las hubiere solicitado, no hubieren podido practicarse, ni siquiera como diligencias finales.

3.ª Las que se refieran a hechos de relevancia para la decisión del pleito ocurridos después del comienzo del plazo para dictar sentencia en la primera instancia o antes de dicho término siempre que, en este último caso, la parte justifique que ha tenido conocimiento de ellos con posterioridad.

3. El demandado declarado en rebeldía que, por cualquier causa que no le sea imputable, se hubiere personado en los autos después del momento establecido para proponer la prueba en la primera instancia podrá pedir en la segunda que se practique toda la que convenga a su derecho».

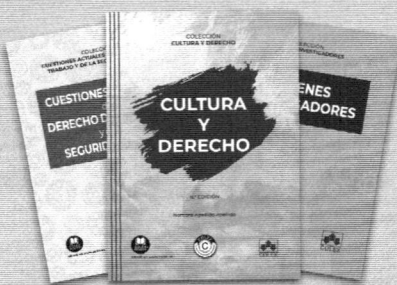